CORNELIUS CASTORIADIS

Psychische Monade und autonomes Subjekt

Ausgewählte Schriften, Band 5

Herausgegeben von

Michael Halfbrodt und Harald Wolf

Übersetzt von Michael Halfbrodt

Verlag Edition AV

Psychische Monade und autonomes Subjekt

CIP-Titelaufnahme der deutschen Bibliothek:
Castoriadis, Cornelius; Psychische Monade und autonomes Subjekt. Ausgewählte Schriften, Band 5 – Herausgegeben von Michael Halfbrodt und Harald Wolf.
Übersetzt von Michael Halfbrodt.
Auflage 1. Tsd., Lich/ Hessen, Verlag Edition AV

ISBN 978-3-86841-081-5

Mitglied in der *assoziation Linker Verlage* (aLiVe) und book:fair

Satz: Andreas W. Hohmann
Druck: Leibi / Neu-Ulm

Printed in Germany

ISBN 978-3-86841-081-5

Inhalt

Vorwort

von Harald Wolf

„Man is all imagination."
William Blake

Der vorliegende fünfte Band der *Ausgewählten Schriften* von Cornelius Castoriadis versammelt Aufsätze, die sich der Psyche, der Psychoanalyse und dem Denken Freuds widmen. Seit Anfang der 1970er Jahre intensivierte Castoriadis seine Beschäftigung mit diesem Problemkreis, und nachdem er zuvor – während seiner politischen und theoretischen Aktivitäten im Rahmen der Gruppe „Socialisme ou Barbarie" – sein Geld lange Zeit als Ökonom bei der OECD verdient hatte, praktizierte er seit 1973 bis zu seinem Tod als Psychoanalytiker. Im Hauptwerk *Gesellschaft als imaginäre Institution*[1] sowie in zwei längeren Aufsätzen in *Durchs Labyrinth*[2] legte er den Grundstein für originelle und weitreichende Umakzentuierungen und Weiterentwicklungen des psychoanalytischen Projekts – wieder einmal scheinbar „zur falschen Zeit"[3], denn die Diskussion des „freudianischen Frankreich" stand damals ganz im Zeichen des Strukturalismus und Jacques Lacans[4], von dem sich Castoriadis mit seinen Schriften sowie seinen Aktivitäten im Umkreis der dissidenten „Quatrième groupe" um Piera Aulagnier alsbald polemisch distanzierte.[5] Er schlug einen anderen Weg ein: den der Aufdeckung der radikalen Imagination im unbewussten, „monadischen" Kern der Psyche und der Aufklärung der Psychoanalyse als praktisch-poietischer Tätigkeit mit dem Ziel der Erlangung individueller Autonomie.

Die Psychoanalyse gibt noch manches – und so manchen – Rätsel auf. Wohl nirgends sind Verwirrung und Uneinigkeit über Gegenstand und Ziel, über Theorie und Praxis so groß – wie Castoriadis in einem der Texte dieses Bandes feststellt[6] – wie bei Freuds „unnatürlicher Wissenschaft".[7] Selbst in ihrer wohletablierten Form, als einträgliche Behandlungsmethode zur Behebung psychischer Störungen, sieht sich die Psychoanalyse immer wieder vehementen Angriffen ausgesetzt: Ihre theoretischen Grundlagen seien unwissenschaftlich, ihre Befunde unzuverlässig und nicht überprüfbar. Solche Vorwürfe, nach denen als Erkenntnis nur gilt, was mit den Kriterien „exakter" Naturwissenschaft konform geht, wurden in den massenmedial inszenierten „Freud wars" und dem „Freud bashing" der letzten Jahrzehnte immer wieder variiert und wiederholt.[8] Sie sind nicht zuletzt Ausdruck der herrschenden technokratisch-quantifizierenden Kontrollideologie: Alles muss Kontrolle steigern, eindeutige „praktische" Resultate „bringen" und sich „rechnen".

Dabei richten sich solche Anfeindungen auf die Psychoanalyse in ihrer gesellschaftlich durchaus anerkannten und angepassten, „medizinalisierten" Form, die heute vorherrscht. Der Preis für diese Anpassung war hoch: die weitgehende Selbstbeschränkung – auf Therapie, Ichpsychologie und Probleme familialer Sozialisation – und die Marginalisierung zweier Kraftzentren der Freud'schen Theorie, die einst deren Faszination und Skandal begründeten: der Trieb- und der Kulturtheorie. Eine derart entkernte und „eingeschüchterte" Psychoanalyse hat auch ihren gesellschaftskritischen und kulturrevolutionären Gehalt weitgehend eingebüßt.[9] Gemeint ist mit dem erwähnten „Bashing" aber nicht nur dieser Sack, sondern immer auch ein Esel: diejenigen (wenigen) Intellektuellen nämlich, die von der Freud'schen Hoffnung auf eine Kultur, die „keinen mehr erdrückt"[10], nicht lassen wollen und deshalb an jenem kritischen Kern festhalten und ihn im veränderten historischen Kontext zu aktualisieren versuchen. An einer solchen Aktualisierung der Psychoanalyse als kritischer Theorie arbeitete auch Castoriadis.

Psychische Monade und autonomes Subjekt: der Titel dieses Bandes markiert die beiden Pole, auf die er sich dabei bezieht und die für ihn die wahre Bedeutung der Freud'schen Psychoanalyse ausmachen: die Entdeckung der psychischen Realität und den emanzipatorischen Horizont. Freuds schwindelerregende Einsichten in das Wesen des Unbewussten[11] werden für Castoriadis zum Ausgangspunkt seines spekulativen Aufklärungsversuchs der besonderen Seinsweise des Psychischen. Er findet sie „in Reinform" in der radikalen Imagination des ursprünglichen monadischen – abgeschlossenen, undifferenzierten und selbstbezüglichen – Zustands des „Proto-Subjekts", in dessen „Fähigkeit, aus einem Nichts an Vorstellung eine ursprüngliche Vorstellung auftauchen zu lassen"[12], die auch alle späteren, durch Sozialisations- und Sublimierungsprozesse gebrochenen und überformten, psychischen Bildungen prägt und immer präsent bleibt. Und den emanzipatorischen Sinn der Psychoanalyse entschlüsselt er als das Streben nach autonomer, reflektierender und überlegender Subjektivität, kurz: nach Autonomie des menschlichen Subjekts – das zugleich ein politisches Streben einschließen muss und nicht ohne gesellschaftliche Autonomie gedacht und verwirklicht werden kann.

Wahre Psychoanalyse und wahre Politik – die Schaffung autonomer, demokratischer Institutionen – sind untrennbar.

Die Reihenfolge, in der wir die Texte von Castoriadis präsentieren, entspricht dem Prinzip, das er selbst bei seinen Sammelbänden der *Carrefours du labyrinthe* anwandte. Am Anfang stehen drei Gespräche („Psychoanalyse und Gesellschaft" I und II sowie „Von der Monade zur Autonomie"), deren Anlass und Orts- wie Zeitbezug die Argumente und Gedankengänge erkennbar mitprägt, wo es aber immer auch „ums Ganze" geht (dafür reservierte Castoriadis die Abteilung *Kairos*). Es folgen drei Texte („Die Krise des Identifikationsprozesses", „Freud, Gesellschaft, Geschichte", „Psychoanalyse und Politik"), die vor allem gesellschaftliche und politische Implikationen der psychoanalytischen Problematik behandeln (*Koinonia* und *Polis*), danach schließlich fünf Aufsätze („Der Weltaufbau in der Psychose", „Leidenschaft und Wissen", „Psychoanalyse und Philosophie", „Die Psychoanalyse: Situation und Grenzen", „Der Zustand des Subjekts heute"), die psychoanalytische Kernthemen mit allgemeineren philosophischen Fragestellungen verbinden (*Psyche* und *Logos*). Allesamt bieten sie wertvolle Anstöße und Anleitungen zu neuen soziologischen und philosophischen Freud-Lektüren und zur weiteren Aufklärung des Status' der von ihm begründeten eigentümlichen „Theorie der Seele, die man als Wissenschaft hat ausgeben können".[13]

* * *

Vielleicht können wir inzwischen auch im deutschsprachigen Raum tatsächlich von einer Phase verstärkten Interesses an Castoriadis sprechen. Während die französische Diskussion in den letzten Jahren durch die Herausgabe neuer Schriften aus dem Nachlass sowie die Wiederveröffentlichung früherer Schriften immer wieder neu angeregt worden ist[14] und Castoriadis im angelsächsischen Raum, nicht nur im akademischen Betrieb, durchaus eine „feste Größe" darstellt[15], war hierzulande eine intensivere Auseinandersetzung seit Ende der 1980er Jahre fast völlig abgebrochen.[16] Das scheint sich neuerdings zu ändern: Die Diskussion um den sozialtheoretischen Status und Stellenwert des Castoriadis'schen Entwurfs scheint wieder in Gang zu kommen.[17] Und auch die politische Bedeutung seiner Arbeiten findet offenbar zunehmende Anerkennung: In einer Besprechung der *Ausgewählten Schriften* war jüngst sogar vom „Augenblick des Cornelius Castoriadis" die Rede, der nunmehr – angesichts sich verschärfender gesellschaftlicher Krisenphänomene und wachsender politischer Proteste – vielleicht endlich gekommen sei.[18] Hoffen wir, dass dies zutrifft und dass wir mit unserer Ausgabe dabei helfen, diesem Augenblick Dauer zu verleihen.

Der vorliegende Band unserer Edition wird, anders als noch im Vorwort des letzten Bandes angekündigt, aller Voraussicht nach nun doch nicht ihr letzter sein. Einerseits ist das zu Lebzeiten veröffentlichte Œuvre von Castoriadis so umfangreich und vielfältig, dass die bisherigen Bände unserer Ausgabe dem erst teilweise gerecht werden. Hier besteht noch Nachholbedarf. So denken wir etwa über einen Band mit ökonomischen und ökonomiekritischen Texten sowohl aus der Zeit von „Socialisme ou Barbarie" als auch aus den späteren Jahren nach. Andererseits enthalten auch die Veröffentlichungen aus dem Nachlass, etwa die Seminare an der École des Hautes Études en Sciences Sociales aus den 1980er Jahren, so manches Juwel, das auf jeden Fall der Übersetzung wert scheint.[19] Weitere Bände sind also in Planung. Möglicherweise werden die ins Auge gefassten Fortsetzungsbände der *Ausgewählten Schriften* allerdings künftig nicht mehr im bis jetzt üblichen Jahresrhythmus, sondern in etwas längeren Abständen folgen.

* * *

Bleibt noch der übliche Hinweis auf einige Formalia der Textgestaltung und -präsentation, die den Zugang erleichtern und den Gebrauchswert der Texte erhöhen sollen. Wie bereits in den vorangegangenen Bänden haben Michael Halfbrodt und ich an Stellen, wo uns nähere Angaben zu Zitaten oder Anspielungen im Original oder sonstige zusätzliche Informationen zu erwähnten Personen oder Sachverhalten nützlich erschienen, ergänzende Anmerkungen eingefügt. Diese sind als [AdH] markiert bzw. an eckigen Klammern erkennbar. Originalanmerkungen von Castoriadis wie die Anmerkungen der Herausgeber finden sich jeweils am Ende der Texte. Im Original deutsch geschriebene Wörter sind kursiv gesetzt und mit * gekennzeichnet.

Am Ende des Bandes findet sich ein Sach- und Personenregister. Ein Gesamtregister für alle Bände der *Ausgewählten Schriften* wächst parallel weiter: Auf der Webseite www.autonomieentwurf.de ist (in der Rubrik „Ausgewählte Schriften") die vorläufige Fassung für die bisher erschienenen Bände, die wir laufend zu überarbeiten versuchen, zugänglich; der letzte Band wird eine Komplettfassung des

Gesamtregisters enthalten. Verwiesen sei erneut auf weiterführende Informationen und Materialien zu Biographie und Werk von Castoriadis und den Aktivitäten der Gruppe „Socialisme ou Barbarie“, die sich auf der genannten Webseite finden und regelmäßig auf den neusten Stand gebracht werden.

Göttingen, im Oktober 2012

Anmerkungen

[1] Cornelius Castoriadis, *Gesellschaft als imaginäre Institution. Entwurf einer politischen Philosophie* (1975), übersetzt von Horst Brühmann, Frankfurt am Main 1984, Kapitel VI: „Die gesellschaftlich-geschichtliche Institution: Individuum und Ding", S. 455-558.

[2] „Epilegomena für eine Theorie der Seele, die man als Wissenschaft hat ausgeben können", in: ders., *Durchs Labyrinth. Seele, Vernunft, Gesellschaft*, übersetzt von Horst Brühmann, Frankfurt am Main 1981, S. 27-57; „Die Psychoanalyse als Projekt und Aufklärung", a.a.O., S. 59-104.

[3] Vgl. Harald Wolf, „Das Richtige zur falschen Zeit - zur Schöpfung des Imaginären bei Castoriadis", in: ders. (Hg.), *Das Imaginäre im Sozialen. Zur Sozialtheorie von Cornelius Castoriadis*, Göttingen 2012, S. 63-81.

[4] Vgl. Elisabeth Roudinesco, *Jacques Lacan. Bericht über ein Leben, Geschichte eines Denksystems*, aus dem Französischen von Hans-Dieter Gondek, Köln 1996.

[5] Zu Piera Aulagnier, mit der Castoriadis von 1975 bis 1984 verheiratet war, sowie zur „Quatrième groupe" siehe die Anm. 1 zum Aufsatz „Der Weltaufbau in der Psychose", in diesem Band, S. 146. Auf seinen „psychoanalytischen Werdegang" geht Castoriadis auch in den drei den Band eröffnenden Gesprächen ein, insbesondere in „Von der Monade zur Autonomie", in diesem Band, S. 47-75.

[6] Cornelius Castoriadis, „Die Psychoanalyse: Situation und Grenzen", in diesem Band, S. 185.

[7] Vgl. Helmut Dahmer, „Naturwissenschaft und ‚unnatürliche Wissenschaft'", in: ders., *Die unnatürliche Wissenschaft. Soziologische Freud-Lektüren*, Münster 2012, S. 111-125. Der Ausdruck stammt von Nietzsche.

[8] Vgl. John Forrester, *Dispatches from the Freud Wars. Psychoanalysis and its Passions*, Cambridge, MA 1997; Eli Zaretsky, *Freuds Jahrhundert. Die Geschichte der Psychoanalyse*, Wien 2006, S. 473-491.

[9] Vgl. Helmut Dahmer, „Die eingeschüchterte Psychoanalyse", in: ders., *Pseudonatur und Kritik. Freud, Marx und die Gegenwart*, Frankfurt am Main 1994, S. 185-199.

[10] Sigmund Freud, *Die Zukunft einer Illusion* (1927), *Gesammelte Werke, Band XIV*, Frankfurt am Main 1999, S. 374.

[11] „Für die Vorgänge im Es", schreibt Freud, „gelten die logischen Denkgesetze nicht, vor allem nicht der Satz des Widerspruchs. [...] Es gibt im Es nichts, was man der Negation gleichstellen könnte, auch nimmt man mit Überraschung die Ausnahme von dem Satz der Philosophen wahr, daß Raum und Zeit notwendige Formen unserer seelischen Akte seien. Im Es findet sich nichts, was der Zeitvorstellung entspricht, keine Anerkennung eines zeitlichen

Ablaufs und, was höchst merkwürdig ist und seiner Würdigung im philosophischen Denken wartet, keine Veränderung des seelischen Vorgangs durch den Zeitablauf." (*Neue Folge der Vorlesungen zur Einführung in die Psychoanalyse*, in: *Gesammelte Werke, Bd. XV*, Frankfurt am Main 1999, S. 80).

[12] Cornelius Castoriadis, *Gesellschaft als imaginäre Institution*, a.a.O., S. 469.

[13] Cornelius Castoriadis, „Epilegomena für eine Theorie der Seele...", a.a.O.

[14] Zuletzt: Cornelius Castoriadis, *La Question du mouvement ouvrier. Écrits politiques, 1945-1997* (2 Bde.), édition préparée par Enrique Escobar, Myrto Gondicas et Pascal Vernay, Paris 2012. Außerdem erschienen in den letzten Jahren mehrere Einführungen und Gesamtwürdigungen, u.a. Jean-Louis Prat, *Introduction à Castoriadis*, Paris 2007; Nicolas Poirier, *L'Ontologie politique de Castoriadis: création et institution*, Paris 2011; Arnaud Tomès/Philippe Caumières, *Cornelius Castoriadis. Réinventer la politique après Marx*, Paris 2011.

[15] Siehe z.B. das Schwerpunktheft „Cornelius Castoriadis: Critical Encounters" des *European Journal of Social Theory* (15 [3], August 2012; hrsgg. v. Suzi Adams und Ingerid Straume) sowie Einführungen und Studien wie Jeff Klooger, *Castoriadis: Psyche, Society, Autonomy*, Leiden/Boston 2009; Suzi Adams, *Castoriadis's Ontology. Being and Creation*, New York 2011 sowie demnächst auch von Stephen Hastings-King, *The Socialisme ou Barbarie Project*, Leiden/Bosten 2013. Die internationalen Bibliographien auf der „Cornelius Castoriadis Agora International Website" (www.agorainternational.org) informieren ansonsten zuverlässig und auf dem neuesten Stand über die Publikationen von und über Castoriadis.

[16] Siehe mein Vorwort zu Band 1 unserer Ausgabe.

[17] Vgl. Hans Joas/Wolfgang Knöbl, *Sozialtheorie. Zwanzig einführende Vorlesungen*, Frankfurt am Main 2004, S. 558-579 und jetzt Harald Wolf (Hg.), *Das Imaginäre im Sozialen. Zur Sozialtheorie von Cornelius Castoriadis*, Göttingen 2012 (vor allem die Aufsätze von Johann P. Arnason, „Castoriadis im Kontext: Genese und Anspruch eines metaphilosophischen Projekts", und Bernhard Waldenfels, „Revolutionäre Praxis und ontologische Kreation"). Auch an die aktuelle Diskussion über die Formen der Gesellschaftskritik und eine „Soziologie der Kritik" finden sich Anknüpfungspunkte: vgl. Harald Wolf, „Gesellschaftskritik und imaginäre Institution. Zur Aktualität von Cornelius Castoriadis", in: *PROKLA* 167 (42. Jg., H. 2), S. 267-286.

[18] Vgl. Warren Breckman, „'Occupy'. Der Augenblick des Cornelius Castoriadis", in: *Zeitschrift für Ideengeschichte*, Heft VI/3, Herbst 2012, S. 119-123.

[19] Siehe zuletzt: Cornelius Castoriadis, *Ce qui fait la Grèce, 3. Thucydide, la force et la droit. Séminaires 1984-85. La Création humaine IV*, Texte établi, présentée et annoté par Enrique Escobar, Myrto Gondicas et Pascal Vernay, Paris 2011.

Psychoanalyse und Gesellschaft I*

Donald Moss: *Erzählen Sie uns doch ein wenig darüber, wie die praktische Erfahrung als Psychoanalytiker Ihnen half, „klarer zu sehen", wie Sie sagen, und wodurch ihre Sicht klarer wurde?*

Cornelius Castoriadis: Nun, es ist etwas völlig anderes, ob man mit abstrakten Konzepten hantiert, bloß die Bücher Freuds liest usw., oder ob man sich in einem realen psychoanalytischen Prozess befindet, mitbekommt, wie das Unbewusste funktioniert, wie sich die Triebe der Menschen äußern und wie, ich will nicht sagen Mechanismen (denn wir können sie nicht wirklich als *Mechanismen* bezeichnen), sondern mehr oder weniger stark stilisierte Prozesse entstehen, aus denen sich diese oder jene Art psychischer Erkrankung oder Heteronomie entwickelt. Das ist der konkrete Aspekt. Der eher abstrakte Aspekt besteht darin, dass noch viel auf theoretischer Ebene zu tun bleibt, sowohl was die Erforschung der unbewussten Psyche angeht als auch das Verständnis der Beziehung, der Brücke über den Abgrund, welche die Beziehung zwischen der unbewussten Psyche und dem gesellschaftlich produzierten Individuum darstellt (Letzteres hängt selbstverständlich von der Institution der Gesellschaft und jeder bestimmten Gesellschaft ab). Wie kommt es, dass dieses vollkommen asoziale Etwas, die Psyche, dieses absolut egozentrische, a-reale oder antireale Zentrum, durch das Einwirken der Gesellschaft und der Institutionen, angefangen mit der unmittelbaren familiären Umgebung des Kindes, in ein gesellschaftliches Individuum verwandelt werden kann, das spricht, denkt, auf sofortige Triebbefriedigung verzichten kann, usw.? Ein phantastisches Problem mit immenser politischer Tragweite, wie man praktisch auf Anhieb erkennen kann. Sie verstehen, was ich meine?

D.M.: *Wenn Sie das noch ein wenig genauer erläutern könnten?*

C.C.: Wir sprachen gerade über Russland, den Stalinismus, das NS-Regime und sagten, dass diese Phänomene schwerlich verstanden werden können, ohne zu berücksichtigen, welchen enormen Reiz die *Gewalt* auf den Menschen, d.h. auf die Psyche, ausübt.

D.M.: *Ja...*

C.C.: Und warum ist das so? Wir müssen versuchen, das zu verstehen. Wir müssen zu verstehen versuchen, warum Menschen dazu neigen (das Haupthindernis, auf das man ständig stößt, wenn man sich in einem revolutionären oder radikalen Sinne politisch engagiert), die Initiative aufzugeben und stattdessen bei einer Führerfigur Zuflucht zu suchen oder einer Organisation als anonymer, aber gut funktionierender Struktur, die Richtung, Wahrheit, Zugehörigkeit usw. garantiert. All diese Faktoren spielen eine immense Rolle – und sie verkörpern letztlich all das, wogegen wir ankämpfen.

David Lichtenstein: *Dabei muss ich an Ihre Verwendung des Wortes „Autonomie" denken. Sie sprachen von individueller Autonomie und Autonomie als kollektive Antwort. Können Sie auf diese Parallele näher eingehen?*

C.C.: Gewiss. Was ist kollektive Autonomie? Nun, was ist das Gegenteil davon? Das Gegenteil ist die heteronome Gesellschaft. Was sind die Wurzeln der heteronomen Gesellschaft? Hier stoßen wir auf einen meiner Meinung nach zentralen, aber irreführenden Gedanken der meisten politischen Bewegungen der Linken, allen voran des Marxismus. Heteronomie wurde verwechselt, d.h. gleichgesetzt, mit Herrschaft und Ausbeutung durch eine besondere Gesellschaftsschicht. Doch Herrschaft und Ausbeutung durch eine besondere Gesellschaftsschicht ist nur *eine* der Erscheinungen (oder Äußerungen) von Heteronomie. Im Kern geht Heteronomie darüber hinaus. Sie ist in primitiven Gesellschaften anzutreffen, faktisch in allen primitiven Gesellschaften, obwohl man bei solchen Gesellschaften nicht wirklich von einer Spaltung in herrschende und beherrschte Schichten sprechen kann. Worin äußert sich also Heteronomie in einer primitiven Gesellschaft? Darin, dass die Menschen fest glauben (und *nicht anders können* als glauben), dass das Gesetz, die Institutionen ihrer Gesellschaft ihnen ein für alle Mal durch jemand anderes – die Geister, die Ahnen, die Götter, was auch immer – vorgegeben wurden und nicht ihr eigenes Werk sind (und sein könnten). Das gilt auch für geschichtliche Gesellschaften (*geschichtlich* im engeren Sinne), die religiöse Gesellschaften sind. Moses erhielt das Gesetz aus Gottes Händen. Als Hebräer können Sie folglich das Gesetz nicht in Frage stellen. Denn dann würden Sie Gott selbst in Frage stellen. Sie müssten sagen: „Gott ist im Unrecht" oder „Gott ist ungerecht", was etwas Unvorstellbares ist, so lange Sie im System der Glaubensvorstellungen einer religiösen Gesellschaft verbleiben. Das Gleiche gilt für das Christentum oder den Islam.

Heteronomie bezeichnet also die Tatsache, dass die Institution der Gesellschaft, die eine Schöpfung der Gesellschaft selbst ist, von der Gesellschaft als etwas verstanden wird, das ihr jemand anderes vorgibt, das aus einer „transzendenten" Quelle stammt: Ahnen, Göttern, Gott, Natur oder – nach Marx – den „Gesetzen der Geschichte".

D.M.: *Nicht „jemand anderes", sondern „etwas anderes".*

C.C.: Richtig, etwas anderes. Und nach Marx wird man eine sozialistische Gesellschaft nur dann und nur dort errichten können, wo die Gesetze der Geschichte eine sozialistische Gesellschaftsordnung vorschreiben. Es ist der gleiche Gedanke.

Somit entfremdet sich die Gesellschaft von ihrem eigenen Produkt, d.h. den Institutionen. Und Autonomie ist nicht bloß die Selbstinstitution der Gesellschaft, weil es *immer* eine Selbstinstitution der Gesellschaft gibt: Gott existiert nicht, ebenso wenig wie die „Gesetze der Geschichte" im marxistischen Sinne. Institutionen sind eine Schöpfung des Menschen. Aber sie sind sozusagen eine blinde Schöpfung. Die Menschen wissen nicht, dass sie ihre Institutionen schöpfen und dafür in gewissem Sinne freie Hand haben. Und sie verwechseln die Tatsache, dass es keine Gesellschaft (und kein menschliches Leben) ohne Institutionen und Gesetze geben kann, mit der Vorstellung, dass es eine transzendente Quelle und Garantie der Institution geben muss. Verstehen Sie, was ich meine?

D.M.: *Ja.*

C.C.: Also weiter. Was wäre eine autonome Gesellschaft? Eine Gesellschaft, die weiß, dass ihre Institutionen, ihre Gesetze ihr eigenes Werk und Produkt sind. Sie kann sie folglich in Frage stellen und verändern. Gleichzeitig würde sie erkennen, dass wir nicht ohne Gesetze leben können.

Was nun die Autonomie des Individuums betrifft: ich würde ein Individuum als autonom bezeichnen, wenn es wirklich in der Lage ist, sein Leben bewusst zu verändern. Das bedeutet nicht, dass es Herr seines eigenen Lebens ist; wir sind niemals Herrn unseres Lebens, weil wir das Unbewusste nicht beseitigen, unsere Zugehörigkeit zur Gesellschaft nicht verleugnen können, und so weiter. Aber wir können unsere Beziehung zu unserem Unbewussten verändern; wir können eine Beziehung zu unserem Unbewussten herstellen, die sich qualitativ unterscheidet vom Zustand bloßen Beherrschtwerdens durch ein uns völlig unbekanntes Unbewusstes. Wir können durch unser Unbewusstes, d.h. durch unsere Vergangenheit beherrscht werden. Wir entfremden uns, ohne es zu wissen, von unserer eigenen Vergangenheit, weil wir nicht erkennen, dass wir gewissermaßen selbst die Quelle der Normen und Werte sein müssen, an die wir uns halten. Sicherlich sind wir nicht die absolute Quelle und selbstverständlich gibt es das gesellschaftliche Gesetz. Doch gehorche ich dem gesellschaftlichen Gesetz – wenn und insofern ich ihm gehorche – entweder, weil ich denke, dass es das ist, was es sein sollte, oder weil ich, wenn es nicht das ist, was es sein sollte, erkenne, dass es gegebenenfalls, in diesem bestimmten Kontext, der Wille der Mehrheit ist und ich, als Mitglied der Gemeinschaft, dem Gesetz gehorchen muss, selbst wenn ich meine, dass es verändert werden sollte.

D.M.: *Jetzt haben Sie eine Art Gleichung zwischen dem Unbewussten und unserer Vergangenheit hergestellt. Sie sagten: „durch unser Unbewusstes, d.h. durch unsere Vergangenheit beherrscht". Das erscheint mir in gewissem Sinne als eine überraschend optimistische Sicht des Unbewussten, weil es bedeutet, dass es einer gewissen Durcharbeitung zugänglich ist – man kann sich erinnern –, und je mehr man sich erinnert, umso weniger wird man beherrscht, und schließlich...*

C.C.: Nein … nicht je mehr man sich erinnert: je mehr man es schafft, die Erinnerung durchzuarbeiten. Oder?

D.M.: *Ja. Wo sind, Ihrem Verständnis nach, die Grenzen dieser Erinnerung und dieser Durcharbeitung? Wo wird es problematisch? Wo sind die Grenzen?*

C.C.: Lassen Sie mich zunächst eines klarstellen. Ich setze das Unbewusste nicht mit der Vergangenheit gleich. Das Unbewusste ist selbstverständlich nicht bloß Vergangenheit. In diesem Punkt sehen manche Psychoanalytiker von heute vielleicht klarer als Freud. Es gab ein Freud'sches Ideal, sozusagen einen Musterplan für die Behandlung: den Patienten dazu zu bringen, sich zu erinnern, sollte eine kathartische Wirkung haben, eine den Komplex oder das Knäuel von Komplexen zersetzende Wirkung. Doch eigentlich ist es größtenteils ausreichend, aktuelles Material durchzuarbeiten, man ist nicht immer auf die Erinnerung angewiesen, denn die Struktur ist vorhanden. Will sagen, die Vergangenheit ist in der Gegenwart präsent.

D.M.: *Hm.*

C.C.: Oder? Am Traum ist das klar ersichtlich. Die, ohnehin nicht nachweisbare, Bedeutungsgleichheit zwischen *diesem* Traum und irgendeiner aus der Kindheit stammenden Konstellation ist an sich weder besonders aufschlussreich noch besonders zwingend. Wichtig ist doch nur, dass der Patient diese Bedeutung wirklich verstehen und sein Verhalten nach Maßgabe dieser Bedeutung und der mit ihr verbundenen komplexen Struktur von Trieben, Affekten, Gefühlen und Wünschen verändern kann. Somit sind die Vergangenheit und das Unbewusste zugleich identisch und nichtidentisch, und das sowohl in der Theorie als auch in der Praxis der psychoanalytischen Behandlung. Jetzt fragen Sie: „Wo sind die Grenzen?" Das ist eine sehr wichtige Frage. Ich meine, wie kommt es, dass eine Psychoanalyse letztlich nicht immer funktioniert?

D.M.: *Ja. Und ein weiterer Punkt wäre die Vorstellung vom Reiz der Gewalt. Es ist ein sehr frappierendes Faktum, dass Gewalt diesen Reiz ausübt. Ich denke, dass die Gewalt, dem psychoanalytischen Ideal nach, ihren primitiven Reiz verlieren sollte, dass sie vielleicht in anderer Hinsicht reizvoll bliebe, aber nicht in dieser primitiven Weise. Was mich interessiert, ist die Übereinstimmung dieser Zielsetzung in der Psychoanalyse, nämlich die Beseitigung dieses primitiven Reizes von Gewalt, mit derselben Zielsetzung im politischen Leben, wo versucht wird, gesellschaftliche Organisationen zu gründen, die sich diesem primitiven Reiz der Gewalt widersetzen. Ich wüsste gerne, was Sie meinen, wie sich diese beiden Projekte gegenseitig erhellen können.*

C.C.: Das ist ein sehr schwieriges Problem, und ich glaube nicht, dass ich eine Lösung parat habe. Zunächst einmal versucht die psychoanalytische Behandlung, den Menschen dabei zu helfen, im oben erwähnten Sinne autonom zu werden und damit auch in sich selbst diesen unbedachten Reiz der Gewalt zu zerstören. Das ist für mich faktisch der einzige relevante politische Beitrag der psychoanalytischen Praxis. Ich glaube nicht, dass die Psychoanalyse einen politischen Nutzen hat, außer dem, den Einzelnen dabei zu helfen, hellsichtig und autonom zu werden und dadurch, wie ich meine, gesellschaftlich aktiver und verantwortlicher. Das beinhaltet auch: die bestehende Institution der Gesellschaft oder das bestehende Gesetz nicht für unantastbar zu halten. Was das Kollektivverhalten angeht, so sollten wir versuchen, die fast stets mit diesem Reiz der Gewalt einhergehenden Illusionen zu beseitigen. Und das zum Beispiel beinhaltet eine Kritik sowohl der

Ideologie als auch der faktischen Funktionsweise und Beschaffenheit des bestehenden Herrschaftsapparates. Gleichzeitig war ich stets davon überzeugt, dass eine authentische revolutionäre Organisation (oder Organisation von Revolutionären) auch eine Art exemplarischer Schule für kollektive Selbstregierung sein sollte. Dort würden die Menschen lernen, auf Führer und starre Organisationsstrukturen zu verzichten, ohne in einen Zustand der Anomie oder Mikroanomie zu verfallen. Ich denke, darin liegt die Verbindung zwischen den beiden Seiten des Problems.

D.L.: *Hier tut sich eine Frage auf, eine weitere komplizierte Frage nach den Ursprüngen der Autonomie und gesellschaftlicher Bindungen in der frühen Kindheit und nach präödipalen Objektbeziehungen als eine Art Modell oder Verständigungsebene, die sich dann im Gemeinschaftsleben wiederholt. Das als Gegensatz zu dem stärker der „freudianischen Orthodoxie" verpflichteten Standpunkt, dass das Kleinkind de facto radikal getrennt ist, dass der Sozialisationsprozess gänzlich eine Dialektik mit der Gesellschaft ist, dass das Kleinkind anfangs keine inhärente gesellschaftliche Eigenschaft besitzt.*

C.C.: Wissen Sie, meine Vorstellungen, die nicht gerade freudianisch sind, würden in dieser Hinsicht zu Schlussfolgerungen führen, die den Freud'schen sehr nahe kommen. Ich denke, dass wir es anfangs mit einer psychischen Monade zu tun haben, die asozial und antisozial ist. Ich meine, dass die Gattung Mensch eine monströse Spezies ist, nicht lebensfähig, in biologischer wie in psychologischer Hinsicht. Dass wir biologisch nicht lebensfähig sind, ist offensichtlich. Wir sind das einzige Tier, das nicht instinktiv weiß, was Nahrung und was Gift ist. Kein pilzefressendes Tier würde jemals einen Giftpilz anrühren. Aber wir müssen das erst *lernen*! Ich habe niemals einen Hund oder ein Pferd stolpern sehen; oder Pferde sehr selten und nur unter den künstlichen Bedingungen, in die wir sie hineinversetzen. Wir stolpern ständig. Das ist die biologische Seite der Angelegenheit.

Für die psychologische Seite gilt das umso mehr. Ich denke, es gibt eine embryonale Psyche bei allen Lebewesen, insbesondere bei den sogenannten höheren Tierarten. Doch gleichzeitig liegt eine Welt zwischen dieser „funktionalen" Tierpsyche und der menschlichen Psyche. Letztere entspricht einer enormen, einer monströsen Entwicklung jener „Fähigkeit" der traditionellen Psychologie, die von der philosophischen Tradition sorgsam ignoriert wurde, nämlich der Imagination. Imagination ist das Vermögen, als real auszugeben, was nicht real ist. Sie durchbricht die funktionale Steuerung der vormenschlichen „Psyche".

Somit haben wir ein Wesen am Hals, das, wie wir von Freud, aus der psychoanalytischen Praxis und aus dem alltäglichen Leben wissen, in der Lage ist, seine Vorstellungen seinen Wünschen gemäß zu bilden – was es psychisch überlebensunfähig macht. Unter diesen phantastischen Wucherungen der Imagination bestehen Trümmerteile der animalischen, biologischen und psychischen Selbstregulierung fort. Dieses Tier, der *homo sapiens,* hätte längst aufgehört zu existieren, hätte es nicht gleichzeitig, durch wer weiß welchen Prozess, vielleicht eine Art neodarwinistischer Selektionsprozess, etwas radikal Neues im gesamten Reich der Natur und der Biologie geschaffen, nämlich die Gesellschaft und die Institutionen. Und die Institution nötigt die Psyche zur Anerkennung einer allen gemeinsamen, geordneten, nicht bloß den Wünschen der Psyche gehorchenden Realität.

D.M.: *Das ist sehr interessant, was Sie da gerade sagen, weil Sie damit gewissermaßen zum Ausdruck bringen, dass der Reiz der Gewalt mit dem Überleben zusammenhängt, insofern als, wie Sie sagen, das Kollektiv, die Gesellschaft, diese Realität einer bilderproduzierenden Instanz aufnötigt, die ohne diese Nötigung sterben würde...*

C.C.: ... oder hyperpsychotisch werden würde.

D.M.: *Hyperpsychotisch, ja. Doch diese Nötigung erfolgt gewissermaßen durch Zwang.*

C.C.: Durch Gewalt.

D.M.: *Durch Gewalt.*

C.C.: Kein Problem damit. Und ohne diese Gewalt gäbe es kein Überleben der Gattung Mensch. Deshalb wehre ich mich so vehement gegen die idyllischen Arkadienträume mancher wohlmeinender Menschen aus unserem Umfeld, dass der Eintritt ins gesellschaftliche Leben eine glückliche, wunderbare und zuckersüße Angelegenheit sein könne. So etwas kann es schlicht und ergreifend nicht geben. Wenn Sie je ein Kind hatten, werden Sie wissen, dass es, egal, welche Erziehungsmethode sie anwenden, irgendwann im Laufe des ersten Monats auf ebenso unerklärliche wie infernalische Weise zu heulen und zu schreien anfängt. Nicht, weil es Hunger hat, nicht, weil es krank ist. Sondern einfach, weil es eine Welt entdeckt, die sich nicht seinem Willen fügt. Und mal ernsthaft: Wir würden uns doch alle, nicht nur unbewusst, sondern sogar bewusst, eine Welt wünschen, die sich unserem Willen fügt, oder?

D. M. & D. L.: *Gewiss.*

C.C.: Wer könnte das Gegenteil behaupten? Wir sagen uns, dass es nicht sein kann, wir verzichten auf einen Wunsch, aber der Wunsch ist immer noch da. Als Psychoanalytiker würde ich sogar behaupten, dass eine Person, die nicht in der Lage ist, eine allmachtbezogene Phantasie hervorzubringen, sehr ernsthaft erkrankt ist. Sie verstehen, was ich meine? Die Fähigkeit zur Bildung von Allmachtsphantasien ist eine notwendige Komponente, nicht nur des unbewussten, sondern sogar des bewussten Lebens. Wenn Sie sich keiner Tagträumerei hingeben, sich nicht vorstellen könnten: „Das Mädchen wird zum Rendezvous kommen", oder „Ich werde mein Buch schreiben" oder „Alles wird so laufen, wie ich es mir wünsche", dann wären Sie ernsthaft krank. Freilich wären Sie ebenso krank, wenn Sie diese Phantasie nicht korrigieren und sich sagen könnten: „Nein, ich gefalle ihr nicht, das ist offensichtlich" oder: „Sie hat schon einen Freund und hängt sehr an ihm".

Es gibt also diese Psyche mit ihrer Imagination und ihren Allmachtsphantasien, und es gibt den ersten Vertreter der Gesellschaft gegenüber dem Kind, und das ist selbstverständlich die Mutter. Die Funktion der Mutter ist eine doppelte: sie schränkt das Kind ein – durch sie beginnt das Kind zu erkennen, dass nicht alles seinen Allmachtswünschen gehorcht – und sie hilft ihm gleichzeitig dabei, der Welt einen Sinn zu geben. Die Rolle dieser ersten Person ist grundlegend und unverzichtbar, egal, ob es sich dabei um die echte Mutter handelt oder eine andere Person ihren Platz einnimmt, der Vater, ein Kindermädchen oder sogar, wie in Aldous Huxleys *Brave New World*, eine Sprechmaschine (in diesem Fall wäre der Effekt wohl ein anderer und vermutlich negativer). Die Mutter hilft dem Kind, der Welt und sich selbst einen Sinn zu geben, und zwar auf eine gänzlich andere Weise, als es bei der ursprünglichen psychischen Monade geschah. Für die psychische Monade gibt es insofern Sinn, als alles von ihren Wünschen und Vorstellungen abhängt [und sich ihnen alles fügt]. Die Mutter macht das zunichte und muss es tun. Das ist die notwendige, unvermeidliche Gewalt. Täte sie es nicht, würde sie das Kind in die Psychose treiben.

D.M.: *Meinen Sie also, dass dieser Reiz der Gewalt auf eine gewisse, sehr seltsame Weise eine Art Wunsch ist, zu dieser Mutter zurückzukehren?*

C.C.: Er ist ein massives Relikt der Bindung an eine erste Figur, die, in meiner Terminologie, Herr [*maître*] der Bedeutung war. Und es gibt immer irgendwo jemanden, der diese Rolle des Herrn der Bedeutung spielt und das kann womöglich Adolf Hitler oder Joseph Stalin oder Ronald Reagan sein – ganz egal. Ich denke, die psychische Wurzel politischer und gesellschaftlicher Entfremdung liegt in dieser ersten, sehr prägenden Beziehung. Allerdings sind da noch weitere Stadien. Sie wissen schon, die, um es korrekt und in Anführungszeichen zu formulieren, „normale Kinderstube".

Die Mutter muss diese Rolle des Herrn des Bedeutung aufgeben. Sie muss dem Kind sagen, dass wenn ein Wort das und das bedeutet, oder wenn es verboten ist, dieses oder jenes zu tun, dann nicht, weil es ihr Wunsch ist, sondern weil es dafür einen bestimmten Grund gibt oder weil alle es so verstehen oder weil es der gesellschaftlichen Konvention entspricht. Sie entledigt sich der Allmacht, die das Kind ihr mithilfe seiner eigenen Projektionsschemata zugewiesen hat. Das Kind projiziert seine eigene, phantasierte Allmacht, die es in einem bestimmten Stadium hatte aufgeben müssen, auf jemand anderes – in diesem Fall die Mutter. Wenn es fälschlicherweise denkt: „Aber Mami ist allmächtig", muss Mami sagen: „Nein, das bin ich nicht". „Worte bedeuten *nicht*, was ich sie bedeuten lasse", im Gegensatz zu dem, was Humpty Dumpty zu Alice sagt[1], „sie bedeuten, was die Leute darunter verstehen", und so weiter.

D.L.: *Was würden Sie dann zu der von jemandem wie D.W. Winnicott*[2] *vertretenen Position sagen, dass die frühe Situation der Mutter nicht die eines Herrn der Bedeutung, sondern vielmehr eines an der Bedeutung Mitwirkenden ist? Dass, mit anderen Worten, der gesellschaftliche Ursprungsmoment ein von Mutter und Baby geteilter ist, also das Kind die Mutter als Teil der Phantasiewelt wahrnimmt? Das Kind stellt sich die Brust vor und indem es sich die Brust vorstellt und sie herbeischreit, erscheint, im Moment der Vorstellung, die Brust auf wundersame Weise, woraus eine Art grundlegende Beziehung zwischen Phantasie und sozialem Verhalten entsteht.*

C.C.: So lange das der Fall ist, liegt keine Beteiligung oder Mitwirkung vor. Ich meine, so lange wir uns in diesem Stadium befinden, stellt das Kind sich vor, die Brust sei erschienen, weil es sie herbeigewünscht habe. Der entscheidende Moment kommt erst dann, und das wusste schon Freud ganz genau, wenn das Kind merkt, dass es das Erscheinen der Brust herbeiwünscht und die Brust tatsächlich nicht erscheint. Es gibt immer einen solchen Moment, der dem entspricht, was Melanie Klein, und zu Recht, die „böse Brust" genannt hätte.[3] Darin liegt auch die Wurzel der wesentlichen Ambivalenz in allen menschlichen Beziehungen. Ich meine, der Andere hat stets beide Seiten übernommen, die gute und die böse Brust, die gute und die böse Gestalt. Zumeist überlagert und dominiert die eine vollkommen die andere. Deshalb lieben oder hassen wir Menschen. Bei Menschen, zu denen wir eine Beziehung haben, überwiegt das eine oder das andere Element. Doch wir wissen alle, dass sich selbst in der größten Liebe stets das negative Element verbirgt, was nicht verhindert, dass es Liebe ist.

Die wirkliche Veränderung erfolgt erst dann, wenn das Kind sich eingestehen muss, dass die Mutter [und nicht es selbst] Herr der Brust und der Herr der Bedeutung ist. Und ein weiterer Bruch tritt ein, wenn das Kind entdeckt, dass es keinen Herrn der Bedeutung gibt. Nun ist das in den meisten Gesellschaften, bis zur Gegenwart, nur einer sehr begrenzten Zahl von Menschen passiert. Weil Jahwe Herr der Bedeutung ist oder der Parteisekretär oder vielleicht der Wissenschaftler.

D.M.: *Wenn also der Großinquisitor behauptet, die Menschen bräuchten die Kirche als Herrn der Bedeutung (auch wenn er sich sicherlich anders ausdrückt) und Jesus der Grausamkeit bezichtigt, weil er sich weigert, die Rolle des Herrn der Bedeutung zu übernehmen, was halten Sie davon? Was halten Sie vom Plan des Inquisitors?*[4]

C.C.: Ich denke, die Problemstellung ist korrekt. Sie entspricht dem, was wir sagen. Der einzige Einwand ist der, dass der Inquisitor eine normative Position einnimmt: er erklärt dieses Faktum zum Transhistorischen und erzeugt eine Situation, die ist, wie sie sein sollte. Wir sagen, dass es ein anderes Stadium gibt.

D.M.: *Ich halte es für wichtig, die psychischen Wurzeln der Autonomie in den späteren Stadien zu verorten, in denen man sich bewusst wird, dass es keine Herrn der Bedeutung gibt, als in der Rückkehr zu einer Art infantilem Zustand geteilter Bedeutung.*

C.C.: Aber „geteilte Bedeutung" heißt was? Sofern man nicht die Auffassung eines gewissen biologischen Sozialverhaltens beim Menschentier vertritt, die meiner Ansicht nach unhaltbar wäre, kann die geteilte Bedeutung nur aus der Annahme zweier getrennter und unabhängiger Personen als für sich seiende Wesen resultieren. Es gibt A und es gibt B und es gibt ihn oder sie und mich, und er oder sie denkt oder wünscht oder benennt die Dinge auf die eine Weise und ich benenne sie auf eine andere Weise und wir können einen gemeinsamen Nenner finden. Aber das ist schon ein ziemlich weit fortgeschrittenes Stadium.

Einige embryonale Bestandteile dessen – das ist ein schwieriger Punkt, weil wir uns letztlich nicht in die Psyche eines sechs oder selbst eines achtzehn Monate alten Kleinkinds hineinversetzen können – einige embryonale Bestandteile dessen könnten schon vorher vorhanden sein. Aber ich denke, dass diese Situation qualitativ erst von dem Moment an existiert, wenn das Kind in der Lage ist, seine Mutter als zugleich unabhängiges und begrenztes Wesen zu erkennen.

D.L.: *Sprechen Sie über eine ödipale Lösung?*

C.C.: Nein, das ist, glaube ich, noch einmal eine gesonderte Diskussion. Was von linken Kritikern des Freud'schen Ödipus-Konstrukts verkannt wurde, mal davon abgesehen, dass es eine Menge patriarchaler Ideologie enthält, ist die Tatsache, dass der Kern des Ödipus-Problems für Freud das Zivilisationsproblem ist. Es geht nicht so sehr um den Wunsch, mit seiner Mutter zu schlafen und seinen Vater zu töten, sondern darum, dass es, so lange man nur zu zweit ist, keine Gesellschaft gibt. Es bedarf eines dritten Terms, um diese Zweisamkeit aufzubrechen. Diese Zweisamkeit ist Verschmelzung, oder totale Beherrschung des Anderen, oder totales Beherrschtwerden durch den Anderen. Der Andere ist das totale Objekt oder man selbst ist das totale Objekt des Anderen. Und damit diese Art quasi-psychotischer Absolutheit aufgebrochen werden kann, braucht man einen dritten Term. Egal, ob es der Vater oder der Onkel mütterlicherseits ist. Will sagen, die diesbezüglichen Diskussionen zwischen Bronislaw Malinowski und Géza Róheim sind völlig irrelevant.[5] Ob Vater oder Onkel mütterlicherseits und so weiter – nicht das ist das Problem, sondern dass man nicht nur zu zweit sein kann, dass es eines dritten Elements bedarf. Daraus folgt selbstverständlich nicht, dass der Vater der Herr sein muss – das wäre völlig unlogisch. Und man braucht sogar ein viertes Element. Ich meine, dass dieses Paar durch sein Verhalten dem Kind bewusst machen muss, dass der Vater nicht die Quelle und der Ursprung des Gesetzes ist, dass er selbst nur einer von vielen, vielen anderen Vätern ist – dass es eine menschliche Kollektivität gibt, verstehen Sie?

Und das hat Freud erkannt. Diejenigen, die den Mythos aus *Totem und Tabu* zitieren, enden immer mit der Tötung des Vaters und seiner rituellen Verzehrung. Sie vergessen den kollektiven Schwur der Brüder, den eigentlichem Grundstein der Gesellschaft. Jeder der Brüder verzichtet auf Allmacht, auf die Allmacht des Urvaters: Ich werde nicht alle Frauen haben und niemanden töten.[6] Das ist Selbstbeschränkung durch kollektive Aufstellung des Gesetzes.

D.M.: *Das ist die passende Gelegenheit, um auf das zurückzukommen, was Sie vorhin über den Bund oder Zusammenschluss von Radikalen sagten, der vorbildlich sei in seiner Fähigkeit, sich selbst zu regieren und dem Reiz von Gewalt und Herrschaft zu widerstehen. Als Sie das sagten, musste ich an die Brüderhorde aus* Totem und Tabu *denken. Halten Sie diese für eine Art mythischer Metapher für die von Ihnen beschriebene Gruppe von Revolutionären?*

C.C.: So würde ich das nicht ausdrücken. Ich will lediglich sagen, dass Freud, als er *Totem und Tabu* schrieb, vor dem Problem der Urinstitution der Gesellschaft stand. *Totem und Tabu* ist offensichtlich ein Mythos und es ist töricht, ihn zu kritisieren, selbst wenn Freud ihn für eine Art Geschichte hielt, deren Wahrheitsgehalt im Detail wir nie genau werden beurteilen können, die den Lauf der Dinge aber im Großen und Ganzen korrekt wiedergibt – doch das ist irrelevant. Ich denke, dass er damit falsch lag. Aber was ihn beschäftigte, waren die ontologischen Existenzbedingungen einer Gesellschaft, in der niemand so unumschränkt herrschen konnte wie der Urvater. Insofern kommt es nicht so sehr auf den Mythos an sich an, sondern die in ihm enthaltenen Bedeutungen sind das Entscheidende. Will sagen, die Gesellschaft entsteht genau in dem Moment, in dem eine Selbstbeschränkung aller Brüder, aller Brüder und Schwestern, stattfindet.

D.M.: *Doch selbst in diesem Mythos erschaffen sie ein Totem, und das Totem ist allgegenwärtig, als Herr der Bedeutung. Es ist eine ständig präsente Mahnung.*

C.C.: Ja, und ebenso die ambivalente Beziehung zu ihm. Ich denke ja gerade, dass das Totem der Inbegriff der Heteronomie in den bislang bestehenden Gesellschaften ist. In diesem Punkt ist Freud sehr tiefgründig, wenn auch wahrscheinlich unbewusst, aber so ist das mit großen Denkern. Was ist das Totem? Mit der Zeit wird es zum Götterhimmel, oder zum einzigen Gott, oder zur Institution, oder zur Partei. Genau das, was Lacanianer und andere als „das Symbolische" bezeichnen würden. Hierin können wir das Unzulängliche dieser Auffassung erkennen: in dem Versuch, daraus ein *normatives* Konzept zu machen. Denn das Totem ist das völlig verselbständigte und mit Zauberkraft versehene „Symbolische". Es ist eine mit Zauberkraft versehene und instituierte imaginäre Schöpfung.

D.L.: *Aber Sie sagten doch, dass Institutionen immer vorhanden sein müssten.*

C.C.: Ja schon, aber nicht in Form von Totems.

D.L.: *Sie würden also geschaffen und beseitigt...*

C.C.: Ganz recht.

D.L: *... in einem ständigen Prozess.*

C.C.: Genau. Mit jener besonderen Beziehung, die sicherlich schwer herzustellen ist: Ich weiß, dass die Gesetze unsere Schöpfung sind, dass wir sie ändern können. Doch so lange wir sie nicht verändert haben, in einer Gesellschaft, die ich als wirklich demokratisch regierte anerkenne, bin ich gleichwohl gezwungen, sie zu befolgen, weil menschliches Gemeinschaftsleben anders nicht möglich ist.

Normalerweise wird vergessen, dass sprachliche Gesetze nichts anderes als geteilte Konventionen sind. Und dann kommen törichte Leute wie Roland Barthes daher und behaupten, Sprache sei ein Ausdruck von Faschismus und Heteronomie, weil nicht jeder nach Belieben die Regeln ändern kann.[7] Das hat nichts mit Faschismus oder Heteronomie zu tun. Das ist lediglich die Anerkennung der Tatsache, dass keine menschliche Kollektivität ohne Regeln leben kann, die nicht in irgendeiner Weise willkürlich und konventionell sind. Ich werde also durch Sprache nicht unterjocht, ganz im Gegenteil, sie befreit mich.

D.M.: *Doch wenn diese Regeln eine Aura annehmen, eine totemistische Aura, dann werden sie problematisch.*

C.C.: Ganz genau. Dann werden sie entfremdend.

D.L.: *Um auf einen anderen Punkt zurückzukommen. Die Brüder verzichteten eigentlich nicht auf Allmacht, sondern sie spalteten Teile ihrer Allmacht ab und konservierten sie im Totem.*

C.C.: Sie verzichten auf Allmacht und schreiben dem Totem eine imaginäre Allmacht zu. Und das ist der kompensatorische Faktor in dieser entfremdeten, nach wie vor entfremdeten psychischen Ökonomie der Brüder im Mythos. Die politische Frage lautet: Ist dieser kompensatorische, entfremdende Faktor für das menschliche Gemeinschaftsleben wirklich notwendig? Ich behaupte, dass es auf diese Frage keine *theoretische* Antwort gibt. Will sagen: Probieren geht über Studieren, das ist die Quintessenz radikalen oder revolutionären Handelns. Von der These ausgehen und sie praktisch zu beweisen versuchen, dass wir kein Totem brauchen, dass wir unsere Kräfte beschränken können, ohne sie auf ein mythisches Etwas zu konzentrieren.

D.L.: *Daraus würde folgen, dass es zwischen Kollektiv und Individuum eine Parallele in Sachen „Durcharbeitung" gibt. Nämlich eine Art Ungewissheit in Bezug auf die Geschichte, eine Vorstellung von Unbestimmtheit, bei der man die Frage der Geschichte nicht klärt und keine Lösung für die Vergangenheit findet oder aus der Vergangenheit lernt, was genau zu tun ist. Ein Kollektiv ist in der Lage, eine Position einzunehmen, in deren Rahmen die Zukunft erarbeitet werden kann.*

C.C.: Absolut. Ich denke, das ist die richtige Position. Ich meine sogar, dass die wahrhaft menschliche Position darin besteht, die Unbestimmtheit, das Risiko zu akzeptieren, auf sich zu nehmen, in dem Wissen, dass es keine Sicherheit und keine Garantie gibt. Das heißt, die bestehenden Sicherheiten und Garantien sind banal und nicht der Rede wert. Im wirklich entscheidenden Moment gibt es keine Sicherheit und keine Garantie. Wir müssen die Risiken übernehmen und das bedeutet, dass wir für unsere Taten verantwortlich sind. Freilich beinhaltet Verantwortung in einem umfassenden Sinne auch Bewusstsein. Dabei gibt es immer dieses Moment des „Nicht-Wissens". Das kann man vielleicht als Argument vor Gericht geltend machen, aber sich selbst gegenüber kann man nicht einfach sagen: „Ich wusste es nicht", auch wenn klar ist, dass wir nicht allwissend sind. Man muss sich einen Maßstab setzen, an dem gemessen man wirklich verantwortlich ist.

D.M.: *Gibt es in Frankreich Menschen, mit denen Sie einen ähnlichen Dialog führen wie wir jetzt gerade? Ich meine nicht, mal hier, mal da, sondern gibt es irgendeine Art von...*

C.C.: Ich bin außerstande, das zu beantworten... Das ist die Art von Dialog, die ich zu fördern versuche.

D.M.: *Haben Sie Erfolg – hatten Sie Erfolg damit?*

C.C.: Das kann ich nicht beurteilen. Jedenfalls nicht viel für den Augenblick.

D.L.: *Nun, diejenigen von uns, die in New York praktizieren, würden sicherlich gerne mit Ihnen in Kontakt bleiben.*

C.C.: Auf jeden Fall. Das würde mich freuen. Ich fand unsere Diskussion sehr konstruktiv.

Anmerkungen

*) [„Psychanalyse et société I", in: *Domaines de l'homme. Les carrefours du labyrinthe II*, Paris 1986, S. 35-49] Interview mit zwei New Yorker Psychoanalytikern [David Lichtenstein und Donald Moss], das am 4. Oktober 1981 in New York geführt und in *Psych-Critique* (New York) 2 (1982), S. 3-8, veröffentlicht wurde. Aus dem Englischen [in die französische Fassung von *Domaines de l'homme*] übersetzt von Zoé Castoriadis, der ich hier nochmals danken möchte.

1) „'Wenn *ich* ein Wort verwende [...], dann hat es genau die Bedeutung, die ich haben will - nicht mehr und nicht weniger.'" (Lewis Carroll, *Alice im Spiegelland*, in ders., *Das literarische Gesamtwerk*, übersetzt von Dieter H. Stündel, herausgegeben von Jürgen Häusser, Frankfurt am Main 1998, S. 719) [AdH].

2) Donald Woods Winnicott (1896-1971), englischer Kinderarzt und Psychoanalytiker, wichtiger Vertreter der sog. Objektbeziehungstheorie, die die Bedeutung der frühen Mutter-Kind-Beziehung betont. [AdH].

3) Melanie Klein (1882-1960), österreichisch-britische Psychoanalytikerin, durch ihre Beiträge zur Kinderpsychoanalyse und Objektbeziehungstheorie Begründerin einer der großen Strömungen in der Psychoanalyse nach Freud. Im Zentrum ihrer Theorie steht die Dialektik der „guten" und „bösen" Triebobjekte, die sie aus der Analyse des frühkindlichen Phantasielebens entwickelte. Vgl. J. Laplanche/J.B. Pontalis, „Objekt, ‚gutes' - ‚böses'", in: Dies., *Das Vokabular der Psychoanalyse*, Frankfurt am Main 1972, S. 344-346 [AdH].

4) Anspielung auf die Binnenerzählung „Der Großinquisitor" in Dostojewskis *Brüdern Karamasow*, in welcher der Großinquisitor dem in Zeiten der spanischen Inquisition wieder erschienenen Jesus vorhält: „Auf Jahrhunderte hast du des Menschen Seele belastet mit den Qualen deiner Freiheit!", zu der er gar nicht fähig sei, und Jesus ankündigt, ihn auf dem Scheiterhaufen verbrennen zu lassen (F.M. Dostojewski, *Die Brüder Karamasow*, aus dem Russischen von Karl Nötzel, Frankfurt am Main 1986, S. 437)[AdH].

5) Bronisław Malinowski (1884-1942), polnisch-britischer Sozialanthropologe; Géza Róheim (1881-1953) ungarisch-amerikanischer Psychoanalytiker und Begründer der Ethnopsychoanalyse. Die Kontroverse zwischen beiden bezog sich vornehmlich auf das Problem der Übertragbarkeit psychoanalytischer Konzepte, insbesondere des Ödipuskomplexes, auf außereuropäische Gesellschaften mit anderen Familienstrukturen, z.B. auf die matrilinearen Kulturen Melanesiens, in denen der Onkel mütterlicherseits die Vaterrolle einnimmt [AdH].

6) In Freuds spekulativer Rekonstruktion der Urgeschichte der Menschheit folgt auf die Ermordung des Vaters durch die vereinten Brüder die Einrichtung des Tötungs- und Inzestverbots: „Sie widerriefen ihre Tat, indem sie die

Tötung des Vaterersatzes, des Totem, für unerlaubt erklärten, und verzichteten auf deren Früchte, indem sie sich die freigewordenen Frauen versagten." (Sigmund Freud, *Totem und Tabu. Einige Übereinstimmungen im Seelenleben der Wilden und der Neurotiker*, in: *Gesammelte Werke IX*, Frankfurt am Main 1999, S. 173) [AdH].

7) Vgl. R. Barthes, *Leçon/Lektion. Französisch und Deutsch. Antrittsvorlesung im Collège de France. Gehalten am 7. Januar 1977*, Frankfurt am Main 1980: „Doch die Sprache als Performanz aller Rede ist weder reaktionär noch progressiv; sie ist ganz einfach faschistisch; denn Faschismus heißt nicht am Sagen hindern, es heißt zum Sagen zwingen" (S. 19) [AdH].

Psychoanalyse und Gesellschaft II*

Michel Reynaud: *Können Sie in Ihrer doppelten Funktion, als politischer Beobachter und Psychoanalytiker, irgendwelche neuen klinischen Symptome innerhalb der aktuellen gesellschaftlichen Misere erkennen, und wenn ja, wie interpretieren Sie diese?*

Cornelius Castoriadis: Ihre Frage enthält, wie Sie wissen, zahlreiche Fallen. Um bedeutende symptomatologische Veränderungen zu diagnostizieren, müsste man zugleich über eine genaue und eindeutige Nosologie, zeitlichen Abstand, zuverlässige statistische Beobachtungsmethoden usw. verfügen. Nichts von all dem existiert – oder hätte überhaupt nur einen Sinn – in dem uns betreffenden Bereich. Unter der Voraussetzung, dass wir das nicht aus den Augen verlieren, stimme ich dem seit langem bestehenden Befund zu, dass – von der Psychose einmal abgesehen – die Erscheinungsform der Neurose, der psychischen Störungen ganz generell, sich verändert hat. Die klassische Symptomatik, die der Zwangsneurose oder der Hysterie, zeigt sich nicht mehr so häufig und so deutlich. Was man stattdessen bei Menschen, die sich in psychoanalytische Behandlung begeben, sehr viel öfter antrifft, ist Orientierungsverlust im Leben, Labilität, sogenannte „charakterliche" Auffälligkeiten oder einen Hang zur Depression. Nach meiner Überzeugung ergibt sich aus dieser Reihe von Phänomenen eine Homologie zwischen einem laufenden Prozess relativer Entstrukturierung der Gesellschaft und einer Entstrukturierung oder abnehmenden Strukturierung der Persönlichkeit, einschließlich ihrer Pathologie. Ein Großteil der Menschen scheint an einer Art formlosen oder „weichen" Neurose zu leiden: kein akutes Drama, keine heftigen Affekte, sondern ein Verlust der Orientierung verbunden mit extremer Labilität in Charakter und Verhalten.

M.R.: *Könnten Sie genauer erläutern, was Sie unter Entstrukturierung verstehen?*

C.C.: Es handelt sich um ein neues soziologisches und kulturelles Phänomen. Wir können seine Tragweite durch einen Vergleich mit der Vergangenheit ermessen – und zwar einer Vergangenheit, die manche von uns noch erlebt haben. Nicht nur in traditionellen Gesellschaft, sondern im modernen westlichen Kapitalismus gab es gesellschaftlich vorgeschriebene und akzeptierte, d.h. verinnerlichte „Werte" und

„Normen". Ihnen entsprachen Seins- und Vorgehensweisen, „Modelle" für das, was jeder sein konnte oder zu sein hatte, je nach Ort, an den ihn seine Geburt, das Vermögen seiner Eltern usw. verschlagen hatten. Selbst wenn man gegen sie verstieß – was allerdings vorkam –, wurden diese Modelle im Allgemeinen akzeptiert. Sie zu bekämpfen, geschah in der Absicht, andere Werte zur Geltung zu bringen (zum Beispiel gehorsamer Arbeiter vs. revolutionärer Aktivist). Durch ihr bloßes Vorhandensein lieferten diese Modelle den Einzelnen deutliche Anhaltspunkte, wie sie gesellschaftlich zu funktionieren hatten. Zum Beispiel gab es in puncto Kindererziehung keinerlei Unklarheit, was ein Kind tun konnte oder nicht konnte, bzw. durfte oder nicht durfte. Damit war den Eltern eine klare Orientierungslinie in Erziehungsfragen vorgezeichnet.

Ganz offensichtlich hing all das mehr oder weniger eng mit dem instituierten Gesellschaftssystem zusammen. Ich spreche hier von der faktischen Situation: ein Werturteil über dieses Gesellschaftssystem und diese Modelle ist eine andere Sache. Es ist kein Geheimnis, dass beide mit repressiven Strukturen einhergingen. Doch es funktionierte. Die systemischen Fehler der Gesellschaft waren auf anderen Ebenen angesiedelt: Klassenkonflikte, Wirtschaftskrisen, Kriege.

Gegenwärtig sind diese Normen und Werte am Zerbröckeln und Auseinanderbrechen. Die angebotenen Modelle, sofern es noch welche gibt, sind, je nach Perspektive, hohl oder platt. Gewiss, die Medien, das Fernsehen, die Werbung bieten Modelle an, sogenannte „Erfolgsmodelle". Sie funktionieren äußerlich, aber sie können nicht wirklich verinnerlicht, nicht positiv besetzt werden, sie wären niemals imstande, die Frage: Was soll ich tun? zu beantworten.

Marcos Zafiropoulos: *Könnte man sagen, es handele sich dabei um familienextern angebotene Identifikationssysteme, nicht mehr um innerfamiliäre Systeme, die früher vom Vater auf den Sohn übertragen wurden?*

C.C.: Sie haben recht, darauf wollte ich gerade kommen. Früher war die Familie das konkrete Bindeglied zwischen der Institution der Gesellschaft und der Bildung der individuellen Psyche. Was auch immer man an (berechtigter) Kritik an ihrem patriarchalen Charakter o.ä. vorbringen mag, es ist in dieser Hinsicht unerheblich. Das massive Faktum von heute ist die Auflösung der Familie. Ich spreche nicht von Scheidungsstatistiken, sondern davon, dass die Familie kein normatives Zentrum mehr ist: Eltern wissen nicht mehr, was sie erlauben oder verbieten sollen. Und sie haben ein genauso schlechtes Gewissen, wenn sie etwas verbieten, wie wenn sie es nicht tun. Theoretisch hätte diese Rolle der Familie auch von anderen gesellschaftlichen Institutionen ausgefüllt werden können. In westlichen Gesellschaften war offensichtlich die Schule eine solche Institution. Doch die Schule befindet sich selbst in der Krise. Heute ist allenthalben von der Krise der Erziehung, der Lehrpläne, der Inhalte, der pädagogischen Beziehung usw. die Rede. Ich persönlich habe darüber schon seit Anfang der 1960er Jahre geschrieben.[1] Doch der wesentliche Aspekt dieser Krise, über den keiner spricht, ist ein anderer. Nämlich, dass niemand mehr die Schule, die Erziehung wirklich und als solche affektiv besetzt. Noch vor nicht allzu langer Zeit war die Schule für die Eltern ein ehrwürdiger Ort, für die Kinder ein nahezu geschlossenes Universum und für die Lehrer mehr oder minder eine Berufung. Heutzutage ist sie für Lehrer und Schüler nur noch ein lästiges Mittel zum Zweck, ein Ort, an dem man jetzt oder in Zukunft sein Brot verdient (oder ein unverständlicher Zwang, dem man sich verweigert), und für die Eltern eine Quelle der Angst: Wird mein Kind es schaffen, ein gutes Abi zu machen?

M.Z.: *Muss man hier nicht nach Klassenherkunft differenzieren? In den sechziger Jahren gab es verstärkte Bildungsanstrengungen in allen Gesellschaftsschichten. Wenn man heute seine gesellschaftliche Stellung wahren will, genügt es nicht mehr, sich auf einen ererbten Status zu berufen, man muss ihn durch einen Bildungstitel legitimieren, selbst wenn man über ein gewisses ökonomischen Kapital verfügt. Ist es angesichts dessen, was Sie sagen, nicht paradox, dieses verstärkte Bildungsbemühen, neben dem von Ihnen erwähnten Mangel an positivem Bezug.*

C.C.: Dieses Paradox ist nur scheinbar. Da der ökonomische Wert zum einzigen Wert geworden ist, beziehen sich die erhöhten Bildungsanstrengungen und die Angst der Eltern aller Gesellschaftsschichten bezüglich des Schulerfolgs ihrer Kinder ausschließlich auf das Stück Papier, das die Kinder bekommen oder nicht bekommen. Dieser Faktor ist in den letzten Jahren noch wichtiger geworden, weil dieses Papier mit dem Anstieg der Arbeitslosigkeit nicht mehr automatisch den Zugang zu einem Arbeitsplatz eröffnet. Jetzt wird die Angst noch größer, denn das Kind braucht nun ein gutes Papier. Die Schule ist der Ort, wo man dieses Papier bekommt (oder nicht), sie ist bloßes Mittel zum Zweck – nicht mehr der Ort, wo aus dem Kind vermeintlich ein menschliches Wesen wird. Noch vor dreißig Jahren lautete in Griechenland der traditionelle Spruch: „Ich schicke dich zur Schule, damit ein Mensch aus dir wird – *anthrôpos*".

M.R.: *Hat sich das, was Sie beschreiben, nicht in den letzten Jahren beschleunigt? Seit 1975 sucht man an allen Ecken und Enden und mit einer gewissen Hilflosigkeit. Seit vier oder fünf Jahren gesellt sich zum allgemeinen Werteverlust ein Gefühl von Verzweiflung.*

C.C.: Ganz gewiss. Die Wirtschaftskrise wäre von den Menschen nicht in der gleichen Weise wahrgenommen worden, hätte sie nicht in dieser Zeit des Werteverfalls stattgefunden. Ohne diesen außerordentlichen Werteverschleiß hätten die Menschen zweifellos anders reagiert.

M.R.: *Droht keine Gefahr, dass das Pendel zurückschwingt, d.h. dass wir zu extrem rigiden Werten zurückkehren?*

C.C.: Es hat in der Tat eine Rückkehr zu reaktionären Politiken stattgefunden, Reagan und Thatcher, beruhend auf der Ablehnung dessen, was als eine Zeit übertriebener Freizügigkeit empfunden wurde. Doch was ist in Wirklichkeit passiert? Die Auswirkungen blieben auf die politische Oberfläche beschränkt, bzw. auf ökonomischer Ebene gerieten nur die ärmsten Schichten unter Beschuss. Doch an der soziologischen Gesamtsituation hat sich während der Amtszeit Reagans oder unter der Thatcher-Regierung nichts Grundlegendes geändert. Dieselben Leute, die nach Gesetz und Ordnung schreien, verhalten sich genau wie der Rest der Gesellschaft. Und würde man, was nicht ausgeschlossen ist, zu einer Generation „strenger Eltern" zurückkehren, würde das auch nichts ändern. Denn dazu müssten diese strengen Eltern an etwas glauben, und die Gesamtheit der gesellschaftlichen Funktionsmechanismen müsste zulassen, dass man an etwas glaubt oder wenigstens so tut, ohne dass die Antinomien und Widersprüche zu häufig und zu auffällig werden. Das ist nicht der Fall, und wir sind weiter denn je davon entfernt.

M.Z.: *Man sollte diesbezüglich vielleicht betonen, dass wenn die Väter nicht mehr glauben, sie diesen Unglauben an ihre Söhne weitergeben und die Söhne diesen Unglauben erben. In diesem Moment wäre auch das Gesetz kein Hindernis mehr für das hedonistische Verlangen. Dadurch erklären sich aus Sicht der klinischen Praxis Symptome wie z.B. der dramatische Anstieg der Drogensucht, mit dem wir derzeit zu tun haben.*

C.C.: Man kann das, was Sie sagen, durch eine Frage verdeutlichen: Was heißt es heute, ein Vater zu sein? Nehmen wir mal an, die Antwort auf die Frage, was es heißt, eine Mutter zu sein, sei weniger schwierig – was vordergründig wäre, weil beide faktisch nicht zu trennen sind und sich obendrein in der Realität immer mehr Frauen gezwungen sehen, beide Rollen zu übernehmen. Ich habe die Zahlen momentan nicht im Kopf, aber in den Vereinigten Staaten wächst die Zahl weiblicher „Haushaltsvorstände" kontinuierlich. In der schwarzen Bevölkerung hat sie ein enormes Ausmaß erreicht, in der Größenordnung von 90% bei Haushalten mit alleinigem „Vorstand". Doch konzentrieren wir uns auf die Frage: Vater sein, was heißt das? Heißt es einfach, die Familie zu ernähren? Gibt es ein Wort des Vaters, und wie lautet es, wo ist es, was ist es wert, was gibt ihm Wert? Wir sind von einer veränderten Symptomatik ausgegangen und haben sie mit einem gewissen Werteverschleiß in Verbindung gebracht – der sich in der Familie konkret in der Leere des väterlichen Wortes ausdrückt (oder, was auf das Gleiche hinausläuft, der leeren Vaterstelle in der Mutter). Zugleich kommt es, aufgrund einer Vielzahl von Faktoren, zu einem Verfall der Realitätsprüfung bei Kindern: nichts Festes mehr, woran sie sich stoßen können, man darf ihnen nichts wegnehmen, nichts vorenthalten, ihnen nicht wehtun, man muss sie immer „verstehen". Sie kennen vielleicht das wunderbare Bonmot von Winnicott: „Ich liefere in jeder Sitzung mindestens eine Interpretation, damit der Patient sicher sein kann, dass ich nicht alles verstanden habe". Ich bin, ganz im Ernst, versucht zu sagen, dass man einem Kind hin und wieder zeigen muss, dass man es nicht „versteht". Die Tatsache, dass man nicht zwangsläufig verstanden wird, selbst von denen nicht, die einem am nächsten stehen, ist eine grundlegende menschliche Erfahrung.

All das findet sich im Bereich der Erziehung wieder. Die Schule von heute verfolgt gleichzeitig zwei gegensätzliche Ziele, deren jedes für sich genommen absurd ist: Serienfertigung von Individuen, die dazu ausersehen sind, aufgrund frühzeitiger mechanischer Selektion diesen oder jenen Platz innerhalb der Produktionshierarchie einzunehmen; bzw.: „der Selbstentfaltung des Kindes freien Lauf lassen".

M.Z.: *Um auf Frankreich zurückzukommen: Glauben Sie nicht, dass die Regierungsübernahme der Linken*[2]*, die trotz allem ein historisches Ereignis ist, die Herausbildung einer neuen Konstellation verkörpern könnte – oder befinden wie uns nach wie vor im Bereich der bloßen sozialen Reproduktion?*

C.C.: Was wir hier zu diskutieren und zu analysieren versuchen, ist in viel tieferen Schichten der gesellschaftlichen Welt angesiedelt als der Politikwechsel in Frankreich. Das politische System kann daran nicht viel machen. Im Übrigen versteht es offenkundig auch wenig davon, und was es macht, ändert nichts an den von uns erwähnten Tendenzen. Im Gegenteil, es würde sie allenfalls verstärken.

M.Z.: *Meinen Sie nicht doch, dass die Wiederverwendung des Geschichtsbegriffs in den Reden der aktuellen Spitzenpolitiker sie von der technokratischen Mentalität ihrer Vorgänger unterscheidet?*

C.C.: Aber genügt denn schon, dass ein Staatspräsident eines Tages die miserable Qualität der Schulbücher für den Geschichtsunterricht entdeckt und die Erteilung zusätzlicher Geschichtsstunden anmahnt? Ist dem Zusammenbruch des Geschichtsbewusstseins in unseren Gesellschaften, dem Fehlen eines Zukunftsentwurfs und dem Kaltstellen der Vergangenheit mit Schulbüchern und zusätzlichen Unterrichtsstunden beizukommen? Wir leben in einer Gesellschaft, die zur Vergangenheit eine ganz neue und originelle Art von Beziehung hergestellt hat: die völlige Teilnahmslosigkeit. Gewiss haben wir viele bewundernswerte Spezialisten – Wissenschaft verpflichtet! Aber ansonsten ist das Verhältnis zur Vergangenheit bestenfalls touristisch. Man besichtigt die Akropolis wie man auf die Balearen fährt.

M.R.: *Das Verhältnis zur Geschichte hängt doch wahrscheinlich mit dem Verhältnis zur Geschichte der eigenen Familie zusammen?*

C.C.: Zweifellos. Früher wurde so etwas wie eine Familiengeschichte von Generation zu Generation tradiert. Die ganz auf sich selbst bezogene Kernfamilie von heute, in der man gerade noch flüchtig vom Großvater spricht, und damit hat es sich dann, passt bestens zu dieser Gesellschaft, die von Augenblick zu Augenblick lebt.

Auf eines muss man ausdrücklich hinweisen: All das hängt sehr eng mit dem Verlust jeglicher Zukunftsperspektiven zusammen. Bis in die frühen siebziger Jahre hinein entwickelte diese Gesellschaft, trotz des offenkundigen Werteverfalls, noch Zukunftsvorstellungen, Absichten, Projekte. Egal, welchen Inhalts: Für die einen war es die Revolution, der große Kladderadatsch [*le grand soir*], für die anderen der Fortschritt im kapitalistischen Sinne, die Hebung des Lebensstandards usw. Es gab auf alle Fälle Bilder, die glaubwürdig erschienen, an denen die Menschen sich orientierten. Über Jahrzehnte hinweg erodierten diese Bilder von innen heraus, ohne dass die Menschen es merkten. Dann entdeckte man, praktisch von einem Moment zum anderen, dass das alles Fassade war – und im nächsten Augenblick stürzte selbst diese Fassade noch ein. Die Gesellschaft entdeckte, dass sie ohne Vorstellung ihrer Zukunft dastand, und ohne Plan – und auch das ist ein historisches Novum.

M.Z.: *Meinen Sie nicht, dass in Frankreich, nach der Erfahrung mit der Linken an der Macht und der Erschöpfung einer bestimmten Art von Diskurs, es zwangsläufig zu einer Erneuerung des politischen Diskurses kommen wird?*

C.C.: Ich sehe nicht ein, warum es zwangsläufig zu einer Erneuerung kommen sollte. Diskurse werden freilich immer fabriziert, wir leben schließlich in Frankreich. Selbst wenn alles in Schutt und Asche liegt, wird man noch tadellose Besinnungsaufsätze schreiben. Ich spreche aber von Dingen, die Substanz haben. Die Substanz eines Diskurses liegt in der politischen Imagination, und die ist einfach verschwunden. Das Verschwinden der Imagination geht Hand in Hand mit dem Versagen des Willens. Man muss sich immerhin etwas vorstellen können, was nicht ist, um wollen zu können; und man muss in seinem tiefsten Inneren etwas anderes wollen als die bloße Wiederholung, um imaginieren zu können. Nun ist allerdings keinerlei Willen dieser Gesellschaft erkennbar, der dem gilt, was sie morgen sein will – kein anderer Wille als das ängstliche und verdrießliche Klammern an das Heutige. Wir leben in einer defensiven, verkrampften, verschlossenen, furchtsamen Gesellschaft.

M.Z.: *Befinden wir uns nicht in einer Art Übergang vom Menschen der Schuld (mit dem Vater, dem Mythos usw. im Rücken) zum Menschen der Angst und der Lust?*

C.C.: Ihre Frage berührt zwei Punkte. Zunächst kann ich nicht umhin, das, was geschieht, mit dem zu kontrastieren, was ich gerne geschehen lassen würde, also meinem Ziel, meinem politisch-psychoanalytischen Projekt. Mein Ziel wäre der Übergang von einer Kultur der Schuld zu einer Kultur der Verantwortung. Eine Kultur der Angst und Lust nach Ihrem Verständnis würde uns davon nur noch weiter entfernen. Aber ist, zweiter Punkt, eine Kultur der Angst und der Lust überhaupt möglich? Wir stoßen hier erneut auf das mehr als ungeklärte Grundproblem des Zusammenhangs zwischen psychischen Strukturen und der Institution der Gesellschaft. Eine Kultur der Schuld – wie auch eine Kultur der Scham, um Dodds'[3] Thema aufzugreifen – ist ohne Weiteres vorstellbar, weil die Affekte, auf denen die gesellschaftliche Produktion der Individuen vornehmlich beruht, eine instituierte Struktur tragen, deren subjektive Seite sie sein können. Hingegen ist nicht erkennbar – jedenfalls nicht für mich – wie sich eine kohärente und funktionsfähige gesellschaftliche Institution auf Angst und zwanghafte Lust gründen soll.

M.R.: *Verantwortlich zu funktionieren ist eine Hirnfunktion, während Schuld oder Angst viel instinktivere Antriebsformen sind.*

C.C.: Hier liegt offenbar ein Missverständnis vor. Eine Kultur der Verantwortung ist für mich keineswegs eine Kultur, die bei den Individuen lediglich an ihren Intellekt oder Verstand appelliert. Ich wäre kein Psychoanalytiker, wenn ich dächte, dass dergleichen möglich oder wünschenswert sei.

Ich denke vielmehr an Individuen, die mit beiden verantwortlich umgehen können, ihren Trieben und ihrer Zugehörigkeit zu einer Kollektivität, die nur als instituierte existieren kann, nur durch Gesetze, nicht durch magischen Gleichklang der Spontaneitäten, wie manche unserer naiven linken Freunde glaubten und noch immer glauben.

M.Z.: *Vielleicht befinden wir uns jetzt in der zweiten Phase jenes heftigen Kulturschocks von 1968, mit seiner Idee des grenzenlosen Genusses. Zu dieser Zeit hieß es: Gott ist tot, man kann alles machen. Jetzt stellt man fest, dass man gar nicht so viel machen kann.*

C.C.: Im Gegenteil, gerade weil Gott tot ist – oder nie existiert hat –, kann man nicht alles machen. Gerade weil es keine andere Instanz gibt, sind wir verantwortlich.

M.Z. *Ich glaube, dass man in weiten Teilen der französischen Gesellschaft gerade dabei ist, diesen Aspekt der Dinge kollektiv zu erproben. Daher die Möglichkeit des Rufs nach einem Führer, der sich als Retter gerieren würde. Die Gurus, Meisterdenker usw. nehmen seit 1968 paradoxerweise überhand.*

C.C.: Aber ohne wirklich Wurzeln zu schlagen. Die Gurus der Herbstsaison sind jeweils im nächsten Frühjahr verblüht. Dennoch hätte man theoretisch gute Gründe anführen können, warum die Situation, so wie sie ist, das Auftauchen einer autoritären Führerfigur – bzw. faschistischer oder totalitärer Bewegungen usw. – begünstigt. Faktisch passiert aber nichts dergleichen, und ich glaube nicht, dass das ein Zufall ist. Derzeit würde es allenfalls zu einer Art gemäßigtem Autoritarismus reichen, doch für weitergehende Entwicklungen wären andere Voraussetzungen nötig. Die Krise genügt nicht. Um eine faschistische oder totalitäre Bewegung zu initiieren, wären Glaubensfähigkeit und entfesselte Leidenschaft nötig, die sich ergänzen und gegenseitig hochschaukeln. Weder das eine noch das andere ist in der heutigen Gesellschaft vorhanden. Deshalb veranstalten die rechts- und linksextremen Sekten auch nicht mehr als lächerliches Tamtam. Sie spielen ihre kleinen Statistenrollen auf der großen politischen Bühne, mehr nicht. Die französische Bevölkerung ist absolut nicht bereit, die Stiefel zu schnüren und sich zu Hunderttausenden auf der Place de la Concorde[4] zu versammeln, um wen oder was auch immer zu bejubeln. Gewiss, in der Geschichte ist nichts unmöglich, aber ein „Ruf nach einem Führer" ist in meinen Augen mehr als unwahrscheinlich, in Frankreich ebenso wie in Amerika oder in Deutschland.

M.Z.: *Es drängt mich danach, Sie zu fragen: Woher kommen die Leidenschaften?*

C.C.: Ich weiß nicht. Leidenschaften meint hier selbstverständlich, die quasi-totale Konzentration des Affekts auf ein „Objekt". Nun sind, wie Sie wissen, die Affekte und ihre Regungen jener Teil der psychischen Arbeit, der am weitesten im Dunkeln liegt. Die psychoanalytische Praxis liefert dafür täglich den Beweis. In dem Maße, wie die Affekte von Vorstellungen abhängen, funktioniert die Interpretationsarbeit. In dem Maße, wie die Vorstellungen von Affekten abhängen, merken wir, dass wir wenig in der Hand haben.

M.Z.: *Ich glaube, ein Kernpunkt Ihres Denkens ist der Übergang von dem, was Sie die psychische Monade nennen, zum gesellschaftlich strukturierten Individuum. Ich glaube, dass man erst bei Letzterem wirklich sagen kann: „Das ist ein Mensch". Könnten Sie diesen Gedanken für uns zusammenfassen: Wie entsteht ein menschliches Wesen, ein Mensch? Im Übrigen: Meinen Sie, dass der Wunsch eine gesellschaftliche Kraft ist?*

C.C.: Der Wunsch als solcher kann keine gesellschaftliche Kraft sein. Um eine zu werden, müsste er aufhören, Wunsch zu sein und sich in etwas anderes verwandeln. Wenn man vom Wunsch im eigentlichen Sinne spricht, vom unbewussten Wunsch, handelt es sich offenkundig um ein antisoziales, ja asoziales Monstrum. Erste annähernde Beschreibung: ich begehre etwas, also nehme ich es mir. Ich begehre diesen oder jene, also nehme ich ihn oder sie mir. Ich verabscheue diesen oder jenen, also töte ich ihn. So ginge es zu, im „Reich des Wunsches". Aber das ist noch die Oberfläche, denn dieser „Wunsch" ist bereits weitgehend „zivilisiert", vermittelt über eine Anerkennung der Realität usw. Der wahre Wunsch erzeugt auf direktem Wege die psychische Vorstellung, die ihn befriedigt – und in der er Erfüllung findet. Er bildet auch widersprüchliche Vorstellungen heraus: Ich bin Mann und Frau, hier und anderswo usw. Entgegen den Albernheiten der seit zwanzig Jahren umgehenden Wunschprediger ist unmittelbar einsichtig, dass Wunsch gleich Tod ist, nicht nur der anderen, sondern vor allem des eigenen Subjekts. Doch der Wunsch selbst ist nur das erste Aufbrechen der psychischen Monade, der primären psychischen Ureinheit, Fluchtpunkt, den man versuchsweise folgendermaßen beschreiben könnte: reine Lust des Selbst an der Vorstellung seiner selbst in völliger In-sich-Geschlossenheit. Aus dieser Monade leiten sich die charakteristischen Eigenschaften des Unbewussten ab: absolute „Selbstzentriertheit", die (zu Unrecht „„magisch" genannte, weil reale) Allmacht des Denkens, die Fähigkeit, aus der Vorstellung Lust zu schöpfen, die unmittelbare Wunschbefriedigung. Diese Eigenschaften machen selbstverständlich das Wesen, das mit ihnen ausgestattet ist, radikal lebensunfähig. Die Sozialisation der Psyche – die ein gewaltsames Aufbrechen ihrer monadischen Geschlossenheit voraussetzt – beinhaltet nicht nur eine Anpassung des Menschen an diese oder jene Form von Gesellschaft. Sie ist der Vorgang, der ihn überhaupt erst zum Leben befähigt. Durch diesen Sozialisationsprozess – die gesellschaftliche Produktion des Individuums – haben menschliche Gesellschaften der Psyche ermöglicht, in einer Welt zu leben, die ihren elementarsten Erfordernissen diametral widerspricht. Darin liegt die wahre Bedeutung des Begriffs *Sublimierung*: Sublimierung ist die subjektive, psychische Seite des Prozesses, der, aus Sicht der Gesellschaft, Produktion eines Individuums ist, für das es eine Logik des Wachlebens, eine „Realität" und sogar ein (gewisses) Sich-Abfinden mit der eigenen Sterblichkeit gibt. Sublimierung setzt offenkundig die Institution der Gesellschaft voraus, denn sie bedeutet, dass es dem Subjekt gelingt, Objekte zu besetzen, die keine imaginären Privatobjekte sind, sondern gesellschaftliche Objekte, deren

Existenz nur als gesellschaftlich instituierte vorstellbar ist (Sprache, Werkzeuge, Normen usw.). Es sind Objekte, die Geltung haben, im neutralsten Sinne des Wortes, und sich in einem anonymen und unbestimmten Kollektiv behaupten. Wenn man es recht bedenkt, grenzt dieser Übergang an ein Wunder.[5]

M.Z.: *Der Übergang zum gesellschaftlichen Austausch; denn es handelt sich nicht mehr nur um Triebobjekte, sondern um Äquivalenzen.*

C.C.: Ja gewiss, es sind Äquivalenzen und, was genauso frappierend und wichtig ist, Komplementaritäten. Die fraglichen Objekte können nicht isoliert und punktuell auftreten und tun es auch nicht, sondern bilden zwangsläufig ein kohärentes und funktionierendes System. Genau das brächte das Unbewusste niemals zustande, eben darin besteht das Werk dessen, was ich gesellschaftliches Imaginäres oder instituierende Gesellschaft nenne.

In diesem Sozialisationsprozess treffen wir stets auf diese außerordentliche wechselseitige Anpassung zwischen einer gesellschaftlichen Institution – die nur existieren kann, indem sie sich in diesen weitläufigen Systemen aus Objekten, Normen, Worten, Bedeutungen usw. entfaltet – und einer Psyche, für die anfänglich nichts von all dem Sinn ergeben könnte, da die bloße Existenzweise dieser Systeme ihren grundlegendsten Erfordernissen widerspricht. Die psychische Monade wird dazu veranlasst, auf diese Erfordernisse teilweise zu verzichten – was stets bedeutet, ihr Gewalt anzutun, selbst wenn es unter den „sanftesten" Bedingungen geschieht –, während sie sukzessive eine Reihe „sekundärer" Organe schafft, die sie unkenntlich machen, ohne sie je gänzlich zu beseitigen, und sich der von der „Realität" – d.h. der Gesellschaft – verlangten Funktionsweise annähern. Doch weist dieser Prozess immer eine Konstante auf – weswegen ich von „wechselseitiger Anpassung" sprach. Die gesellschaftliche Institution kann die Psyche zu nahezu allem bringen – wie die unendliche Vielfalt menschlicher Kulturen beweist –, allerdings unter gewissen Mindestanforderungen. Die gesellschaftliche Institution kann der Psyche nahezu alles verweigern (von Banalitäten abgesehen), aber sie darf ihr eines nicht vorenthalten, wenn sie als dauerhaftes und unverändertes gesellschaftliches System existieren soll – nämlich Sinn.

M.Z.: *Meinen Sie damit das symbolische System?*

C.C.: In meiner Terminologie spreche ich von gesellschaftlichen imaginären Bedeutungen. Und darin bestand selbstverständlich die Rolle jener Zentralinstitution, die noch unlängst in allen Gesellschaften die Religion war. Und hier stoßen wir auf das Problem von heute: die Gegenwartsgesellschaft ist aufgrund der Erosion ihrer imaginären Bedeutungen (Fortschritt, Wachstum, Wohlstand, „rationale" Kontrolle usw.) immer weniger in der Lage, Sinn zu liefern. Dass jeder Einzelne sich seinen eigenen Sinn fabriziert, kann immer nur auf sekundärer Ebene gelten, niemals im Grundsätzlichen.

M.Z.: *Hat dieser Sinnverschleiß ihrer Meinung nach etwas zu tun mit dieser Art „Hilferuf" an die Adresse der Psychoanalytiker?*

C.C.: Dass faktisch etwas Derartiges geschieht, ist unbestreitbar. Ob das so sein muss, ist eine andere Frage.

M.Z.: *Wie würden Sie das Ziel der Analyse definieren?*

C.C.: Das Ziel der Analyse ist, dem Subjekt zu helfen, soweit wie möglich autonom zu werden. Wiederum sollten wir Missverständnisse vermeiden. Autonomie heißt nicht Sieg der „Vernunft" über die „Instinkte"; Autonomie steht für eine andere, eine neue Beziehung zwischen dem bewussten Ich und dem Unbewussten oder den Trieben. Ich habe mir schon vor zwanzig Jahren zu schreiben erlaubt, man müsse das berühmte Freud'sche Diktum „Wo Es war, soll Ich werden", ergänzen durch: „Wo Ich bin, soll Es auftauchen".[6] Die Aufgabe der Analyse ist nicht die „Eroberung" des Unbewussten durch das Bewusste, sondern das Herstellen einer anderen Beziehung zwischen den beiden, die man als Öffnung des Bewussten zum Unbewussten hin beschreiben könnte, nicht als Aneignung oder Austrocknung des Unbewussten durch das Bewusste. Und mir ist nicht klar, wie man bei dieser Arbeit verkennen kann, sofern man folgerichtig bleiben möchte, dass wir von einer Idee, einer Absicht geleitet werden: der Idee eines menschlichen Subjekts, das in Kenntnis der Lage sagen kann: „Das ist mein Wunsch" und „Ich denke, das ist wahr", und nicht: „Vielleicht ja, vielleicht nein".

M.R.: *Beziehungsweise einfach sagen: „Das ist wahr", ohne ein „Ich denke" voranzuschicken?*

C.C.: Ich glaube, die Klausel „ich denke, dass..." ist wichtig, weil sie die Diskussion und die Kritik eröffnet. Ich denke, das ist wahr; ich weiß, das ist mein Wunsch. Eine Äußerung, die über ein 'ich denke' oder 'ich weiß' vermittelt wird, ist kein unartikulierter, formloser Schrei des Triebes, sondern eine Aussage des bewussten Ich, das sich gleichzeitig öffnet, um alles zu registrieren, was das Subjekt ausmacht – was nicht unbedingt heißt, dass es auch alles „billigt": „Ich weiß, das ist mein Wunsch", kann sehr wohl begleitet sein von einem: „und ich werde ihm nicht folgen".

M.Z.: *Im Grunde sind Ihr psychoanalytisches und Ihr politisches Engagement für Sie wesensgleich.*

C.C.: Ich könnte nicht beide gemeinsam vertreten, wenn ich es nicht so sehen würde.

M.R.: *Wir würden mit Ihnen gerne noch über den zweiten Band von* Devant la guerre[7] *sprechen, an dem sie gerade arbeiten. Aber es ist spät geworden...*

C.C.: Das heben wir uns für ein andermal auf.

Anmerkungen

[*] [„Psychanalyse et société II", in: *Domaines de l'homme. Les carrefours du labyrinthe II*, Paris 1986, S. 91-103.] Am 21. November 1983 aufgezeichnetes und in *Synapse* 1 (Januar 1984), S. 40-56, publiziertes Gespräch.

[1] In „La jeunesse étudiante" (1963) und „La crise de la société moderne" (1965), wiederabgedruckt in *Capitalisme moderne et Révolution*, Bd. II, Paris 1979.

[2] 1981 war der Sozialist François Mitterand (1916-1996) zum französischen Präsidenten gewählt worden und eine Koalition aus Sozialisten und Kommunisten (die bis 1984 hielt) hatte die Regierung übernommen [AdH].

[3] E.R. Dodds, *Die Griechen und das Irrationale*, Darmstadt 1970 (Originalausgabe: 1951).

[4] Traditioneller Aufmarschort der französischen Rechten [AdH].

[5] Vgl. *L'Institution imaginaire de la société*, Paris 1975, Kap. VI, insbesondere S. 405-432 [*Gesellschaft als imaginäre Institution. Entwurf einer politischen Philosophie*, Frankfurt am Main 1984, S. 497-528].

[6] Siehe *L'Institution imaginaire de la société*, a.a.O; S. 139-143 [Dt.: *Gesellschaft als imaginäre Institution*, a.a.O, S. 172-178].

[7] Cornelius Castoriadis, *Devant la guerre. Tome 1*, Paris 1981. Der zweite Band erschien nie. Teile daraus wurden unter dem Titel „La crise des sociétés occidentales" in *Politique internationale* 15 (Frühjahr 1982), S. 131-147 veröffentlicht. Wiederabgedruckt in *La Montée de l'insignifiance*, Paris 1996, S. 11-26 (dt.: „Die Krise der westlichen Gesellschaften", in: Cornelius Castoriadis, *Vom Sozialismus zur autonomen Gesellschaft. Ausgewählte Schriften 2.2*, Lich 2008, S. 221-240) [AdH].

Von der Monade zur Autonomie*

Frage: Ich würde gerne die alle in eine ähnliche Richtung zielenden Fragen beiseite lassen, die man Ihnen während und nach dem Golfkrieg gestellt hat. Sie werden normalerweise gebeten, Ihre Schriften zusammenzufassen und zu erläutern oder zu einem aktuellen Thema eine Meinung abzugeben. Oder man bittet Sie, Stellung zu beziehen, Rezepte zu formulieren oder, besser noch, Prognosen zu stellen, kurzum den Status des „Meisterdenkers" zu akzeptieren. An solchen Vordenkern fehlt es uns heute sehr. Sie haben übrigens dazu beigetragen, unsere allmähliche kritische Distanzierung von denen unter ihnen zu fördern, die sich noch am besten „gehalten" haben.

Wie gehen wir also vor, um Sie nicht in eine Position zu versetzen, deren „Heteronomie"potential uns nur zu gut bewusst ist? Vielleicht – und das würde ich Ihnen vorschlagen –, indem wir ins „Gelände" zurückgehen, zu ihrer „praktisch-poietischen" Geschichte. Von den drei Identitäten, für die sie ethische Bedeutung beanspruchen – den Denker, den Psychoanalytiker, den Bürger – können wir auf die Erste verzichten: sie wird sich an Ihren Antworten „erweisen".

Wir könnten demnach über Politik sprechen, über Aktivismus, ihren subversiven Werdegang, den Bruch mit Lenin und dann mit Marx... Aber auch über den Beruf des Psychoanalytikers, ihre Begegnung mit Lacan, einen neuerlichen Bruch, ihrer offenkundigen Sonderstellung innerhalb der freudianischen Welt... Noch lieber wäre mir, wenn Sie uns sagen könnten, was die Erfahrung des „Gesellschaftlich-Geschichtlichen" aus Sicht des Aktivisten an erhellenden oder umstürzenden Einsichten für das Gebiet der Analyse bereithält und was Ihnen, aus Ihrer Position als Analytiker, für die politische „Szene" brauchbar bzw. auf diese übertragbar oder extrapolierbar erscheint.

Man hat schließlich nur selten die Gelegenheit, solchen Doppelpersönlichkeiten zu begegnen, deren Umgang mit Marx und Freud kein rein theoretischer ist, sondern sich auf das Terrain der Praxis erstreckt: Straße und Couch. Sich an gesellschaftlichen Kämpfen zu beteiligen und Träumen zu lauschen, ist kaum jemals Teil ein und derselben Lebensgeschichte, weder parallel noch nacheinander. Manche – ich denke an Zalkind[1], vor allem aber an Reich[2] – haben für diese Quadratur des Kreises mit ihrem Leben bezahlt. Wie haben sich diese beiden Erfahrungen in Ihrem Leben zueinander verhalten? Haben sie sich vermischt oder widersprochen?

Cornelius Castoriadis: Ich möchte hier nicht meinen Werdegang schildern. Das habe ich bereits mehrfach getan, besonders in der Allgemeinen Einleitung zu *La Société bureaucratique* (1972)[3], wo das Wesentliche erwähnt ist, vor allem das Politische. Die psychoanalytische oder freudianische Seite folgte erst später. Schon in jungen Jahren interessierte, ja begeisterte ich mich für Freud. Es gibt vergleichsweise frühe Texte wie „Sur le contenu du socialisme, I" von 1955[4], in denen ich die Notwendigkeit betone, bei allem, was auf politischem Gebiet getan und gedacht wird, die psychosexuelle Dimension des Individuums einzubeziehen. Doch habe ich erst ab 1960 ernsthafte Versuche unternommen, beide Bereiche zusammenzudenken. Zu dieser Zeit begann ich eine persönliche Analyse, aber es war auch der Augenblick, als es für mich unmöglich wurde, mich weiter als Marxist oder Marxanhänger in irgendeinem präziseren Sinne des Wortes zu verstehen. Was mir als grundlegende Leerstelle, und mehr als nur eine Leerstelle, in der Marx'schen Konzeption erschien, war nicht allein das Fehlen der individuellen Dimension, sondern der imaginären Schöpfung des Gesellschaftlich-Geschichtlichen, des Imaginären als kollektiv-anonymes, radikales, instituierendes und konstituierendes Imaginäres. Zu diesem Zeitpunkt wurde die Verbindung hergestellt, in der Reflexion und im Denken.

Frage: Wenn Sie sagen, dass Ihre Kritik nicht bloß dem Ausblenden der Subjektivität in der marxistischen Betrachtung des Subjekts und der Persönlichkeit galt, spielen Sie damit unter anderem auch auf die ganze Auseinandersetzung Sartres mit dem Marxismus an, als er begann, über Flaubert und das Flaubert'sche Romanpersonal zu sprechen und der Psychoanalyse das Verdienst zuschrieb, Autor oder Held in ihrer Unverwechselbarkeit wahrzunehmen?

C.C.: Ich habe Sartres Arbeit nicht sehr aufmerksam verfolgt. Zur Gewissensberuhigung und aus Pflichtgefühl las ich die *Kritik der dialektischen Vernunft*, aber das hat mich nie wirklich interessiert. Ich habe *Der Idiot der Familie*[5] nie gelesen. Sartre hat nie etwas von Freud verstanden, er hat idiotische Argumente gegen ihn vorgebracht: Was denn das für ein Begriff von Unbewusstem sei, ein Bewusstsein, das sich seiner selbst nicht bewusst ist? Das Argument eines kleinen Professors, der nie etwas von dem begriffen hat, was es bei Freud – oder in den Dingen – zu begreifen gibt. „Bewusstsein, das sich seiner selbst nicht bewusst ist": das ist doch das Offenkundige schlechthin, beim Subjekt, in der Gesellschaft, in der Geschichte.[6]

Betrachten wir die grundlegende Dimension von Gesellschaft und Geschichte, die instituierende Dimension. Wir erkennen in ihr etwas, das, in Ermangelung eines besseren Ausdrucks, als *Quelle* zu bezeichnen ist, eine Fähigkeit menschlicher Kollektive, auf unmotivierte – wenngleich bedingte – Weise neue Formen, Figuren, Schemata entstehen zu lassen, die Welten schöpfen, anstatt sie bloß zu organisieren. Aufgrund dieser Schemata ist die altgriechische Welt von Nymphen und Göttern bevölkert; ist die hebräische Welt das Werk Gottes, der auch den Menschen schuf; ist der moderne Kapitalismus eine Welt, die sich dem grenzenlosen Wachstum der Produktivkräfte verschrieben hat. All das ist weder notwendig noch zufällig. Es ist die Seinsweise, die in Gesellschaft lebende Menschen erschaffen, und zwar jeweils *ex nihilo,* was das wirklich Wichtige, d.h. die Form oder den *eidos*, betrifft. Doch, selbstverständlich, niemals *in nihilo* oder *cum nihilo,* denn man greift immer auf bereits Vorhandenes zurück. Die griechische *polis* erzeugt sich durch phantastischen Gebrauch der griechischen Mythologie. Die Tragödie verwendet die griechische Mythologie und macht etwas anderes daraus. Das moderne Europa verwendet zugleich Griechenland, Rom, den Hebraismus, arabische Elemente, germanische Elemente und weitere Zutaten, die es selbst erschafft. Doch indem es etwas Eigenes erschafft, gibt es dem, was es vorherigen Welten entlehnt, eine andere Bedeutung.

Die Parallele zum Subjekt ist unmittelbar ersichtlich. In beiden Fällen haben wir es mit jener Seinsweise – nämlich der Seinsweise des Für-sich – zu tun, die man in Ansätzen bereits beim Lebewesen findet. Für-sich bedeutet Eigenwelt, Quelle der Schöpfung einer eigenen Welt. Ebenso wie nichts in eine Zelle eindringen kann, außer es überwindet den Filter der Zellmembran und wird, einmal im Inneren, von der Zelle assimiliert – oder es tötet sie –, so kann auch nichts in eine Einzelpsyche eindringen, außer es wird von ihr assimiliert. Und nichts kann in eine Gesellschaft eindringen, was nicht uminterpretiert – de facto umgebaut und neu erschaffen – wird, um den Sinn anzunehmen, den die jeweilige Gesellschaft allem gibt, was sich ihr präsentiert. Eine Gesellschaft befindet sich, wie eine Psyche, und, in erster Näherung, wie eine Zelle, ein lebendiger Organismus, in einem Zustand der Geschlossenheit, im algebraischen Sinne des Wortes. Ein algebraischer Körper ist geschlossen, wenn jede Gleichung, die innerhalb dieses Körpers aufgestellt werden kann, sich mit Elementen dieses Körpers lösen lässt.[7] In der hebräischen Gesellschaft zum Beispiel findet alles Erscheinende seine Lösung auf der Ebene der Bedeutung, auf dieser kann es interpretiert werden. Daher dieses phantastische Paradox, dass selbst der Holocaust, aus strikt hebräischer Perspektive, voller Bedeutung sein muss. Was uns als Gipfel des Ungeheuerlichen und Absurden erscheint, ist selbst noch Zeichen der Auserwähltheit des jüdischen Volkes. Das ist mit algebraischer Geschlossenheit des Systems gemeint.

Diese Geschlossenheit wird zwei Mal in der Menschheitsgeschichte durchbrochen. Zum ersten Mal im alten Griechenland. Mit dem Aufkommen des Christentums, des wahren Christentums, schließt sich der Bruch wieder. Ein zweiter Bruch erfolgt im modernen Europa, ab dem 12. bzw. 13. Jahrhundert, als erste Fragen aufzutauchen beginnen, und mündet schließlich in das Zeitalter der Revolutionen, der Aufklärung, der Arbeiterbewegung.

Diese instituierende Dimension des Gesellschaftlichen nimmt Marx nicht wahr. Ein, zwei Sätze hier und da: über die Biene und den Baumeister im *Kapital* (ein Diktum, dem der Staatspräsident übel mitgespielt hat)[8], ein paar in den *Ökonomisch-Philosophischen Manuskripten von 1844*... Doch letztlich bleibt Marx Hegelianer. Er ersetzt den Geist durch die Produktivkräfte. Er ist Rationalist. Das ist deutlich zu erkennen, wenn er schreibt, dass jede Mythologie die Naturkräfte bearbeitet und bezwingt, weil und solange der Mensch sie nicht wirklich beherrschen kann: sobald ihm das einmal gelingt (so wird stillschweigend unterstellt), hat die Mythologie ihre Daseinsberechtigung verloren und wird verschwinden.[9] Das Imaginäre erscheint somit...

Frage: ... als ein Symptom?

C.C.: Als ein Symptom und als Kompensation. Übrigens spielt selbst bei Freud das Imaginäre die Rolle der kompensatorischen *Phantasie**. Erst durch das Fehlen des Objekts entsteht das Phantasma. Dabei müssen das Objekt und sein Fehlen überhaupt erst erzeugt werden – und das kann nur durch die *Phantasie**, d.h. die Imagination, geschehen.

Frage: Ihre unnachgiebige, und frühzeitige, Kritik am Stalinismus hat sie veranlasst, auch Lenin den Prozess zu machen. Sie haben mit einem Großteil der Marx'schen Theorie gebrochen. Muss man jetzt darauf gefasst sein, dass Sie, nach der Bloßstellung der Missstände des Lacanismus, seiner Irrwege und Sackgassen, einen viel radikaleren Bruch mit Freud selbst vorbereiten? Kann man in diesem Fall etwas von den ideologischen Halbgöttern unseres Jahrhunderts „retten" oder bewahren? Welche Hybridmischung zwischen beiden scheint Ihnen noch möglich und lohnend?

C.C.: Die Situation ist nicht vergleichbar.

Marx ist ein großer Denker. Aber sein Platz ist in der Ahnengalerie, neben den Porträts zwei Dutzend anderer Denker, wie Tocqueville, Montesquieu, Hobbes, Platon, Aristoteles...

Zwei Dinge, die wir von Marx gelernt haben, werden bleiben. Zum einen – und egal, wie unzureichend bei Marx selbst formuliert – die Konzentration auf die gesellschaftliche Perspektive bei der Betrachtung des Menschen, der Bruch mit jedem methodologischen oder substanzialistischen Individualismus. Bei Marx bleibt das im Übrigen vage, zweideutig, unbestimmt. Der Horizont, das Ideal ist ein umfassend entfaltetes Individuum, das „freiwillig" mit den anderen kooperiert (als könne man sich jemals aussuchen, mit den anderen zu kooperieren, als hätte man sich „freiwillig" dafür entschieden, geboren zu werden, und als Franzose oder Chinese geboren zu werden...). Dennoch hat er uns gelehrt, die Gesellschaft als Totalität zu sehen, und zwar als zugleich funktionale und zerrissene Totalität; funktional in ihrer schieren Zerrissenheit, zerrissen in ihrer Funktionalität.

Was zum anderen bleibt, ist der Bezug auf das Politische. Es geht ihm nicht darum, eine neue Utopie zu schreiben oder ein für alle Mal das „richtige" Gemeinwesen zu definieren, er versucht, in der wirklichen Bewegung der Menschen in der Gesellschaft die Elemente zu finden, die ihren Übergang in eine andere Zukunft ermöglichen. Doch diese Art, das Problem zu betrachten, lässt gravierende Fragen offen. Um welche Bewegung von Menschen in der Gesellschaft geht es? Marx war – theoretisch wie politisch – gewissermaßen in einer glücklichen Position, denn er glaubte, im Proletariat zugleich das Subjekt einer wirklichen Bewegung und den Träger der von ihm favorisierten Werte gefunden zu haben. Damit entledigte er sich auch der Notwendigkeit, die Frage zu denken: Was soll man über die wirkliche Bewegung sagen, wenn es sich zum Beispiel um eine Nazibewegung handelt? Oder einfach eine „konsumistische" Bewegung? Soll man die „reale" Bewegung gutheißen, selbst wenn sie z.B. zu immer mehr Fernsehschwachsinn führt? Er verwarf die Frage des politischen Urteils oder des Werturteils, für die er nur Hohn und Spott übrig hatte.

Die Situation ist bei Freud eine gänzlich andere. Was am Freud'schen Denken überholt ist oder allzu deutlich den Stempel seines gesellschaftlich-geschichtlichen Milieus trägt, liegt auf der Hand:

die patriarchale Seite seiner Theorie, der mitunter positivistische Charakter seiner erkenntnistheoretischen oder philosophischen Positionen (der im Übrigen durch den Inhalt seiner Konzeption widerlegt wird). All das ist korrigierbar oder ohne größeren Schaden behebbar. Der Unterschied zu Marx ist der, dass der überwiegende Teil der Freud'schen Entdeckungen wahr bleibt, auch wenn man selbstverständlich über sie hinausgehen muss. Genau mit dieser Arbeit zu beginnen, habe ich mir vorgenommen.

Ich denke, dass die Freud'sche Auffassung des Unbewussten in einem wesentlichen Punkt unzureichend ist. So merkwürdig sich das für jemanden ausnimmt, der „Positivist" war, der mit der Physiologie des Nervensystems anfing, bleibt Freud auf seine Art Dualist. Wir finden bei ihm den Leib-Seele-Dualismus wieder. Das schafft ernsthafte Probleme. Und zwar schon deshalb, weil dieser Dualismus unaufhebbar ist. Es gibt eine Sicht, eine Seinsweise psychischer Phänomene als solcher, die wir nicht in der Seinsweise somatischer Phänomene auflösen können. Das ist völlig klar und einsichtig. Doch nicht minder klar und einsichtig ist die Tatsache, dass es eine permanente und unvermeidliche wechselseitige Abhängigkeit zwischen Psychischem und Somatischem gibt. Nicht nur, weil wenn man stirbt oder jemanden ein Loch in den Kopf bohrt, der psychische Prozess zum Stillstand kommt, sondern auch, weil wir ständig erleben, wie dieser Vorgang im Kleinen funktioniert: Sie flößen jemandem Alkohol ein und er beginnt, Dinge zu erzählen, die er ansonsten niemals erzählt hätte; Sie flüstern einer Person etwas zu und sie errötet oder gibt Ihnen eine Ohrfeige, jedenfalls lösen die Worte eine körperliche Reaktion aus.

Auf philosophischer Ebene kann es keine grundlegende letztgültige Unterscheidung zwischen Seele und Körper, Psyche und Soma geben. Wie schon Aristoteles sagte, „die Leiche des Sokrates ist nicht Sokrates", selbst wenn sie noch warm ist.[10] Es ist unmöglich, sich den Geist Kants im Körper von Ava Gardner vorzustellen, und umgekehrt. Aristoteles hatte Recht mit seiner Behauptung, dass die Seele die Form eines lebendigen Körpers ist. Die Seele ist, zunächst einmal, Leben – und Leben ist die schiere Existenz des Körpers. Beim einfachen Lebewesen erweitert sich der Körper ab einem bestimmten Zeitpunkt um eine Vorstellung der Umgebung, des Milieus, des Nahbereichs, um eine spezifische Art des Affiziertwerdens und einen Drang. Beim einfachen Lebewesen verbleibt all das, in 99,99% der Fälle, im Rahmen strikter biologischer Funktionalität. Beim Menschen koppelt es sich ab. Es kommt zu einer Neoplasie, einem Krebs, der nicht nur das Resultat der quantitativen Ausdehnung des Nervensystems ist, sondern sicherlich auch einer außerordentlichen Zunahme seiner strukturellen Komplexität und vermutlich weiterer Faktoren. Dieser Krebs äußert sich weniger in einer Erweiterung logischer Fähigkeiten („der Mensch als Vernunfttier" ist eine traditionelle Sottise: er ist viel weniger vernünftig als die Tiere), als vielmehr in einer immensen Entwicklung der Imagination. Und zwar einer entfunktionalisierten Imagination. Bereits im Körper einfacher, nichtmenschlicher Lebewesen ist diese Imagination zu finden. Insekten sehen Farben. Die Tatsache aber, Farben sehen oder Töne hören zu können, ist eine Schöpfung. Die Philosophie war so sehr auf das Problem primärer und sekundärer Eigenschaften fixiert, dass sie diesen Umstand stets außer Acht gelassen hat: was zählen schon Farben und Geschmäcker, worauf es ankommt, ist das Stück Wachs, das übrigbleibt. Doch nicht das Stück Wachs ist wichtig, sondern, dass wir Blau und Rot sehen, obwohl es in der Natur weder Blau noch Rot gibt, sondern lediglich elektromagnetische Wellen von soundso viel Ångström Länge. Kein physikalisches Gesetz kann erklären, warum wir bei denselben Wellenlängen Blau und Rot statt Rot und Blau sehen. Die Physik kann allenfalls für normal erklären, dass sich beim Für-sich, das solche Anstöße erhält, etwas Unterschiedliches ereignet, sie kann aber keinerlei Aussage über die *Qualität* dieser Differenz machen. Und die Biologie kann zwar sagen, dass die Lebewesen, angesichts der Beschaffenheit der Welt, nicht überlebt hätten, wenn sie nicht auf diese oder jene Art von Anstoß diese oder jene spezifische Art von Sinnesreaktion herausgebildet hätten, aber über den qualitativen Inhalt dieser Besonderheit hat sie nichts mitzuteilen. Es ist also bereits beim Lebewesen eine *Imagination* vorhanden: es findet die Schöpfung von etwas statt, was als *Bilder* bezeichnet werden muss, die den Anstößen entsprechen, die das Lebewesen von der Außenwelt erhält. Doch beim Lebewesen ist diese Imagination zugleich der Funktionalität unterworfen und ein für alle Mal festgelegt. Beim Menschen hingegen ist sie entfunktionalisiert und permanent schöpferisch. Das genau hat die traditionelle Philosophie nicht erkannt.

Selbst Kant, der mit der „transzendentalen Einbildungskraft" noch am weitesten gegangen ist, spricht von der „Passivität der Eindrükke".[11] Eine solche Passivität der Eindrücke aber gibt es nicht. Nicht nur, weil die Wahrnehmung eine aktive und intentionale Haltung ist, sondern weil, wenn man die einfache Empfindung isolieren könnte, darin keinerlei Passivität zu finden wäre. Das Passive ist der Anstoß. Die Netzhaut empfängt einen Reiz, mein Trommelfell wird von

Luftschwingungen getroffen, aber sie beide machen etwas gänzlich Anderes aus diesem Anstoß, sie sind nicht passiv. Kant stellt sich den Körper als Automaten zur Produktion blinder Empfindungen vor. Das ist nicht richtig. Der Körper schöpft seine Empfindungen. Es gibt also eine *körperliche Imagination*, die beim Menschen mit einer neuen Dimension der radikalen Imagination im eigentlichen Sinne einhergeht, dem Auftauchen jenes unaufhörlichen Stroms, der einer der Vorstellungen, Intentionen und Affekte zugleich ist. Beide zusammen schöpfen eine Eigenwelt des menschlichen Subjekts, die nicht mehr die Eigenwelt des Tieres ist, die nicht ein für alle Mal festgelegt, sondern entfunktionalisiert ist.

Bliebe man dabei stehen – das ist genau die Gefahr, der die überlieferte Philosophie vorbeugen möchte –, würde man bei unlösbaren Aporien und solipsistischen Positionen landen: Warum und wie kommuniziert diese Eigenwelt mit etwas anderem und insbesondere anderen Eigenwelten? Auch die Geschichte würde dadurch unverständlich. An dieser Stelle kommt das gesellschaftliche Imaginäre ins Spiel. Doch dazu später.

Betrachten wir nun die Imagination aus psychoanalytischer Sicht. Wie Sie wissen, spricht Freud niemals von Imagination, sondern stets von *Phantasie**. Das entsprang zugleich einer positivistischen Haltung und reinem Selbstschutz. Er erzählte für den Geschmack seiner Zeitgenossen schon genug haarsträubende Geschichten. Hätte er auch noch gesagt: „Das alles beruht auf der Imagination der Patienten", wäre der Bogen wohl überspannt gewesen! Man braucht sich nur vor Augen halten, wie zaghaft er am Ende der Geschichte vom *Wolfsmann* in einer Fußnote einräumt, dass die Urszene (der berühmte *coïtus a tergo*) vielleicht von Beginn an ein Phantasma des Patienten gewesen ist.[12] Freud spricht von einem Unbewussten, das einzig auf einen bestimmten Typ psychischer Produkte ausgerichtet ist, nämlich diejenigen, die mit Trieben, und speziell dem Sexualtrieb, zusammenhängen. Dieses Unbewusste hat dann mit dem Anderen als Gegenstand des Begehrens, mit Verdrängung usw. zu tun.

Ich weiß nicht, ob ich genug Talent, Kraft und Zeit haben werde, um diesen Gedanken wirklich auszuarbeiten und ihm vor allem, über das rein theoretische Interesse hinaus, praktische Relevanz zu verleihen, aber ich bin der Überzeugung, dass das menschliche Unbewusste das Freud'sche Unbewusste übersteigt.

Es gibt ein *menschliches Nichtbewusstes*, von dem das Freud'sche Unbewusste, einschließlich dem der „zweiten Topik", nur einen Teil darstellt.[13] Der Körper ist bereits Imagination, weil er äußere Anstöße in etwas verwandelt. Der Embryo bewegt sich in der Fruchtblase, es passiert etwas mit seinen Eingeweiden genauso wie mit unseren Eingeweiden, sein Herz schlägt. Wenn wir mit der Luft in Kontakt sind und wenn wir atmen, passiert etwas, und all das betrifft keine kartesianische Maschine, die über die Zirbeldrüse mit unserem Geist oder unserer Seele verbunden ist.[14] Es ist ein und dieselbe Sache, wenngleich mit dem bemerkenswerten Unterschied, dass wir unserem Körper zuwiderhandeln, ihm unglaubliche Dinge zumuten oder Schmerzen bezwingen können.

Da ist etwas, das nicht einmal mehr „unbewusst" genannt werden sollte, weil der Begriff definitiv durch Freud belegt ist. Nennen wir es provisorisch das *menschliche Nichtbewusste,* obwohl es nicht einmal zwangsläufig nichtbewusst sein muss. Es hat einen sonderbaren Status, ist teilweise radikal unbewusst, ohne jemals wirklich bewusst werden zu können, außer in Form von Schmerz und Lust. Jemand, der eine Krankheit an einem inneren Organ hat, ist sich dessen nicht bewusst, das einzige, was er spürt, ist Schmerz. Ebenso verhält es sich mit der Lust, einschließlich der Organlust und der generellen Lust, sich in seinem Körper zu befinden und sich darin wohlzufühlen. Doch damit nicht genug. Leibniz sagte bereits sinngemäß Ähnliches über die „unendlich kleinen Wahrnehmungen der Monaden".[15]

Es gibt also eine Art Ganzheit des Menschen, der Körper und Seele zugleich ist, innerhalb derer der Körper stets, in gewissem Sinne, psychisch ist, und die Psyche stets, in mancher Hinsicht, somatisch. Man kann das nicht einfach als polaren Gegensatz von bewusst/unbewusst, geschweige denn verdrängt/nicht-verdrängt beschreiben. Ich verdränge meinen Herzschlag nicht, er geht nur unmerklich leise vonstatten. Und so lange mein Herz so leise schlägt, habe ich dieses kaum wahrnehmbare, unbestimmte Wohlgefühl eines gut funktionierenden Organismus. Und wenn diese Funktion versagt, handelt es sich um kein leises Geräusch mehr, sondern um Herzrasen, Herzrhythmusstörungen usw. Ich bin davon überzeugt, dass wir es hier nicht mit etwas rein Somatischem zu tun haben. Wenn wir diesem Weg folgen, werden wir vielleicht eines Tages nicht nur die philosophischen Aspekte der Frage verstehen, oder vielmehr reflektieren, sondern auch viel spezifischere Phänomene wie die hysterische Konversion, psychosomatische Krankheiten oder Autoimmunerkrankungen. Ich glaube nicht, dass bei anderen Säugetieren so etwas wie Autoimmunerkrankungen anzutreffen sind. Entfunktionalisierung der Psyche, Wendung der

Abwehrorganismen des Subjekts gegen dieses selbst. Verrat. Interne Konflikte. Resultate: multiple Sklerose, Allergien usw.

Ich möchte noch einen Satz hinzufügen, um das Paradoxe dieses Menschen, „der zwei ist, die einer sind“, zu betonen. Es ist lediglich eine Wiederholung dessen, was ich über die psychische Monade im 6. Kapitel von *L'Institution imaginaire de la société*[16] und in „L'état du sujet aujourd'hui“[17] sowie einem neueren Text, „Logique, imagination, réflexion“[18], geschrieben habe: die Entfunktionalisierung der Psyche, die Entfunktionalisierung der Lust, die sehr starke Besetzung der Vorstellungslust auf Kosten der Organlust. Es sieht ganz so aus, als wolle die Psyche ihren Weg allein fortsetzen, als wolle sie ernsthaft den Körper verlassen. Ein anorektisches Kind, ein autistisches Kind vielleicht, will den Körper und die Umgebung verlassen. Das kann es nicht, weswegen es stirbt. Wenn wir von dieser Spaltung sprechen, erfinden wir nichts, wir bringen etwas zum Ausdruck, was in diesem Monstrum von menschlicher Psyche, diesem Krebs, dieser Neoplasie vorhanden ist; eine Art Tendenz, sich als reiner Psychismus zu erhalten, genau wie Krebszellen, auf Kosten von allem Übrigen. Das kann einige Perspektiven auf manche Psychosen eröffnen. Und hier stoßen wir erneut auf die grundlegende Rolle des gesellschaftlichen Imaginären. Auch die Gesellschaft verfolgt das Ziel, die Psyche gewaltsam in die „Realität“ zurückzuholen und sie in ein Milieu zu reintegrieren, in dem es andere Individuen gibt und Dinge, die „wirklich“ Dinge sind.

Frage: Kann man diesen Gedanken der Entfunktionalisierung der menschlichen Psyche mit dem vor allem Klein'schen – aber auch Freud'schen – Konzept der „Integration des Körper-Ichs in das psychische Ich“ in Verbindung bringen?

C.C.: Das ist nicht das Gleiche. Hierbei handelt es sich wirklich um „Integration“ – die allerdings immer stattfinden muss, wenn das Individuum überleben soll. Ich spreche von etwas „Vorgängigem“: ich sage, es beginnt mit einer Art Aufplatzen, einer ziemlich radikalen Trennung der psychischen Monade von „ihrem“ Körper.

Ein Baby ist bis zu einem bestimmten Alter absolut selbstzentriert: der Körper ist gezwungen, quasi in einer Art Sparmodus zu funktionieren, im Vergleich zur Macht der Phantasienbildung, der Halluzination usw. Nur so lassen sich die Anorexie des Säuglings sowie eine ganze Reihe anderer Phänomene verstehen. Es gibt diese Kluft. Sprechen wir über das psychische Subjekt und das Körpersubjekt oder über das „psychische Ich" und das „Körper-Ich"? Das Ich ist etwas viel Präziseres, Differenzierteres – auch in der Freud'schen Lehre – und seine allmähliche Herausbildung oder Entstehung erfolgt später.

Frage: Läuft der Begriff *Imagination* – der stark mit dem Bildlichen [image] konnotiert, also mit einer ganzen Reihe skopischer, visueller, ästhetischer, optischer Bezüge versehen ist – nicht Gefahr, rasch unangemessen zu werden im Hinblick auf das, was Sie, glaube ich, als einen Prozess – Sie sprachen von „unaufhörlichem Strom" – der Semiotisierung des Realen bestimmen? Letzterer würde auch zönästhetische Bilder, Geruchsdinge, räumliche Orientierungen betreffen, Dinge, die nicht zwangsläufig etwas mit dem Sehen zu tun haben, sondern auch mit Rhythmen, musikalischen Elementen, Skandierungen, also einer gewissen Zeitlichkeit. Imagination ist demnach die Fähigkeit zu ständiger Semiotisierung, eine Fähigkeit, die Forscher, die sich mit Säuglingsverhalten beschäftigen, als sehr mächtig beschreiben.

C.C.: Gewiss doch. Aber ich verwende den Begriff Imagination nicht in seiner überlieferten Bedeutung. Imagination ist die Fähigkeit, etwas entstehen zu lassen, was nicht das „Reale" ist, weder im Sinne der gewöhnlichen Wahrnehmung, der Husserl'schen oder Heidegger'schen *Lebenswelt**, noch der Physik. Sie ist also die gesamte *Schöpfung einer Welt für sich* von Seiten des Subjekts. Bereits die Entfaltung eines Raumes und einer Zeit ist Imagination. Und jeder von uns hat seinen eigenen Raum und seine eigene Zeit. Doch wie gelangen wir zu einem gemeinsamen, kollektiven, gesellschaftlichen Raum? Und noch viel schwieriger: einer gemeinsamen Zeit? Das ist etwas, das wir nie schaffen werden. In keinem anderen Bereich empfindet das erwachsene, voll entwickelte, seiner selbst bewusste Individuum seine unaufhebbare Einsamkeit stärker als in dieser ständigen Verschieden- und Andersartigkeit zwischen seiner eigenen und der gemeinsamen Zeit. Der Wecker hat geklingelt, es ist acht Uhr, ich muss zur Arbeit, aber sie kann mich mal, die Arbeit! Oder die Zeit meiner Stimmung: die Sonne scheint und ich bin unendlich traurig, oder ich bin sehr vergnügt, obwohl es regnet usw.

Die „vorsubjektive" Welt ist eine kompakte, trübe, dumpfe Masse; das Aufbrechen der Imagination ist eine örtliche Explosion, die ein Loch in diese Masse sprengt und in ihrem Innern einen Raum eröffnet, eine Kammer, die enorme Ausmaße erreichen kann. Genau genommen ist es keine Kammer, sondern eine Art Zylinder, denn es handelt sich gleichzeitig um *eine Zeit,* besitzt also auch eine vierte Dimension, und bildet, für sich, auf den Innenwänden des Zylinders eine geordnete Welt. Das ist, glaube ich, was Sie mit „Semiotisierung" meinen.

Es gibt Geruchsobjekte, Tastobjekte, die anfangs viel wichtiger sind als visuelle Gegenstände. Ich bin keineswegs auf das „Skopische" fixiert. Eine der groben Unzulänglichkeiten von Lacans Auffassung des Imaginären ist gerade seine Fixiertheit auf das „Skopische". Für mich ist , wenn man von einer Stufenfolge spricht, die Imagination par excellence die des Komponisten (der ich gern geworden wäre). Mit einem Mal tauchen Figuren auf, die absolut nicht visuell sind. Sie sind vor allem auditiv und kinetisch – weil auch Rhythmus im Spiel ist. Es gibt diese wunderbare Briefstelle bei Mozart, Brigitte Massin zitiert sie, wo Mozart beschreibt, wie er komponiert.[19] Wie jeder Komponist, der auf sich hält, komponiert er selbstverständlich im Kopf. Der taub gewordene Beethoven hörte – *imaginierte* – in seinem Kopf. Ein wahrer Komponist schreibt und hört die Akkorde, die Akkordfolgen, wie ich, wenn ich die Augen schließe, mir diese oder jene Szene in Erinnerung rufen oder ausdenken oder Personen zusammenbringen kann, die sich in Wirklichkeit nie begegnet sind. Mozart erklärt, wie sich das Stück in seinem Kopf von selbst komponiert und macht folgende verblüffende Feststellung: Wenn das Stück beendet ist, steht es gleichzeitig in seinem gesamten Ablauf vor ihm. Er hört im selben Augenblick Anfang, Mitte und Ende des ersten Satzes der Sonate. Wie Galileo über Gott sagt, er habe die Beweise, die wir uns Stück für Stück mühsam erarbeiten müssten, *unmittelbar* vor Augen. So funktioniert Imagination. Wenn Mozart sagt: ich habe das ganze Stück im Kopf vor mir, dann meint er nicht, dass er die Partitur sieht, sondern dass er das Stück zur Gänze hört. Weil unsere eigene musikalische Imagination eher bescheiden ist, erscheint es uns unbegreiflich, dass man zugleich den Anfang der *Großen g-Moll-Symphonie* und das Menuett hören kann. Auch das gesellschaftliche Imaginäre enthält nichts „Visuelles". Es bezeichnet nicht die Schöpfung von Bildern in der Gesellschaft, hat nichts mit der Bemalung der Wände in den Städten zu tun. Grundlegende Schöpfungen des gesellschaftlichen Imaginären wie Götter oder Benimmregeln sind weder sichtbar noch hörbar, sondern *bezeichenbar*.

Frage: Führt das nicht dazu, dass man das Konzept des radikalen Imaginären aus jeglicher Verankerung in der Vorstellung, der Wiederholung, dem Wiedersehen mit dem Alten, bereits Bekannten und Erkannten lösen muss? An einer Stelle in *Les Carrefours du labyrinthe* sagen Sie ganz deutlich, dass das Unbewusste sich nicht nur mit der Vergangenheit beschäftigt, dass es nicht bloße Wiederholung ist.[20] Es gibt ein Moment des Aktuellen, „Emergenten", das Freud und vor allem Lacan in ihren Analysen oft vernachlässigt haben, weil sie Imaginäres, Vorstellung und Wiederholung einer gemeinsamen halluzinatorischen Quelle zuschrieben. Sie haben hingegen, wie mir scheint, eine ganz und gar zukunftsorientierte Perspektive eingenommen.

C.C.: Sagen wir, zeitliche. Es ist ein *Auftauchen* und dieses Auftauchen ist – um mir diesen, wenn es um das Subjekt und nicht das Gesellschaftlich-Geschichtliche geht, falschen Sprachgebrauch zu erlauben – geschichtlich. Es behält immer etwas aus der Vergangenheit zurück und gibt sich als jemand aus, für den schon viel passiert ist. Dennoch ist es Auftauchen und dieses Auftauchen kann kreativ sein, ist kreativ. Nominell immer, denn es ist etwas anderes; aber da sind wir schon bei Heraklit: Du träumst nie zwei Mal denselben Traum. Doch abgesehen von Heraklit ist es auch kein bloßer Zeitunterschied, sondern ein Anderssein, weil eine andere Form aufgetaucht ist. So gesehen handelt es sich tatsächlich um keine repetitive oder in der Vergangenheit verankerte Imagination, ganz im Gegenteil.

Frage: Man könnte meinen, dass das radikale Imaginäre, die Phantasiebildung, in Ihrem Werk die gleiche Rolle spielt wie der „Wille zur Macht" bei Nietzsche, die „Subjektivität" oder die „Struktur", die „Subjektivität-Struktur" bei Lacan, das „Begehren" bei Lyotard oder anderen. Dennoch ist klar, dass es sich nicht um eine neue Universalie, ein Fundament, ein *primum movens* oder ein biologisches Substrat der Psyche handelt. Könnten Sie, wie die Maoisten 1968 sagten, „noch einmal" auf diese Frage eingehen?

C.C.: Es handelt sich um keine neue Universalie und ganz gewiss nicht um ein biologisches Substrat. Es ist vielmehr der Kern des Seins und der Seinsweise der Psyche des einzelnen Menschen einerseits, des Gesellschaftlich-Geschichtlichen andererseits. Weil es das radikale Imaginäre gibt, gibt es Institution; und ein radikales Imaginäres kann es nur geben, insofern es instituiert ist. Das ist der Zirkel von Geschaffenem und Elementen der Schöpfung: die verschiedenen Elemente müssen gleichzeitig gesetzt werden. Ohne sie kann das Geschaffene nicht sein, aber sie selbst sind nur, was sie sind, aufgrund ihres „Resultats", der Schöpfung. Das Sein im Allgemeinen ist Schöpfung. Imaginäres und Imagination sind die Seinsweise, die diese *vis formandi* des Seins im Allgemeinen bei diesem Abkömmling des umfassenden Seins/Seienden, der Menschheit, annimmt. Sie erscheint dort mit jener besonderen Form, jener Dichte und vor allem jenen singulären Schöpfungen wie z.B. Bedeutung oder explizite Idealität. Das Lebewesen ist auf Grundlage rein physikalischer Gesetze nicht *erklärbar*, geschweige denn verstehbar. Das Lebewesen ist Emergenz. In dieser Emergenz erkennen wir das formgebende Potential des umfassenden Seins/Seienden, ein Potential, das in sich selbst natürlich keinerlei Persönlichkeit hat, aber auch keine Zielrichtung, es ist nicht teleologisch. Das genau ist Sein. Wäre dem nicht so, wäre das Sein immer dasselbe. Der Mensch würde nicht existieren, das Leben würde nicht existieren, usw. Nun heißt Sein auch immer *anders sein* und *das Andere sein lassen*. Ein immens verstärktes Echo dessen erkennen wir beim Menschen eben in der radikalen Imagination und im radikalen Imaginären. Was keinerlei Subjektivierung des Seins impliziert.

Nietzsches „Wille zur Macht" ist etwas anderes. Ich will hier aber nicht Nietzsche diskutieren, das würde zu weit führen.

Sie wissen ganz genau, dass ich die Auffassungen Lacans absolut nicht teile. Die von ihm ständig beschworene „Struktur" schließt gerade aus, was ich für wesentlich erachte: die Zeitlichkeit. Gleichzeitig berief er sich auf „Strukturen", die keinen Ort haben, weder in der Psychoanalyse noch sonstwo. Zum Beispiel die Sprache. Das Subjekt ist nichts ohne Sprache, eine Binsenweisheit und obendrein so alt wie die Welt (Aristoteles).

Sprache, und dann? Was hat es mit der Sprache auf sich? Woher kommt sie? Was hat die Psychoanalyse über sie zu sagen? In den Manuskripten, die Freud an Fließ schickte, gibt es eine Stelle, wo Freud seine Zuversicht äußert, dass ihn der von ihm eingeschlagene Weg dahin führen werde, die Ursprünge der Sprache zu erklären.[21] Selbstredend hat er rein gar nichts erklärt, weder zu diesem Zeitpunkt noch später. Bei Lacan ist Sprache das, was das Subjekt vorfindet. Nun ist Lacan entweder Heideggerianer und die Sprache ist eine Gabe des Seins – der Mensch spricht nicht, sondern das Sein spricht durch ihn, indem es ihm Sprache verleiht (diese Art ideologisch-theologischer Metaphysik interessiert mich nicht) – oder aber man ist zu der Feststellung gezwungen, dass die Sprache eine Schöpfung des radikalen Imaginären, d.h. der Gesellschaft ist. Die Sprache an sich und die einzelnen Sprachen sind jeweils eine Schöpfung des betreffenden Kollektivs. Hier ist ein Exkurs angebracht.

Bei der poietischen, d.h. schöpferischen, also irreduziblen, unerklärbaren, unableitbaren Dimension des Menschen bleibt die ganze logische Dimension scheinbar auf der Strecke. Dem ist aber keineswegs so. Eines der ersten Dinge, die wir bemerken, wenn wir nachzudenken beginnen, ist die Existenz einer Dimension – man bezeichnet sie üblicherweise als „logisch", während ich sie *mengentheoretisch-identitätslogisch* oder kurz *mengidisch* nenne – die überall vorhanden ist, in der Psyche wie in der Gesellschaft, im Lebewesen, im physikalischen Sein. Ein Ziegenbock kann nicht zugleich Ziegenbock und Hirsch sein; zwei und zwei macht vier; wo Rauch ist, da ist auch Feuer; bestimmte Ursachen haben bestimmte Wirkungen. Derlei trifft man überall, aber es ist nur *eine* der beiden Dimension, die das Seiende ausmachen. Nehmen wir ein Beispiel aus der Psychoanalyse. Da ist ein Analytiker mit einem Patienten auf der Couch; der Patient erzählt einen Traum und beide machen sich gemeinsam daran, so steht wenigstens zu hoffen, diesen Traum den Regeln entsprechend zu interpretieren. Der Traum ist ein Gebilde von phantastischer Komplexität, bei dem die Imagination in einem außerordentlichen Maße zum Tragen kommt, mit ihren Vergleichen, Erfindungen, Wortspielen von oft faszinierender Kreativität. Doch stößt man in diesem Traum auch, zum Beispiel, auf Berechnungen. Die schöpferische poietische Imagination des Traums muss die instrumentelle Form von Berechnungen annehmen, um sagen zu können, was sie zu sagen hat. Ebenso Bach, wenn er eine Fuge schreibt: er zählt die Noten des Themas, er zählt den Quintton ab, um das Thema eine Quinte versetzt zu wiederholen, er zählt die Noten des Kontrasubjekts, er kennt die Harmonieverhältnisse dieser Bauform. Ein Strukturalist müsste sagen, dass Bach ganz in seinen Berechnungen aufgeht, was ausgemachter Blödsinn wäre. Solche Berechnungen sind auch in bedeutenden Gemälden anzutreffen. Selbst einem surrealistischen Gedicht liegt eine phantastische Logik zugrunde. Ohne diese Logik wäre der Sinneffekt der vermeintlichen oder tatsächlichen Absurdität eines Satzes kein Sinneffekt, sondern überhaupt nichts. Durch Opposition, durch Kontrast, aber auch durch ständiges Einflechten von Logikfasern kann das Translogische nicht nur *gesagt werden*, sondern schlicht und einfach *sein*. Mit dem unzutreffenden Postulat, dass alles Seiende bestimmt und durchgängig bestimmt sein muss, ist die Philosophie der Metakategorie der Bestimmtheit aufgesessen. Was hingegen zutrifft, ist die Tatsache, dass nichts *sein* kann, wenn es nicht auch bestimmt ist. Anders als Lacan glaubte, ist das Unbewusste keine Maschine. Aber es ist, in seiner Eigenschaft als Unbewusstes, bestimmt. Es hat eine ihm eigene Seinsweise, die nicht mit der eines Kängurus oder eines topologischen Lehrsatzes identisch ist.

Es ist seiner Seinsweise und dem Wesen seiner Erscheinungen nach bestimmt, aber nicht nach dem Inhalt dessen, was sich in ihnen entfaltet. In dem, was sich in ihnen entfaltet, äußert sich eine Emergenz, ein Auftauchen. Der Versuch, dieses Auftauchen zu verstehen, zwingt uns, seine Erscheinungsformen, so gut es geht, mit etwas anderem zu verbinden, bis zu dem Augenblick, da wir auf den berühmten „Nabel" stoßen und schließlich auf die gesamte Geschichte des Subjekts. Freud sprach von Neurosenwahl. Da er leicht positivistisch angehaucht war, dachte er auch an anlagebedingte Faktoren. Doch mit diesen anlagebedingten Faktoren verhält es sich fast wie mit den „Schlummerkräften" des Opiums bei Molière.[22] In Wahrheit handelt es sich um die irreduzible, unerklärbare Seinsart des Subjekts, seine Fähigkeit, und die Notwendigkeit, eine Eigenwelt zu errichten und sie als Zwangsneurotiker, Psychotiker, Perverser oder „Normalneurotiker" zu errichten.

Die mengentheoretisch-identitätslogische oder mengidische Dimension ist stets vorhanden und selbst wenn wir sie bewusst und mit erheblichen Folgen überschreiten, sind wir noch auf sie angewiesen. Hegel schrieb einmal, um Schelling zu verspotten: „In der Nacht des Absoluten sind alle Kühe schwarz"[23] – ein grandioser Satz, der übrigens eine populäre Redensart aufgreift, aber woher rührt eigentlich seine Prägnanz? Aus der Tatsache, dass er vorsätzlich einen sehr logischen Gebrauch von Begriffen und Relationen macht, um mit ihnen ein absurdes Resultat zu erzielen, und dieses absurde Resultat ist logisch und macht Sinn. Aus diesem Grund spreche ich davon, dass die beiden Dimensionen, das Mengidische und das Poietische, überall dicht sind, wie man in der Topologie sagt: In beliebiger Nähe eines Elements der einen wird man ein Element der anderen finden. Selbst im Wahnsinn ist das noch offensichtlich.

Frage: Ich glaube, verstanden zu haben, dass Sie die psychische Monade des allmächtigen, in sich gekehrten Kleinkinds konfrontieren bzw. inter-agieren lassen mit dem Sozialisationsprozess, in seiner harten oder weichen Form, dem das unbewusste Magma bei seinem Eintritt in die Gesellschaft und die menschliche Kultur unterzogen wird. Wahrscheinlich ist es das, was Sie „Sublimierung" nennen und was, unter anderem, durch Sprache und Worte vermittelt wird. Was bedeutet in diesem Fall der Autonomisierungsprozess für Sie? Kann er für beide Ebenen gelten? Wäre er, auf gesellschaftlicher Ebene, die demokratische oder libertäre Revolution? Und auf psychoanalytischer Ebene die berühmte Auflösung der Übertragungsneurose?

C.C.: Sie sprachen, völlig zu Recht, vom allmächtigen Kleinkind. Ich nehme mir diesbezüglich die Freiheit heraus, Freud zu korrigieren, der von der imaginären Allmacht der Psyche sprach. Diese Allmacht der Psyche ist nämlich real. Sie ist wirklich und wirksam. Sie besteht in der Bildung von Vorstellungen, die ihr Lust bereiten. Und diese Allmacht wird zunichte gemacht – durch den Körper, so viel ist gewiss, aber vor allem durch die anderen.

Ein sich selbst überlassenes Neugeborenes stirbt entweder oder wird bestenfalls zu einem Wolfskind, das die Fähigkeit, ein richtiger Mensch zu werden, unwiederbringlich verloren hat. Die Sozialisation ist also für das Menschsein unerlässlich. Was man in der politischen, philosophischen oder ökonomischen Literatur törichterweise „Individuum" nennt – und der Gesellschaft gegenüberstellt –, ist nichts anderes als die Gesellschaft selbst. Es sind die aufeinander folgenden Sozialisationsschichten, um einmal dieses Bild zu benutzen, die sich um den monadischen Kern legen, und zwar auf eine sehr eigentümliche Weise. Das ist nicht mit der Ablagerung von Metallionen an einem Magnetpol vergleichbar. Es verläuft kompliziert, widersprüchlich, konfliktreich. Freud hatte sehr schöne Bilder dafür. Er spricht von Konglomeraten und Breccien, vulkanisches Gestein, bei dem harte Brocken von erstarrter Lava umschlossen sind.[24] Bisweilen befördert diese Lava, wie wir in unserem Leben und in der klinischen Praxis ständig erfahren, Teile aus den tiefsten Magmaschichten an die Oberfläche.

Diese mehr oder minder sanft verlaufende Sozialisation ist ein im Grunde gewaltsamer Prozess. Sie bedeutet, dass die Psyche auf ihre Allmacht und den Anspruch, der Mittelpunkt der Welt oder das Weltganze zu sein, verzichten muss. Das ist allerdings etwas, worauf wir – wenn wir nur ein wenig ehrlich zu uns selbst sind – niemals verzichten werden oder auch nur verzichten können. Ich bin immer der Koordinatenursprung. Von mir gehen die x-, y-, z- und t-Achsen aus und zwar von meinem Hier und Jetzt. Diese Achsen mit denen anderer Beobachter in Einklang zu bringen, ist eine wahre Leistung.

Das Kleinkind sieht sich mit der Notwendigkeit konfrontiert, den Glauben aufzugeben, dass die Brust sein Objekt ist, dass die Mutter ihm zur Verfügung steht, dass es mit der Mutter ein exklusives Paar bildet; es muss anerkennen, dass die Mutter (das ist der Beitrag Lacans zur Rekonstruktion der Bedeutung des Ödipuskomplexes bei Freud) jemand anderes begehrt. Es besteht eine Beziehung zwischen zwei anderen, von der ich für immer ausgeschlossen bin, und wenn ich das nicht akzeptiere, werde ich nie ein sozialisiertes Individuum sein.

Doch selbst das reicht nicht. Als Freud sich mit dem Problem des Ödipuskomplexes beschäftigte, geschah das aus rein psychogenetischer Perspektive. Doch in *Totem und Tabu* sieht man, dass er sehr rasch auch die soziogenetische Dimension der Sache erfasste. Die soziologische Blindheit der Psychoanalytiker ist daran zu erkennen, dass in ihrer Lesart des Mythos von *Totem und Tabu* nur der Vatermord vorkommt. Hingegen ignorieren sie den Schwur der Brüder, auf ihre Allmacht zu verzichten, einander nicht zu töten und nicht alle Frauen der Fratrie für sich allein zu beanspruchen.[25] Im Freud'schen Mythos wird ein Ersatz des toten Vaters zum Kern der Institution: das Totem. Man kann sich sehr wohl eine Familienform vorstellen wie jene, die mitunter als „Zylopenfamilie" bezeichnet wird: vollkommen pathogen, aber dennoch teilweise in der Geschichte instituiert. An einer der wenigen Stellen, wo Aristoteles sich ungenau ausdrückt, spricht er über die griechischen Städte und sagt, dass nur in der Stadt der Lakedämonier der Gesetzgeber sich verpflichtet geglaubt habe, Regeln für die Erziehung der Kinder und die Beschäftigungen der Bürger zu erlassen; in allen anderen Städten würde es der Gesetzgeber den Vätern anheimstellen, ihre Frauen und Kinder nach Belieben zu regieren.[26] Das aber ist falsch. In der *Odyssee* ist es vielmehr das Reich der Zyklopen, wo es keine Gesetze und keine Volksversammlungen gibt, wo jeder Frau und Kinder töten, fressen, mit ihnen anstellen kann, was er will.[27] Es ist das Reich vor dem Vatermord in *Totem und Tabu*. Doch in den griechischen Städten ist, wie in jedem Gemeinwesen, die Macht des Vaters – wie groß sie im *oikos*, in der *familia*, im Haus auch sein mag – gleichwohl durch die Macht der anderen Väter, und nicht nur durch ein abstraktes Gesetz, begrenzt. Der Vater verweist auf eine per Gesetz instituierte Gemeinschaft, und es ist eine lebendige Gemeinschaft, die seine Macht begrenzt. Ansonsten wäre ein Kind für immer Sklave des Vaters oder sein von unauslöschlichem Hass durchdrungener Feind. Das Akzeptieren der Kindesrolle hängt von der Einsicht in die Begrenztheit des Vaters ab, der Tatsache, dass der Vater nur ein Vater unter vielen ist. Und davon, dass es etwas Allgemeineres gibt, die Gemeinschaft und ihre Institution, das über ihn hinausgeht. Auch hier bringt Lacan Dinge durcheinander (wenn er vom Symbolischen, vom Gesetz usw. spricht), die völlig losgelöst sind von jeder lebendigen und konkreten Gemeinschaft. Bei all dem spielt der Sublimierungsprozess eine entscheidende Rolle. Sublimierung bedeutet, dass man auf die einfache Organlust, ja sogar auf die einfache Lust an privaten Vorstellungen verzichtet, um Objekte zu besetzen, deren Existenz und Wert rein gesellschaftlich sind. Wir müssen mit der abwegigen Vorstellung der Psychoanalytiker aufräumen, dass nur Maler sublimieren, weil sie anstelle ihrer Exkremente mit Farben herumhantieren. Sobald man anfängt zu sprechen, anstatt am Daumen oder an der Zunge zu lutschen, befindet man sich im Reich der Sublimierung, weil man eine gesellschaftliche Tätigkeit besetzt, ein von der Gesellschaft erschaffenes, instituiertes und geschätztes Objekt. Das Gleiche gilt für die Arbeit, ohne sie inhaltlich zu bewerten, ob sie entfremdet ist oder nicht, usw.; es handelt sich allemal um eine sublimierte Tätigkeit.

Gleichwohl muss man bei der Sublimierung zwei Aspekte unterscheiden. Der eine ist rein deskriptiv. Sublimierung gibt es in jeder menschlichen Gesellschaft. Verabschieden wir uns von dem populären Unfug, dass Sublimierung nur vorliegt, wenn die Athener das Parthenon bauen oder die Pariser Notre-Dame. Sie ist ebenso vorhanden, wenn die Athener die Melier abschlachten, weil sie es aus politischen Gründen tun.[28] Es ist ein scheußliches Verbrechen und einer der Gründe für den Untergang der athenischen Demokratie, aber dennoch eine sublimierte Tätigkeit; sie verschafft keine Organlust. Auch in den Konzentrationslagern ist Sublimierung am Werk. Vielleicht gab es Sadisten unter den SS-Wärtern, die die Leute in die Gaskammern trieben. Ich bezweifle das, weil sie, wenn sie wirkliche Sadisten gewesen wären, es vorgezogen hätten, die Leute am Leben zu lassen, um sie foltern, ihnen die Gedärme herausreißen oder sonstwas anstellen zu können, anstatt sie auf abstrakte Weise zu exekutieren. Es war eine sublimierte Tätigkeit. Zweifellos begleitet von Vorstellungen einer vielleicht anderen Art – wer weiß? Niemand hat diese Leute auf die Couch gelegt, um zu erfahren, von welchen Vorstellungen ihre Taten begleitet wurden.

Frage: Vermutlich Vorstellungen...

C.C.: Zwangsläufig Vorstellungen, und zwangsläufig Vorstellungen angenehmer Art. Auch ich habe angenehme Vorstellungen, wenn ich philosophiere oder musiziere. Manchmal übrigens auch nicht so angenehme. Aber das ist nicht die Frage. Ich meine, die Tätigkeit erschöpft sich nicht in diesem subjektiven Wohlbefinden. Sie besetzt ein gesellschaftlich erzeugtes und von der Gesellschaft geschätztes Objekt, selbst wenn es kriminell ist. Der Holocaust ist bestürzend. Aber die Azteken brachten Menschenopfer dar. Der Priester, der die Zeremonie leitete, ejakulierte nicht, wenn er seine Opfer tötete. Er vollzog einen Ritus. Und die gesamte Aztekennation hielt es für absolut wesentlich – um der Weltordnung willen, damit die Götter weiterleben und die Sonne weiter die Erde umkreist –, dass diese Opfer gebracht werden.

Dennoch können wir nicht umhin, der Sublimierung gegenüber einen anderen Standpunkt einzunehmen, einen, der ein Werturteil beinhaltet. Auch im Hinblick auf die Analyse ist das unerlässlich. Wir verfolgen ein bestimmtes Ziel, die Autonomie, die auch ein gesellschaftliches Ziel ist, eine besondere Art von Sublimierung. Die Ziele der Analyse, ebenso wie die der Politik und die durch sie beförderte, anders geartete Sublimierung, beinhalten die Anerkennung der Tatsache, dass ich autonom sein, das heißt, das Wissen um mein Unbewusstes nicht unterdrücken, sondern aussortieren soll, was von meinen Wünschen und Trieben zum Ausdruck gelangen und in die Tat umgesetzt werden kann. Die Anderen sind nicht bloße Objekte oder Werkzeuge meines Begehrens, auch sie sollen ihre Autonomie erlangen.[29] Das richtig verstandene Ziel der Analyse geht über die Auflösung der Übertragung hinaus und reicht bis zur Herausbildung einer neuen Instanz von Subjektivität: einer reflektierenden und überlegenden Subjektivität, der es irgendwie gelingt, eine andere Beziehung zum ihr zugrunde liegenden Unbewussten herzustellen. Eine Beziehung, die nicht auf Beseitigung hinausläuft. Das Freud'sche „Wo Es war, soll Ich werden", ist unzureichend. Es ist sogar vom Ansatz her falsch, denn wie der weitere Fortgang des Textes zeigt, stellte Freud sich die Sache wie die Trockenlegung der Zuydersee vor[30], die Austrocknung eines stinkenden Sumpfes, um darauf Tulpen zu züchten. Doch kann es nicht darum gehen, das Unbewusste auszutrocknen, das dergleichen niemals mitmachen würde. Und selbst wenn es gelänge, wäre das Selbstmord, denn das Unbewusste ist eben die Quelle von allem. Es geht vielmehr darum, nicht Sklave seines Unbewussten zu sein, d.h. ein Ausagieren in Wort und Tat zu verhindern und sich gleichwohl der Triebe und Begierden bewusst zu sein, die einen dazu drängen. Eine solche Subjektivität hat das Zeug, autonom zu sein, und diese Art von Beziehung bedeutet Autonomie.

Davon muss auch der politische Entwurf geprägt sein. Der politische Entwurf zielt auf die Schöpfung einer autonomen Gesellschaft ab, d.h. einer Gesellschaft, die zu ihren Institutionen eine andere als die traditionelle, sprich heteronome Beziehung unterhält. Das heißt, dass sie ihre Institutionen im Wissen um diese Tatsache errichtet, und sie folglich widerrufen kann, und dass der Geist dieser Institutionen auf die Schöpfung autonomer Individuen ausgerichtet sein muss.

Noch ein Wort zur soziologischen und politischen Blindheit der Psychoanalytiker und zur Blindheit von Soziologen und Politikern in Sachen Psychoanalyse. Philosophen, Soziologen, Politologen und alle anderen sprechen heute immer noch vom „menschlichen Individuum", als ob es ein menschliches Individuum gäbe. Es gibt aber kein „menschliches Individuum". Es gibt eine sozialisierte Psyche und einen Sozialisationsprozess, an dessen Ende praktisch nichts Individuelles im eigentlichen Sinne übrigbleibt. Und je heteronomer die Gesellschaft ist, umso weniger Individuelles gibt es. Wahre Individuation beginnt erst, wenn Gesellschaften eine Autonomisierungsbewegung einleiten. Zwei traditionelle Töpfer kann man nicht voneinander unterscheiden, ebenso wenig wie einen ägyptischen Bildhauer der 18. von einem der 20. Dynastie, es sei denn, man ist Ägyptologe. Wenn Sie aber nur ein ganz klein wenig Griechisch verstehen, können Sie einen Vers von Sappho nicht mit einem Vers von Archilochos verwechseln. Wir sprechen über das Jahr 700 v.u.Z., es sind die Anfänge der griechischen Kunstdichtung, und diese beiden Autoren schreiben völlig verschieden. Ebenso wenig kann man Bach und Händel verwechseln, zwei Deutsche, die zur selben Zeit kontrapunktische Musik schrieben. Es gibt allenfalls ein oder zwei Stücke, bei denen man ins Grübeln kommen könnte, aber das Gros ihres Schaffens ist zweifelsfrei zuordenbar. Sie sind individuierte Individuen, keine Exemplare eines Stammes oder einer Nation. Aber um individuierte Individuen zu erschaffen, braucht es eine individuierende Gesellschaft. Heteronome und traditionelle Gesellschaften sind nicht individuierend. Sie sind vielmehr uniformisierend und kollektivierend. Über die soziologische Blindheit der Psychoanalytiker habe ich, glaube ich, schon im Zusammenhang mit Lacan gesprochen. Sie nehmen beliebige Teile der bestehenden Institution der Gesellschaft und erklären sie zur „Realität" und gleichzeitig zum „Gesetz", sie machen aus ihnen etwas Unverletzliches, Unverrückbares, Unveränderliches, während es in Wirklichkeit gesellschaftliche Institutionen sind.

Frage: Man kann ihnen immerhin zugute halten, dass sie es tun, während ihre Patienten sprechen.

C.C.: Ganz meine Meinung. Das ist etwas anderes. Doch die einzige „Realität" ist die gesellschaftliche Realität. Es gibt hier eine Flut von Missverständnissen. Wenn man in der Psychoanalyse von „Realitätsprinzip" spricht, um welche Realität handelt es sich dann? Ich habe noch nie einen Verrückten erlebt, der so verrückt war, dass er nicht wusste, dass Feuer brennt oder dass er sich den Hals bricht, wenn er aus dem fünften Stock stürzt. Wenn er aus dem Fenster springt, dann weil er weiß, dass er sterben wird. Die Realität jedoch, von der er nichts wissen will, ist die gesellschaftliche Realität, sind Verwandtschaftsverhältnisse, ist die Beziehung zu Objekten des Begehrens. Realität ist gesellschaftliche Realität. Diese Realität genießt keinerlei Vorrang, außer in pragmatischer Hinsicht. Die Haltung, die ein Analytiker einnehmen sollte, wenn er sie seinen Patienten gegenüber zur Sprache bringt, wäre nicht, ihnen zu sagen: „Das ist die Realität, der müssen Sie sich fügen", sondern: „Das ist die instituierte Realität von heute. Wenn Sie vor einer Mauer stehen, nützt es nichts, mit dem Kopf dagegenzurennen, in der Hoffnung, sie würde nachgeben. Wenn Sie wollen, dass sie weicht, müssen Sie das anders anstellen. Doch bis dahin sollten Sie zur Kenntnis nehmen, dass die Mauer da ist und weh tut".

Frage: Das bringt mich zu meiner fünften Frage. Ergeben sich aus Ihrer gesellschaftlich-geschichtlichen Annäherung an die Situation des Subjekts theoretisch-praktische Hypothesen auf den Gebieten der Analyse und der Politik? Hat sie womöglich irgendwelche formalen, praktischen, „technischen" Auswirkungen auf den Vorgang der Analyse, aber auch auf die Art, sich zusammenzuschließen, zu organisieren oder zu kämpfen? Genauer gefragt: Meinen Sie, dass die Praktiken des politischen Engagements und die Organisationsformen einen neuen Weg einschlagen, einen neuen Stil annehmen müssen? Wie würden Sie diese Revolution in der Revolution sehen?

C.C.: Ich sehe zunächst einmal theoretische Auswirkungen. In meinen Augen gibt es eine neue Art, das Ziel der Analyse zu betrachten, in beiden Bedeutungen des Wortes *Ziel*. Das Gleiche gilt für das Ziel – nicht in beiderlei Bedeutung, sondern in der von „Sinn und Zweck" – der Politik. Ein Ziel der Politik im Sinne eines Endes wird es ebenso wenig geben wie ein Ende der Analyse. Das Ziel der Analyse ist die Befähigung des Subjekts, sich fortan selbst zu analysieren. Im Fall der Politik kann man von keinem Ziel sprechen, es wird immer Debatten über gemeinsame, kollektive Anliegen und immer Probleme der

Institution geben. Es geht nicht darum, die ein für alle Mal perfekte Gesellschaft zu errichten.

Diese Auswirkungen sind klar. Sie sind genauso zu verstehen wie auf dem Gebiet der Praxis die Abschaffung der Unterscheidung zwischen Mittel und Zweck. Es reicht schon, die Sache anzusprechen, um ihre Absurdität zu verdeutlichen. Man kann nicht jemanden mit heteronomen Mitteln autonom machen.

Autonomie ist zugleich das angestrebte Ziel und etwas, dass bereits zu Beginn einer Analyse oder einer politischen Bewegung als – sagen wir, virtuell – vorhanden unterstellt werden muss. Diese virtuelle Präsenz ist der Wille zur Autonomie, der Wille, frei zu sein, und wäre es nur frei von Leid im Fall der Analyse, oder eben, im Fall der Gesellschaft, schlechthin frei. Alle in diese Richtung gehenden Maßnahmen müssen ergriffen werden und sind bereits Teil des Ziels. Ich glaube nicht, dass freie Assoziationen im Fall der Analyse ein Mittel sind. Der Patient, der zu freiem Assoziieren fähig ist, hat bereits einen riesigen Schritt getan, hat bereits ein massives Bollwerk an Zensur- und Abwehrmechanismen durchbrochen. Freies Assoziieren als solches ist sicherlich noch nicht ausreichend, aber es gehört zu den angestrebten Zielen. Wenn Menschen, die kämpfen wollen, anstatt ihre Gewerkschaft, ihren Boss oder die Regierung zu bitten, etwas für sie zu tun, sich selbst organisieren, und sei es nur, um zu diskutieren, was zu tun ist, beteiligen sie sich an derselben Bewegung. Es sind bereits Ansätze zu einer Autonomie erreicht, die als Voraussetzungen für deren künftige Entwicklung dienen – sofern es dazu kommt! Denn alles kann jederzeit scheitern. Die einzige Gewissheit, die wir haben, ist die, dass wir sterben werden.

Diese Folgerungen sind zwar vom Prinzip her klar, aber viel schwieriger in die Realität, in die Praxis im engeren Sinne, den Bereich der „Aktionsformen", zu übertragen. Im Fall der Analyse muss man sich sicherlich Gedanken machen über das klassische Verfahren, das wir verwenden. Ich glaube, es hat seine Berechtigung, auch von dem Standpunkt aus, den ich augenblicklich einnehme. Die Regeln dieses Verfahrens sind bekannt: die liegende Position des Patienten, die paradoxe Aufforderung: „Seien Sie ganz ungezwungen, sagen Sie alles, was Ihnen durch den Kopf geht", die Regelmäßigkeit der Sitzungen, die festgelegte Dauer dieser Sitzungen, die ein unerlässliches Gegengewicht zur enormen imaginären und realen Macht des Analytikers in der Analyse darstellt; diese vertraglich vereinbarten, formalen Selbstbeschränkungen (gegen die, wie wir leider wissen, sehr wohl von Seiten des Analytikers verstoßen werden kann, aufgrund seiner Macht in der analytischen Situation) sind im Interesse des Patienten und der Behandlung, sie müssen strikt eingehalten werden und sind keineswegs bloße Mittel. Sie bilden bereits Schritte auf dem Weg zur Befreiung des Patienten. All das beeinflusst auch nachhaltig den ganzen Analyseprozess im eigentlichen Sinne, die Interpretationsarbeit. Die goldene Regel der Interpretation lautet, dass sie dem Patienten seinen weiteren Werdegang erleichtert, dass sie nichts abschließt, nichts blockiert, keine endgültigen Antworten gibt, die nur falsch sein können, den Prozess offenhält und dabei die Fähigkeiten des Patienten erweitert, ihn fortzuführen und zu vertiefen.

Es trifft zu – und das ist sehr wohl ein Problem –, dass häufig Enttäuschung herrscht über die relativ lange Dauer des Analyseprozesses und darüber, dass er manchmal nicht die erhofften Resultate bringt. Ich gebe zu, dass ich diesbezüglich keine Vorschläge anzubieten habe. Alles, was an Änderungsversuchen unternommen wurde – schon zu Zeiten Ferenczis, wenn nicht noch früher –, hat nie etwas Nennenswertes erbracht.[31] Zumeist führen diese Versuche unweigerlich zu einer noch stärkeren Entfremdung des Patienten in der Übertragungssituation. Alle Änderungen, auf die man verfiel, gingen in Richtung eines vermehrten Eingreifens von Seiten des Analytikers. Ich sage das, obwohl ich unter denen, die derzeit praktizieren, vielleicht einer derjenigen bin, die am meisten intervenieren. Nicht, dass ich Weisungen, Ratschläge oder Verbote erteile, aber es gibt selten Sitzungen, in denen ich völlig den Mund halte.

Frage: Sind diese Eingriffe stets interpretativer Art?

C.C.: Sie sind fast immer der Ersatz für eine Interpretation. Sie gehen von der Annahme aus, dass der Patient das Ausmaß seiner Phantasienbildung nicht ermessen kann, wenn man ihm nicht hin und wieder etwas anderes entgegensetzt. Ihn allein darauf kommen zu lassen, könnte leicht siebzig Jahre dauern! Ich spreche nicht über psychotische Persönlichkeiten, sondern über ganz normale Neurotiker(innen). Manchmal besteht eine der Funktionen des Analytikers darin, das Phantasma als solches erkennbar zu machen.

Was die politische Sphäre angeht, so sind die Auswirkungen auf den Inhalt tatsächlich tiefgreifend. Die Art, wie ich versucht habe, dieses Problem in Texten wie „Macht, Politik, Autonomie"[32] zu formulieren, zeigt deutlich, dass der ganze Inhalt der Politik und des politischen Handelns selbst überdacht werden kann und muss, und zwar auf der Grundlage einer Vorstellung, einer Zielsetzung von Autonomie, die ihre Inspiration augenscheinlich aus einer doppelten, zugleich psychoanalytischen und gesellschaftlich-geschichtlichen Quelle bezieht. Diese Autonomie ist eine gesellschaftliche und eine individuelle: wir machen unsere Gesetze, die Gemeinschaft ist wirklich souverän, die Individuen sind wirklich frei und gleich hinsichtlich ihrer Teilhabe an der Macht. Auf dem Papier ist es leicht, die sich daraus ergebenden institutionellen Konsequenzen zu erörtern. Autonom ist eine Gesellschaft, in der die kollektive Reflexivität ihren Höchststand erreicht hat. Demokratie ist das System der Reflexivität, das System, in dem man gemeinsam über anstehende Probleme nachdenkt und entscheidet, ob es um das Gesetz oder um kollektive Werke geht. Man reflektiert auch in einem anderen Sinne. Man kann auf bereits Gesagtes, Gedachtes, Entschiedenes zurückkommen, um es zu überdenken und zu verändern. Sobald das einmal feststeht, sind institutionelle Folgerungen nicht schwer zu ziehen. Nehmen wir als Beispiel die demokratischen Rechte, die bis zum heutigen Tag sehr unvollständig geblieben sind. Die Maßnahmen, die notwendig wären, um den partiellen Charakter dieser Rechte zu überwinden, würden Änderungen auf ökonomischer Ebene, auf der Ebene der Produktionsorganisation, der Lebenseinstellung usw. beinhalten, alles Dinge, die in den Bereich der Diskussion politischer Ziele und Institutionen fallen.

Viel schwieriger zu lösen – weil wir in einer größtenteils heteronomen Gesellschaft leben, in der die Individuen eben so sind, wie sie sind –, ist das von Ihnen angeschnittene Problem der Organisations- und Kampfformen. Es ist leicht zu sagen, und muss dennoch gesagt werden, dass wir uns vom erdrückenden Ballast der organisatorischen Tradition befreien müssen, nicht nur vom „demokratischen Zentralismus"[33], sondern von allen, was in den traditionellen Organisationen die Tendenz zur Bürokratisierung und zur Hierarchie beförderte, dass wir neue Formen des Zusammenseins, des Zusammendiskutierens und Zusammenentscheidens in einer politischen Organisation erfinden müssen. Man erkennt, auf welcher Grundlage diese neuen Formen definiert und wovon sie inspiriert werden müssten. Doch wenn man sich an die praktische Umsetzung begeben will, stößt man auf eine in der kapitalistischen Gegenwartsgesellschaft immer wieder auftretende Gruppenpathologie, die zu überwinden sich als äußerst schwierig darstellt. Dieses Problem würde allerdings eine weitere Diskussion von ähnlicher Länge wie die vorliegende erfordern.

Anmerkungen

*) [„De la monade à l'autonomie", in: *Fait et à faire. Les carrefours du labyrinthe V*, Paris 1997, S. 85-108] Interview mit Jean-Claude Pollack und Sparta Castoriadis (15. Juni 1991), veröffentlicht in *Chimères*, No. 14 (Winter 1991-1992), S. 95-124.

1) Vgl. den Artikel „Discours médical, révolution et maladie en URSS" von A. Salomoni und M. Ferro in *Chimères*, No. 12 [1991, S. 109-122]. [Aron Zalkind (1889-1936) war zunächst Anhänger von Alfred Adler, bevor er in den 1920er Jahren zum Hauptvertreter der „Pädologie" wurde, die in der UdSSR zunehmend die als „bürgerliche Wissenschaft" verfemte Psychoanalyse ersetzen und die Formung eines „neuen Massenmenschen" anleiten sollte. Vgl. Alexander Etkind, *Eros des Unmöglichen. Die Geschichte der Psychoanalyse in Rußland*, übers. v. Andreas Tretner, Leipzig 1996, 8. Kapitel.]

2) Wilhelm Reich (1897-1957) war, neben Otto Fenichel oder Erich Fromm, in den 1920er und 1930er Jahren einer der wichtigsten Vertreter des sog. Freudomarxismus, d.h. des Versuchs einer Integration von Psychoanalyse und Marxismus. Seit 1933/34 aus den psychoanalytischen Organisationen ausgeschlossen, entwickelte Reich in späteren Jahren in den USA seine Wissenschaft der „Orgonomie", was ihm eine Gefängnishaft einbrachte, während der er starb (*Die Funktion des Orgasmus*, 1927; *Dialektischer Materialismus und Psychoanalyse*, 1929; *Der Einbruch der Sexualmoral*, 1932; *Die Massenpsychologie des Faschismus*, 1933). Vgl. Helmut Dahmer, „Die Freudsche Linke", in: ders., *Die unnatürliche Wissenschaft. Soziologische Freud-Lektüren*, Münster 2012, S. 126-149; Ders., „Vier Freudo-Marxisten: Reich, Perls, Motesiczky, Fenichel", ebd., S. 150-186 [AdH].

3) Cornelius Castoriadis, „Introduction" (1972), in *La société bureaucratique 1. Les rapports de production en Russie*, Paris 1973, S. 11-61 (dt.: „Einleitung (1972)", in: Cornelius Castoriadis, *Sozialismus oder Barbarei. Analysen und Aufrufe zur kulturrevolutionären Veränderung*, Berlin 1980, S. 9-52) [AdH].

4) „Sur le contenu du socialisme, I" (1955), in: Cornelius Castoriadis, *Le contenu du socialisme*, Paris 1979, S. 67-102 (dt.: „Über den Inhalt des Sozialismus I", in Cornelius Castoriadis, *Vom Sozialismus zur autonomen Gesellschaft. Über den Inhalt des Sozialismus. Ausgewählte Schriften. Band 2.1*, Lich 2007, S. 65-93) [AdH].

5) *Jean-Paul Sartre, Critique de la raison dialectique I: Théorie des ensembles pratiques, Paris 1960; L'Idiot de la famille. La vie de Gustave Flaubert de 1821 à 1857*, Paris 1971-1972, 3 Bde. (dt.: *Kritik der dialektischen Vernunft – Bd. 1, Theorie der gesellschaftlichen Praxis*, Reinbek bei Hamburg 1981; *Der Idiot der Familie. Gustave Flaubert 1821-1857*, Reinbek bei Hamburg 1977-1979) [AdH].

6) In seinen frühen Arbeiten lehnte Sartre den Begriff des Unbewussten wiederholt als widersprüchlich ab und versuchte in *Das Sein und das Nichts* (1943), der

Freud'schen Psychoanalyse eine „existentielle Psychoanalyse" entgegenzusetzen (vgl. Jean-Paul Sartre, *Das Sein und das Nichts. Versuch einer phänomenologischen Ontologie*, Hamburg 1980, S. 701ff.) [AdH].

7) Vgl. auch „Das griechische und das moderne politische Imaginäre", in Cornelius Castoriadis, *Philosophie, Demokratie, Poiesis. Ausgewählte Schriften 4*, Lich 2011, S. 93-121, dort S. 95 [AdH].

8) „Eine Spinne verrichtet Operationen, die denen des Webers ähneln, und eine Biene beschämt durch den Bau ihrer Wachszellen manchen menschlichen Baumeister. Was aber von vornherein den schlechtesten Baumeister vor der besten Biene auszeichnet, ist, daß er die Zelle in seinem Kopf gebaut hat, bevor er sie in Wachs baut. Am Ende des Arbeitsprozesses kommt ein Resultat heraus, das beim Beginn desselben schon in der Vorstellung des Arbeiters, also schon ideell vorhanden war" (MEW 23, S. 193). Mit dem Staatspräsidenten ist der Sozialist François Mitterand (1916-1996) gemeint, der von 1981 bis 1995 amtierte und 1978 ein Buch mit dem auf Marx anspielenden Titel „L'abeille et l'architecte" veröffentlichte [AdH].

9) „Alle Mythologie überwindet und beherrscht und gestaltet die Naturkräfte in der Einbildung und durch die Einbildung; verschwindet also mit der wirklichen Herrschaft über dieselben." (Karl Marx, *Grundrisse der Kritik der politischen Ökonomie*, Berlin 1953, S. 31) [AdH].

10) So als Zitat nicht nachgewiesen; vielleicht denkt Castoriadis hier auch an Platons *Phaidon* (115c/d), wo sich Sokrates sinngemäß so äußert. Für Aristoteles ist (im Unterschied zu Platon, bei dem die Seele unsterblich ist), wie im Folgenden erwähnt, die Seele das *Prinzip* des Lebewesens und die *Form* des natürlichen lebendigen Körpers, d.h., beide existieren als solche nicht unabhängig voneinander (*Über die Seele*, 412a ff.) [AdH].

11) Vgl. Cornelius Castoriadis, „Imagination, Imaginäres, Reflexion", in: ders., *Das imaginäre Element und die menschliche Schöpfung. Ausgewählte Schriften 3*, Lich 2010, S. 296f./301ff. [AdH].

12) Vgl. „Aus der Geschichte einer infantilen Neurose", in: *Gesammelte Werke XI*, Frankfurt am Main 1999, S. 156, Fußnote [AdH].

13) Während Freud bis etwa 1920 zwischen Bewusstem, Vorbewusstem und Unbewusstem unterscheidet, differenziert seine sog. zweite Topik oder Strukturtheorie (seit *Jenseits des Lustprinzips*, 1920) zwischen den psychischen Instanzen Ich, Über-Ich und Es [AdH].

14) Die Zirbeldrüse (*Corpus pineale*) im Ephitalamus, einem Teil des Zwischenhirns, übernimmt laut Descartes (1596-1650) die Rolle des Verbindungs- und Abstimmungsorgans zwischen Körper und Seele, als deren „Hauptsitz" er diese Drüse auch bezeichnet (vgl. René Descartes, *Die Leidenschaften der Seele* (1649), übers. u. hrsgg. v. Klaus Hammacher, 2. Aufl., Hamburg 1996, S. 51ff.) [AdH].

[15] Anspielung auf Leibniz' (1646-1716) Theorie von den „petites perceptions", der kleinen Eindrücke oder Wahrnehmungen, die als kontinuierliche psychische Aktivität den bewussten Wahrnehmungs- und Denkakten vorausgehen und „alle unsere ohne ausdrücklichen Entschluß ausgeführten Handlungen" bestimmen (vgl. Gottfried Wilhelm Leibniz, *Neue Abhandlungen über den menschlichen Verstand. Philosophische Schriften 3.1*, hrsgg. u. übers. v. Wolf v. Engelhardt und Hans Heinz Holz, Frankfurt a.M. 1996, S. 113ff.) [AdH].

[16] Dt.: *Gesellschaft als imaginäre Institution. Entwurf einer politischen Philosophie*, übers. v. Horst Brühmann, Frankfurt am Main 1984, S. 455-558 [AdH].

[17] *Le Monde morcelé: Les carrefours du labyrinthe III*, Paris 1990, S. 189-226 [dt.: „Der Zustand des Subjekts heute", in diesem Band, S. 205-245].

[18] Dieser Vortragstext erschien in: Roger Dorey et al. (Hrsg.), *L'inconscient et la science*, Paris 1991, S. 9-36. Die dort entwickelten Ideen nahm Castoriadis dann in erweiterter Form wieder auf in dem Aufsatz „Imagination, imaginaire, réflexion" (in: *Fait et à faire. Les carrefours du labyrinthe V*, Paris 1996, S. 227-281; dt. „Imagination, Imaginäres, Reflexion", in: *Das imaginäre Element und die menschliche Schöpfung. Ausgewählte Schriften 3*, Lich 2010, S. 293-351)[AdH].

[19] Brigitte Massin (1927-2002), französische Musikwissenschaftlicherin, veröffentlichte u.a. (mit Jean Massin) eine Biographie Mozarts (1970) und die *Histoire de la musique occidentale* (1977) [AdH].

[20] Vgl. Cornelius Castoriadis, „Epilegomena zu einer Theorie der Seele, die man als Wissenschaft hat ausgeben können" (1968), in: ders., *Durchs Labyrinth. Seele, Vernunft, Gesellschaft*, übers. v. Horst Brühmann, Frankfurt am Main 1981, S. 45f. [AdH].

[21] Vgl. „Entwurf einer Psychologie" (1895), in: Sigmund Freud, *Aus den Anfängen der Psychoanalyse. Briefe an Wilhelm Fließ, Abhandlungen und Notizen aus den Jahren 1887-1902*, Frankfurt am Main 1975, S. 364ff. [AdH].

[22] Im dritten Akt von „Le malade imaginaire" (Der Hypochonder) fachsimpeln die Ärzte in einem makkaronischen Latein u.a. darüber, warum das Opium eine einschläfernde Wirkung habe und kommen zu dem Ergebnis, dass ihm ein „Virtus dormitiva" innewohne, der die Sinne betäube. Vgl. Moliere, *Komödien VII (Der Hypochonder. Die Gaunereien des Scappino)*, Zürich 1975, S. 76 [AdH].

[23] In der Vorrede zur *Phänomenologie des Geistes* (*Werke 3*, Frankfurt am Main 1986, S. 22) [AdH].

[24] Z.B.: „Die Traumrede hat so den Aufbau eines Brecciengesteines, in dem größere Brocken verschiedenen Materials durch eine erhärtete Zwischenmasse zusammengehalten werden" (*Die Traumdeutung*, G.W. II-III, S. 422). Vgl. auch „Der Zustand des Subjekts heute", in diesen Band, S. 205-245, Anm. 14, S. 142 [AdH].

[25] Vgl. „Psychoanalyse und Gesellschaft I", in diesem Band, S. 26 und S. 30f., Anm. 6 [AdH].

[26] Vgl. Aristoteles, *Nikomachische Ethik*, Reinbek bei Hamburg 2006, S. 338 (1180a, 24-29) [AdH].

[27] Vgl. *Odyssee*, Neunter Gesang, V. 112-115: „Weder Ratsversammlungen kennen sie noch Gesetze [...] und jeder setzt Satzungen fest für / seine Kinder und Frauen" (Homer, *Odyssee*, übers. v. Kurt Steinmann, Zürich 2011, S. 127) [AdH].

[28] Über das Massaker der Athener an den Bewohnern der Insel Melos 416/15 v.u.Z., die sich zuvor im Krieg zwischen Sparta und Athen neutral verhalten hatten, heißt es bei Thukydides: „Die Athener richteten alle erwachsenen Melier hin, soweit sie in ihre Hand fielen, die Frauen und Kinder verkauften sie in die Sklaverei. Den Ort gründeten sie selbst neu, indem sie später 500 attische Bürger dort ansiedelten." (*Der Peloponnesische Krieg*, V 116, S. 440). Siehe auch Cornelius Castoriadis, „Die griechische *polis* und die Schöpfung der Demokratie", in: *Philosophie, Demokratie, Poiesis. Ausgewählte Schriften 4*, Lich 2011, S. 23 und S. 53[AdH].

[29] Vgl. *Gesellschaft als imaginäre Institution*, a.a.O., S. 128ff. [AdH].

[30] Wörtlich: „Wo Es war, soll Ich werden. Es ist Kulturarbeit etwa wie die Trokkenlegung der Zuydersee", in „Neue Folge der Vorlesungen zur Einführung in die Psychoanalyse", G.W. XV, S. 86 [AdH].

[31] Sandor Ferenczi (1873-1933), ungarischer Psychoanalytiker und enger Vertrauter Freuds, hatte während der kurzlebigen ungarischen Räterepublik 1919 den ersten Universitätslehrstuhl der Welt für Psychoanalyse inne. Er entwickelte u.a. eine „aktive" psychoanalytische Technik, bei der der Analytiker durch Zärtlichkeits- und Zuneigungsgesten in die Behandlung eingreifen sollte. Auch Jacques Lacan (1901-1981) führte u.a. mit seiner Praxis der Kurzsitzungen weitreichende Veränderungen der klassischen psychoanalytischen Kur ein - die Castoriadis scharf kritisierte: vgl. „Die Psychoanalyse als Projekt und Aufklärung" (1977), in: Cornelius Castoriadis, *Durchs Labyrinth* a.a.O., S. 59-104 [AdH].

[32] In: *Autonomie oder Barbarei. Ausgewählte Schriften 1*, Lich 2006, S. 135-167 [AdH].

[33] Verklärende Formel für die von Lenin in Anlehnung an zeitgenössische kapitalistische Vorbilder in *Was tun?* (1902/03) entwickelten bürokratisch-totalitären Organisationsprinzipien der bolschewistischen bzw. kommunistischen Parteien und Staatsapparate [AdH].

Die Krise des Identifikationsprozesses*

Meine Vorredner haben die eigentlich psychoanalytischen oder psychosoziologischen Vorgänge bei der Identifikationsproblematik bereits, wenn nicht erschöpfend – wie sollte das auch gehen? –, so doch zumindest ausführlich behandelt. Ich brauche diese Aspekte also nicht mehr zu diskutieren. Stattdessen werde ich eine andere Perspektive einnehmen, die ich die gesellschaftlich-geschichtliche Perspektive nenne, was nicht mit „soziologisch" im landläufigen Sinne zu verwechseln ist.

Im Gegensatz zu André Nicolai[1] – sofern ich ihn richtig verstanden habe – bin ich sehr wohl der Meinung, dass es eine *Krise* der Gegenwartsgesellschaft gibt. Diese Krise erzeugt die Krise des Identifikationsprozesses und wird von dieser wiederum in Gang gehalten und verschärft. Ich nehme also eine umfassende Perspektive ein und stelle die These auf, dass der Identifikationsprozess, in seiner jeweiligen Eigenart in jeder geschichtlich instituierten Gesellschaft, sowie die Identifikation selbst, Momente der gesellschaftlichen Totalität sind und losgelöst von dieser Totalität weder im Positiven noch im Negativen einen Sinn ergeben. Erlauben Sie mir, um diese doch recht gewagte Behauptung zu begründen, einige Beispiele aus den hier bereits behandelten Themengebieten anzuführen.

Es ist völlig richtig, dass wir die Krise der Identifikation in der heutigen Gesellschaft zwar nicht erklären, aber zumindest verdeutlichen können, wenn wir vom Verfall oder Verschwinden dessen ausgehen, was Jacqueline Palmade[2] die Anlehnung des Identifikationsprozesses an verschiedene gesellschaftlich instituierte Bereiche wie Wohnverhältnisse, Familie, Arbeitsplatz usw. nennt. Doch dabei können wir nicht stehenbleiben, wie sich anhand einer einfachen Überlegung zeigen lässt. Nehmen wir als Beispiel das Wohnen. Wir kennen Völker, große Völkerschaften und kleine Stämme, die immer als Nomaden gelebt haben. Der Wohnort hat für sie eine ganz andere Bedeutung als für uns. Sicherlich ist auch das Zelt, das durch die Steppen Zentralasiens transportiert wird, ein Bezugspunkt für den Einzelnen oder die Familie. Dennoch ist unmittelbar ersichtlich, dass dieser ganze Bereich in einer solchen Gesellschaft völlig anders instituiert ist und die Möglichkeit, den Ort, an dem man sich befindet, mit Sinn zu versehen, von anderen Faktoren abhängt als seiner „Stabilität". Das Gleiche gilt für die Roma oder jenen Personenkreis, der in uns bekannten Gesellschaften seit mindestens dreitausend Jahren als Fernhändler, Seemann usw. unterwegs ist.

Das Gleiche gilt auch für die Anbindung an die Familie. Mir, dem leidenschaftlichen Freudianer und Psychoanalytiker, liegt es fern, die Bedeutung des familiären Umfelds und Zusammenhalts und dessen wichtige, ja entscheidende Rolle bei der Menschwerdung des kleinen Säuglingsmonsters zu unterschätzen. Allerdings sollten wir nicht den Fehler begehen, uns auf einen halb realen, halb idealisierten Familientyp zu fixieren, der vielleicht in manchen Schichten der westlichen Gesellschaft in den letzten, sagen wir, zweihundert Jahren existiert hat, und daraus den Schluss ziehen, dass die gegenwärtige Krise der Identifikation unvermeidlich war, weil dieser spezielle Familientyp heute unbestreitbar in der Krise steckt. Ohne gleich zu einem geschichtlichen Exkurs auszuholen, sei daran erinnert, dass die Spartaner zwar keine besonders liebenswerten Gestalten, aber dennoch ganz „normale" Menschen waren, die perfekt funktionierten, über Jahrhunderte hinweg von Sieg zu Sieg eilten, usw. Dabei war das „familiäre Umfeld" in Sparta alles andere als das, was wir uns unter „normal" vorstellen. Die Dressur der Kinder, die gleich nach Beendigung der Stillzeit einsetzte, erfolgte auf unmittelbar gesellschaftliche, und wie die intellektuellen Halbalphabeten unserer Tage sagen würden, „totalitäre" Weise. Doch wie man es auch nennt, es war eine unmittelbar gesellschaftliche Form der Kinderaufzucht.

Drittens sind alle diese Phänomene – die zunehmende Instabilität von Familie und Lebensraum als Orte der Anlehnung, usw. – weder hinreichende noch notwendige Bedingungen einer Krise, denn wir beobachten dieselbe Krise, und zwar in massiver Form, an Individuen, die aus Milieus kommen oder in Milieus leben, in denen es weder eine Krise der Wohnverhältnisse noch eigentlich eine Krise der Familie gibt. Wenn man die Mittelschichten der heutigen Gesellschaft betrachtet, kann man von keiner „Krise der Wohnverhältnisse" im eigentlichen Sinne sprechen. Es gibt sicherlich andere, verwandte Phänomene: der Wohnort hat nicht mehr die gleiche Bedeutung wie vielleicht in früheren Zeiten, usw. Und dennoch beobachten wir in diesen Kreisen erwachsene Individuen, die sichtlich die Orientierung verloren haben: zweifellos ein Indiz für tiefer liegende Probleme aus der Zeit, in der sich ihre Identifikation oder überhaupt ihre Identität entwickelte – ohne dass die erwähnten Anlehnungen dafür einen brauchbaren Erklärungsansatz abgeben würden.

Letztendlich sprechen wir doch in solchen Begriffen, weil der Identifikationsprozess, die Herausbildung eines individuell-gesellschaftlichen „Selbst" in unserer Kultur über Instanzen verlief, die es entweder nicht mehr gibt oder die sich in der Krise befinden; aber auch, weil im Gegensatz zu den Mongolen, den Spartanern, den phönizischen Kaufleuten, den Roma, den Handlungsreisenden usw. keinerlei Totalität gesellschaftlicher imaginärer Bedeutungen vorhanden ist oder sich abzeichnet, die diese Krise spezieller Anlehnungen auffangen könnte.

Wir gelangen somit, auf einem Umweg, zu der Erkenntnis, die wir schon haben – die ich zumindest habe. Wenn die Krise ein so zentrales Element menschlicher Vergesellschaftung wie den Identifikationsprozess erfasst, dann kann es sich nur um ein universelles Phänomen handeln. Von einer „Wertekrise" ist schon lange die Rede, seit mindestens 150 Jahren, so lange, dass wir Gefahr laufen, dass es uns ergeht wie in der Geschichte von Peter und dem Wolf. Wir haben so lange über die Krise geredet, dass wir, wenn sie endlich da ist, reagieren, als handele es sich um einen schlechten Witz. Aber ich bin fest davon überzeugt, dass der Wolf wirklich da ist. Ich stimme Jean Maisonneuve[3] zu, dass der Begriff „Werte" gelinde gesagt unscharf bleibt. Deshalb spreche ich von Krise der gesellschaftlichen imaginären Bedeutungen (im Folgenden schlicht: Bedeutungen), d.h. einer Krise der Bedeutungen, die diese und jede andere Gesellschaft zusammenhalten – wir werden dann später sehen, wie sich diese Krise auf den Identifikationsprozess auswirkt.

Jede Gesellschaft schöpft ihre eigene Welt, indem sie genau die ihr eigenen Bedeutungen erschafft. Diese bilden ein Bedeutungsmagma, z.B. den hebräischen Gott, mit allem, was er voraussetzt und zur Folge hat, all die Bedeutungen, die sich unter dem Begriff griechische *polis* zusammenfassen lassen, oder die Bedeutungen, die mit der kapitalistischen Gesellschaft entstehen oder besser gesagt, der kapitalistischen Komponente der modernen Gesellschaft. Die Rolle dieser gesellschaftlichen imaginären Bedeutungen, ihre „Funktion" – ich verwende diesen Begriff ohne jeglichen funktionalistischen Beiklang –, ist eine dreifache. Sie strukturieren die allgemeinen Weltbilder, ohne die es keine Menschen geben könnte. Diese Strukturen sind jeweils spezifisch: unsere Welt ist nicht die der alten Griechen, und die Bäume, die wir durch diese Fenster sehen, beherbergen nicht jeder eine Nymphe. Für uns sind sie bloß Holz – wie es dem Aufbau der modernen Welt entspricht. Zweitens bestimmen diese Bedeutungen die Zwecke des Handelns. Sie schreiben vor, was zu tun und was zu unterlassen ist, was zu tun gut und was nicht gut ist. Man soll z.B. Gott verehren oder aber die Produktivkräfte entwickeln – während kein Naturgesetz oder biologischer Imperativ, geschweige denn psychischer Mechanismus zur Gottesverehrung oder Produktivkraftentwicklung zwingt. Drittens, und das ist vielleicht der am schwersten fassbare Punkt, legen diese Bedeutungen die für jede Gesellschaft typischen Affektarten fest. So gibt es augenscheinlich einen vom Christentum *geschaffenen* Affekt, nämlich den *Glauben*. Wir wissen oder meinen zu wissen, was Glaube ist, dieses nahezu unbeschreibliche Gefühl der Verbundenheit mit einem grenzenlos überlegenen Wesen, das man liebt, das einen liebt und bestrafen kann, das Ganze durchdrungen von einer eigentümlichen psychischen Demutshaltung, usw. Dieser Glaube wäre z.B. Aristoteles absolut unverständlich gewesen. Denn was hat es eigentlich zu bedeuten, die Götter *auf diese Weise* zu lieben und von ihnen geliebt zu werden, besessen zu sein von diesen Affekten, deren untrügliches Zeichen man auf den Gesichtern wahrer Gläubiger an jedem beliebigen Weihnachtsabend in Bethlehem erkennt? Dieser Affekt ist gesellschaftlich-geschichtlich instituiert und man kann sogar seinen Urheber benennen: den Apostel Paulus.[4] Im Zuge der Entchristianisierung der modernen Gesellschaft ist der Glaube nicht mehr so präsent, dafür gibt es durchaus auch für die kapitalistische Gesellschaft charakteristische Affekte. Ich möchte mich nicht in einer Schilderung ergehen, die leicht ins Literarische ausufern könnte, sondern lediglich daran erinnern, dass Marx diese Affekte sehr gut beschrieben hat, als er von dieser ständigen Rastlosigkeit sprach, diesem permanenten Bedürfnis nach Veränderung, diese Gier nach dem Neuem um seiner selbst willen, dem Haben- und Immermehrhabenwollen – ein ganzer Komplex gesellschaftlich instituierter Affekte.

Die Einführung dieser drei Dimensionen – Weltbilder, Zwecke, Affekte – geht jeweils Hand in Hand mit ihrer Konkretisierung in speziellen Institutionen und Mittlerorganen aller Art – darunter selbstverständlich die erste Gruppe, die das Individuum umgibt, die Familie. Es folgt eine ganze Reihe benachbarter Gruppen, die sich räumlich decken oder überschneiden, andere Familien, der Clan oder Stamm, die Dorfgemeinschaft, das Arbeitskollektiv, die Nation, usw. Durch all diese Formen wird ein jeweils spezieller Typ von Individuum – d.h. ein spezieller anthropologischer Typ – instituiert: der Florentiner des 15. Jahrhunderts ist nicht der Pariser des 20. Jahrhunderts, und zwar nicht aufgrund banaler Unterschiede, sondern aufgrund all dessen, was er ist, denkt, will, mag oder verabscheut. Gleichzeitig bildet sich ein ganzer Haufen gesellschaftlicher Rollen heraus, deren jede paradoxerweise zugleich autark ist und sich mit den anderen ergänzt: Sklave/Freier, Mann/Frau usw.

Doch unter den jeweils gesellschaftlich instituierten Bedeutungen ist zweifelsohne jene die wichtigste, die die Gesellschaft selbst betrifft. Jede uns bekannte Gesellschaft hat eine Vorstellung ihrer selbst als *etwas* (was, nebenbei bemerkt, gut veranschaulicht, dass es sich um *imaginäre* Bedeutungen handelt): Wir sind das auserwählte Volk, wir sind Griechen und keine Barbaren, wir sind die Nachkommen der Gründerväter oder die Untertanen des Königs von England. Diese Vorstellung ist untrennbar verbunden mit einem *Seinwollen* als Gesellschaft und als *diese* Gesellschaft und einem *Sichlieben* als Gesellschaft und als *diese* Gesellschaft – mit anderen Worten, einer psychischen Besetzung sowohl der konkreten Kollektivität als auch der Gesetze, aufgrund derer die Kollektivität so ist, wie sie ist. Hier, auf gesellschaftlicher Ebene, gibt es in der Vorstellung (oder im Diskurs der Gesellschaft über sich selbst) ein äußerliches, gesellschaftliches Pendant zur endgültigen Identifikation jedes Einzelnen, die immer auch eine Identifikation mit einem „Wir", einer von Rechts wegen unvergänglichen Kollektivität ist. Diese Identifikation hat – mit oder ohne Religion – nach wie vor eine wesentliche Funktion, denn sie dient als Schutz, und zweifelsohne als der wichtigste Schutz, des gesellschaftlichen Individuums, gegen den Tod, gegen die unannehmbare Tatsache der eigenen Sterblichkeit. Doch die Kollektivität ist auch idealiter nur unvergänglich, wenn der Sinn, die Bedeutungen, die sie instituiert, von den Mitgliedern der Gesellschaft als unvergängliche besetzt sind. Und ich denke, dass die ganze Krisenproblematik des heutigen Identifikationsprozesses auch aus diesem Blickwinkel betrachtet werden kann und muss: Worin liegt denn der von heutigen Männern und Frauen als unvergänglich erlebte Sinn?

Meine Antwort, das dürfte inzwischen verständlich geworden sein, lautet, dass dieser Sinn, gesellschaftlich gesehen, nirgendwo zu finden ist. Dieser Sinn betrifft die Selbstvorstellung der Gesellschaft; es ist ein Sinn, den die Individuen übernehmen können, der ihnen ermöglicht, sich für ihren persönlichen Bedarf einen Sinn der Welt, einen Sinn des Lebens und schließlich einen Sinn ihres Sterbens auszuprägen. Unnötig, an die mehr als zentrale Rolle zu erinnern, die die Religion, im weitesten Sinne des Wortes, diesbezüglich in allen modernen westlichen Gesellschaften gespielt hat. Nun haben sich die reichen liberalen Oligarchien, satt und dennoch unersättlich (wir kommen darauf zurück), gerade über den Bruch mit dem religiösen Universum instituiert, auch wenn sie manchmal (wie in England) an einer „offiziellen" Religion festhalten. Sie sind zur Religion auf Distanz gegangen. Das geschah nicht aus Selbstzweck, sondern weil die modernen Gesellschaften die Art ihrer Existenz und Institution der Entstehung – und bis zu einem gewissen Grad realen gesellschaftlichen Verankerung – zweier zentraler Bedeutungen verdanken. Beide unterscheiden sich von der, um nicht zu sagen, bilden einen radikalen Gegensatz zur christlichen Religion, die einst diesen gesellschaftlich-geschichtlichen Bereich beherrschte, stehen aber auch untereinander in einem grundsätzlichen Widerspruch. Es handelt sich zum einen um die Bedeutung grenzenloser Ausdehnung einer vermeintlich „rationalen" Kontrolle über alles, Mensch und Natur gleichermaßen. Diese Bedeutung entspricht der kapitalistischen Dimension moderner Gesellschaften. Ihr gegenüber steht die Bedeutung der individuellen und gesellschaftlichen Autonomie, der Freiheit, der Suche nach Formen kollektiver Freiheit, die dem demokratischen, emanzipatorischen, revolutionären Projekt entspricht. Warum sind sie widersprüchlich? Weil die Erste zu den Detroiter Fordwerken von 1920 führt, d.h. offen mikrototalitären Mikrogesellschaften, in denen alles – bis hin zum Privatleben der Arbeiter außerhalb der Fabrik – von der Direktion reglementiert wird – was eine der immanenten Tendenzen der kapitalistischen Gesellschaft zum Ausdruck bringt. Und weil die zweite Bedeutung, die der Autonomie, zur Vorstellung einer partizipatorischen Demokratie führt, die sich im Übrigen weder auf die „politische" Sphäre im engeren Sinne beschränkt, noch vor den Fabriktoren Halt macht. Die Widersprüchlichkeit dieser Bedeutungen hat allerdings nicht verhindert, dass sie sich vielfach gegenseitig beeinflussten. Dennoch bin ich überzeugt – und glaube, das auch in der Vergangenheit detailliert nachgewiesen zu haben, zumindest auf ökonomischer Ebene –, dass der Kapitalismus nicht *trotz*, sondern *dank* des in der Gesellschaft existierenden Konflikts hat funktionieren und sich weiterentwickeln können, konkret gesprochen, dank der Tatsache, dass die Arbeiter sich zur Wehr gesetzt haben. Allgemeiner formuliert, verdankt der Kapitalismus sein Überleben der Tatsache, dass die Gesellschaft infolge der geschichtlichen Entwicklung, der Revolutionen usw., gezwungen war, sich auch als eine Gesellschaft zu instituieren, die ein Minimum an Freiheiten, an Menschenrechten, an Rechtsstaatlichkeit usw. zulässt. Ich sprach von gegenseitiger Beeinflussung der beiden Bedeutungen, man sollte aber auch ihre wechselseitige Funktionalität berücksichtigen. Erinnert sei in diesem Zusammenhang an Max Weber und seine Aussagen über den Nutzen des Rechtsstaats für das Funktionieren des Kapitalismus (Vorhersehbarkeit dessen, was auf juristischer Ebene passiert, folglich Möglichkeit rationaler Berechnung usw.).

Stark vereinfachend könnte man jeder dieser beiden Bedeutungen einen unterschiedlichen anthropologischen Typ von Individuum zuweisen. Die Bedeutung grenzenloser Ausdehnung „rationaler Kontrolle" kann man sogar mit vielen Menschentypen in Verbindung bringen, doch beschränken wir uns, der Anschaulichkeit halber, auf den Schumpeter'schen Unternehmer. Dieser Unternehmertyp kann offenkundig nicht für sich allein existieren. Unter die Tuareg versetzt, wäre er kein Schumpeter'scher Unternehmer mehr. Damit er als solcher bestehen kann, braucht es eine Fülle von Dingen, z. B. Arbeiter und Konsumenten. Es ist also ein zu diesem Unternehmer „komplementärer" anthropologischer Typ erforderlich, damit diese Bedeutung funktionieren kann und das ist, gemäß der abstrakten Logik der Sache, in diesem Fall der disziplinierte und in letzter Konsequenz komplett verdinglichte Arbeiter.

Der anderen Bedeutung, der Autonomie, entspricht das kritische, reflektierte, demokratische Individuum. Nun zählt zu den Hinterlassenschaften des 20. Jahrhundert – nach all den schrecklichen Eskapaden, die die Ältesten der Anwesenden noch mitgemacht haben und die nicht zwangsläufig schon ausgestanden sind –, dass die Bedeutung der Autonomie (nicht zu verwechseln mit Pseudoindividualismus) offenbar eine Phase des Rückzugs oder länger anhaltender Unsichtbarkeit durchläuft, während der gesellschaftliche und politische Konflikt praktisch zum Erliegen kommt. Ich spreche hier stets von den reichen Gesellschaften des Westens, wo man einen echten politischen Konflikt mit der Lupe suchen muss, egal ob in Frankreich oder den Vereinigten Staaten. Das Gleiche gilt für einen echten gesellschaftlichen Konflikt, denn was wir diesbezüglich erleben, beschränkt sich im Wesentlichen auf branchenspezifische oder berufsständische Konflikte. Wie ich anderswo geschrieben habe, leben wir in der Gesellschaft der Lobbys und Hobbys.[5]

Diese Entwicklung, die seit langem in Gang ist, trat zu Beginn der 1980er Jahre offen zu Tage, mit Anbruch der „Thatcher-Reagan"-Ära[6], der Zeit also, in der auch die sozialistische Partei Frankreichs die Tugenden des „Marktes", des freien Unternehmertums und des Profitstrebens entdeckte. Die einzige wirklich präsente und dominante Bedeutung ist die kapitalistische, die der grenzenlosen Ausdehnung der „Kontrolle", die zugleich – und das ist das Entscheidende – den Rest von Inhalt eingebüßt hat, der ihr aufgrund ihres einstigen Vitalität noch zukam und ein halbwegs geregeltes Funktionieren des Identifikationsprozesses ermöglichte.

Einen wesentlichen Teil dieser Bedeutung machte die Mythologie des „Fortschritts“ aus, die sowohl der Geschichte als auch zukünftigen Zielen einen Sinn verlieh, genauso wie der Gesellschaft in ihrer bestehenden Form, d.h. als vermeintlich bester Garantin dieses „Fortschritts“. Wir wissen, dass diese Mythologie dabei ist, sich aufzulösen. Doch was ist heute die subjektive Seite, das individuelle Erleben dieser Bedeutung und der Realität dieser scheinbar „grenzenlosen Ausdehnung“ der „Kontrolle“?

Für einen kleinen Personenkreis besteht sie natürlich in einer gewissen „Macht“, ob real oder illusorisch, und deren Zuwachs. Doch für die große Mehrheit der Menschen wird und kann sie sich nur im ständigen Anstieg eines zum Selbstzweck gewordenen Konsums inklusive sogenannter Freizeit äußern. Was wird dann zum allgemeinen Identifikationsmuster, das die Institution für die Gesellschaft bereit hält und das sie den Einzelnen als gesellschaftlichen Individuen anbietet und aufbürdet? Das Vorbild ist nun das Individuum, das am meisten verdient und sich am besten amüsiert. So einfach und so banal ist das. Und es wird auch immer öfter laut herausposaunt, was nicht heißt, dass es deshalb falsch sein muss. Reden wir also über das „Verdienen“: Es ist, aller neoliberalen Rhetorik zum Trotz, mittlerweile von jeglicher gesellschaftlichen Funktion, ja sogar von jeglicher systemimmanenten Legitimation nahezu gänzlich entkoppelt. Man verdient nicht, weil man es verdient hätte, sondern man stellt etwas dar, weil man verdient. (Siehe Tapie, Trump, Prince, Madonna, usw.[7]) Niemand kann Madonnas Talent bestreiten. Es ist riesig, *weil* sie so und so viel hunderttausend Dollar für einen zweistündigen Auftritt verdient. Diesem Wandel entspricht – auch wenn die Analyse noch zu leisten bleibt – der noch viel weitergehende Umbau des Systems – was die ökonomische Dimension betrifft –, in ein großes Finanzcasino. Der Umsatz der täglichen Spekulationsgeschäfte allein an den Devisenmärkten, noch nicht einmal den „Wert“papierbörsen, entspricht dem Bruttosozialprodukt Frankreichs, der Wochenumsatz dem der Vereinigten Staaten. Der Gewinn in einem solchen Spiel hat selbst vom rein kapitalistischen Standpunkt aus keinerlei Funktion oder Berechtigung. Die Unternehmen selbst beteiligen sich an diesem Spiel über sattsam bekannte Manöver wie feindliche oder fremdfinanzierte Übernahmen (leveraged buyouts). Das schmale Band, das einst zwischen Arbeit oder geleisteter Tätigkeit einerseits und Einkommen oder Bezahlung andererseits bestanden haben mag oder zu bestehen schien, ist nun gänzlich abgerissen. Ein genialer Mathematiker, der als Universitätsprofessor arbeitet, verdient maximal 15.000 bis 20.000 Francs im Monat – und muss mitansehen, wie seine Studenten nach ihrem Abschluss, wenn sie sich dafür entscheiden, die Mathematik aufzugeben und als Informatiker bei einem Großkonzern einzusteigen, mit einem Anfangsgehalt von 40.000 bis 50.000 Francs ins Berufsleben starten. Man erkennt an diesem Beispiel, wie sich die interne Logik des Systems selbst ad absurdum führt: Das System braucht diese jungen Leute, die auf einem solchen Gehaltsniveau anfangen – aber es braucht auch jene, die sie ausbilden und die es nicht annähernd so gut bezahlt. Das System lebt von der Liebe dieser Mathematiker zu ihrem Fach und ihrer Neigung zum Habitus des verschrobenen Gelehrten. (Der Thatcherismus, der derzeit die Demontage der wissenschaftlichen Forschung an britischen Universitäten betreibt, ist nur die auf die logische Spitze getriebene Konsequenz dieser selbstzerstörerischen Systemlogik.)

Wie kann das System unter diesen Umständen weiterbestehen? Es besteht weiter, weil es vorläufig noch von Identifikationsmustern aus *vergangenen Zeiten* profitiert: der gerade erwähnte Mathematiker, der „unbestechliche" Richter, der gesetzestreue Beamte, der gewissenhafte Arbeiter, die Mutter oder der Vater, die sich für ihre Kinder verantwortlich fühlen, der Lehrer, der sich, ohne jeden Grund, in seinem Beruf engagiert. Allerdings gibt es innerhalb des Systems in seiner bestehenden Form keinerlei Rechtfertigung für die „Werte", die diese Charaktere verkörpern, die sie psychisch besetzen und denen sie, dem Anspruch nach, im Rahmen ihrer Tätigkeit Geltung verschaffen. Warum sollte ein Richter denn unbestechlich sein? Warum sollte sich ein Lehrer mit seinen Gören herumärgern, anstatt im Unterricht eine ruhige Kugel zu schieben, bis auf den einen Tag, für den der Schulinspektor sein Kommen angekündigt hat? Warum sollte sich ein Arbeiter abrackern, die hundertfünfzigste Schraube einzudrehen, wenn er auch die Qualitätskontrolle austricksen kann? Es gab von Anfang an nichts in den kapitalistischen Bedeutungen – und es gibt erst recht nichts in ihrer derzeitigen Verfassung –, was diese Fragen hätte beantworten können. Was einmal mehr die Frage aufwirft, ob ein solches System in der Lage ist, sich langfristig zu reproduzieren – doch das ist nicht unser heutiges Thema.

Welcher Zusammenhang besteht nun zwischen diesen Entwicklungen und den allersubjektivsten Vorgängen? Der, dass diese ganze Welt des permanenten Konsums, des Kasinokapitalismus, des schönen Scheins usw. in die Familien einsickert und das Individuen bereits in den frühsten Sozialisationsphasen erreicht. Die Eltern sind ja nicht bloß die „Primärgruppe“: Es ist die leibhaftige Gesellschaft und die leibhaftige Geschichte, was sich in Gestalt von Papa und Mama über die Wiege des Neugeborenen beugt – und sei es nur, weil sie *sprechen*, denn Sprechen ist kein „Gruppenphänomen“, sondern ein *gesellschaftliches* Faktum. Sprache ist kein Kommunikationsinstrument, wie man dummerweise sagt, sondern sie ist zunächst und vor allem ein Sozialisationsinstrument. In der und durch die Sprache werden die Bedeutungen einer Gesellschaft ausgedrückt, formuliert, verwirklicht, übertragen. Vater und Mutter vermitteln, was sie leben, sie vermitteln, was sie sind, sie versorgen das Kind schon durch ihr bloßes Sosein mit Identifikationspolen. Wir können „Randgruppen“ hier vernachlässigen und uns auf die guten Mütter und Väter der sogenannten „Mittelschicht“ konzentrieren. Was vermitteln sie ihren Kindern? Sie vermitteln Folgendes: Holt euch, so viel ihr könnt, amüsiert euch, so gut es geht, alles andere ist zweitrangig oder bedeutungslos. Erlauben Sie mir, diesbezüglich eine empirische Beobachtung anzubringen. Als ich ein Kind war und auch noch, als ich mein erstes Kind erzog, wurden Geburtstage mit Geschenken gefeiert und von den kleinen Freunden des Geburtstagskindes, die zur Feier kamen, brachte ihm jeder ein Geschenk mit. Heutzutage ist das undenkbar geworden. Das Geburtstagskind – oder eigentlich seine Eltern – verteilt Geschenke an die anderen Kinder – von geringerem Wert, aber dennoch Geschenke –, weil es diesen Wesen nicht zuzumuten ist, mit der unerhörten Frustration fertig zu werden, nur an ihrem eigenen Geburtstag Geschenke zu erhalten. Jedes Mal, wenn irgendwo Geschenke verteilt werden, müssen sie auch welche bekommen, selbst, wenn es kleinere sind. Es braucht kaum eigens betont zu werden, was das für den Umgang des Kindes mit Frustrationen, mit der Realität, mit der Möglichkeit eines Belohnungsaufschubs bedeutet, ganz zu schweigen von den Konsequenzen: der völligen *Entwertung*, dem Bedeutungslos-Werden von Geschenk und Belohnung.

Das Kind betritt eine belanglose Welt. Es wird sofort mit einer unglaublichen Menge an Spielzeug und technischem Schnickschnack überhäuft (ich spreche hier weder von sozialen Brennpunkten und kriminellen Jugendlichen noch von Milliardärskindern, sondern von 70% der Bevölkerung) und langweilt sich damit zu Tode, was schon die Tatsache beweist, dass es den ganzen Krempel ständig stehen und liegen lässt, um lieber fernzusehen, womit es allerdings nur einen Stumpfsinn gegen den nächsten eintauscht. Im Kern befindet sich bereits die gesamte heutige Welt in dieser Situation. Was hat all das zu bedeuten, wenn wir über die reine Beschreibung hinausgehen? Es handelt sich offenbar auch in diesem Fall um eine verzweifelte Flucht vor Tod und Sterblichkeit – die wir bekanntlich aus dem modernen Leben verbannt haben. Wir ignorieren den Tod, es gibt weder eine öffentliche Form der Trauer noch entsprechende Rituale. Auch das soll durch diese Anhäufung von Krimskrams, dieses pausenlose Amüsement kaschiert werden, die, wie wir aus der Neurosenforschung wissen, wiederum nichts anderes sind als Substitute des Todes selbst, der tröpfchenweise verabreicht und in das Kleingeld des Alltags verwandelt wird. Wir amüsieren uns zu Tode, indem wir auf einen Bildschirm starren, auf dem Dinge passieren, die wir nicht erleben und nie erleben könnten.

Die heutige Zeit zeichnet sich weder auf Ebene des Alltagslebens noch der Kultur durch „Individualismus" aus, sondern durch sein Gegenteil, umfassenden Konformismus und Collage. Dieser Konformismus wird erst durch das Fehlen eines starken und stabilen Identitätskerns ermöglicht. Und umgekehrt sorgt dieser Konformismus, als solide verankerter gesellschaftlicher Prozess, dafür, dass sich ein solcher Identitätskern gar nicht mehr bilden kann. Wie eine der Koryphäen der zeitgenössischen Architektur 1986 auf einer Tagung in New York sagte: „Die Postmoderne hat uns endlich von der Tyrannei des Stils befreit." Mit anderen Worten, die Architekten sind von der Tyrannei befreit, sie selbst sein zu müssen. Sie können jetzt nach Gutdünken verfahren, einen gotischen Turm an eine ionische Säule klatschen und das Ganze in eine thailändische Pagode stellen. Sie werden nicht länger vom Stil tyrannisiert, sie sind jetzt wahrhaft individualistische Individualitäten: Individualität besteht von nun an darin, sich links und rechts die diversen Elemente zusammenzuklauen, um daraus etwas zu „produzieren". Doch das Gleiche gilt in noch konkreterer Form für den gewöhnlichen Alltagsmenschen: Er lebt, indem er Collagen anfertigt, seine Individualität ist ein Patchwork aus Collagen.

Die *Krise* des Identifikationsprozesses ist unvermeidlich, denn es gibt keine Selbstvorstellung der Gesellschaft als Sitz von Sinn und Wert, als Teil einer vergangenen und zukünftigen Geschichte, die selbst Sinn hat, nicht „aus sich selbst heraus", sondern durch die Gesellschaft, die sie ständig in dieser Weise neu erlebt und neu erschafft. Auf diesen Säulen ruht in letzter Instanz die Identifikation mit einem stark besetzten „Wir". Und gerade dieses „Wir" befindet sich heute in Auflösung, weil der Einzelne die Gesellschaft nur noch als ihm auferlegten „Zwang" versteht. Das ist zwar eine groteske Illusion, aber eine so intensiv empfundene, dass sie zu einem konkreten, materiellen Faktum wird, zum Indikator eines Entsozialisierungsprozesses. Gleichzeitig – und im Widerspruch dazu – wendet sich der Einzelne ununterbrochen mit Beistandsappellen an die Gesellschaft. Aus dieser widersprüchlichen Haltung erwächst auch die Illusion, dass die Geschichte, bestenfalls, eine Touristenattraktion, ein Urlaubsziel ist.

Diskussion, Fragen, Antworten

Über die aktuelle „Renaissance" der Religion, den religiösen Fundamentalismus von heute, usw.

CC – Man muss über das Durkheim'sche Verständnis der Religion als einzig möglichem kollektivem Identifikationspol hinausgehen. Deshalb spreche ich vom gesellschaftlichen Imaginären und imaginären Bedeutungen, was sich sowohl auf rein religiöse Gesellschaften wie auf Grenzfälle bezieht. Man nehme zum Beispiel die Rolle der Religion im demokratischen griechischen Gemeinwesen, die sicherlich nicht zu verwechseln ist mit ihrer Rolle in orientalischen Despotien. Obwohl allgegenwärtig, wurde die Religion in der *polis* auf Distanz gehalten; niemand hätte auch nur im Traum daran gedacht, einen Priester zu fragen, für welches Gesetz er stimmen solle. Das Gleiche gilt für die moderne Gesellschaft, die sich von der Religion distanziert, ohne deshalb gleich zusammenzubrechen, und deren Krise nicht auf ihre Distanz zur Religion zurückzuführen ist, sondern auf ihre Unfähigkeit, eine andere Form des Zusammenlebens zu erzeugen. Was die „Rückkehr zum Religiösen" angeht, so glaube ich nicht daran, dass dies für unsere westlichen Gesellschaften zutrifft. Die fundamentalistische Reaktion im Islam, die Beständigkeit der Religion in Indien usw., sind Phänomene anderer Art: Dabei handelt es sich um Gesellschaften, die niemals über den Zustand religiöser Heteronomie hinausgelangt sind. Ich denke, dass die Rückkehr der Religion in unseren Gesellschaften ein Randphänomen bleiben wird, künstlich aufgebauscht von Intellektuellen, Journalisten und Politikern, die so wenige Ideen, so wenige Diskussionsthemen haben, dass sie schon zu solch alten Gespenstern greifen müssen, um überhaupt über irgendetwas reden zu können.

Über die mögliche Entstehung neuer institutioneller Formen.

CC – Die Bewegungen der sechziger Jahre, in Europa und den Vereinigten Staaten, waren, auf der Ebene der Realität, der letzte groß angelegte kollektive Versuch, etwas Neues zu instituieren. Diese Bewegungen sind in Bezug auf ihr Hauptziel gescheitert, aber sie haben wichtige Errungenschaften hinterlassen, sowohl hinsichtlich der Situation von Jugendlichen als auch von Schwarzen und Frauen, Errungenschaften, die wir weder missachten noch unterschätzen, noch verwerfen sollten. Seither haben wir eine Entwicklung erlebt, die in der erschreckenden ideologischen Situation von heute ihren perfekten Ausdruck findet. Alle Universitäten der Welt bezahlen „Wirtschaftsprofessoren", die tausendfach widerlegten Unfug erzählen – widerlegt nicht von Marx und den Marxisten, sondern von den Ökonomen der Neoklassik selbst, von Sraffa, Keynes, Joan Robinson, Chamberlin, Shackle usw., in den 1930er Jahren. Und Journalisten schreiben Bestseller, die nichts als eine Ansammlung abgedroschener Unwahrheiten zur Verteidigung eines „Marktes" sind, den es in Wirklichkeit gar nicht gibt. Der real existierende Markt hat aber mit dem in Lehrbüchern beschriebenen genauso wenig zu tun. Es ist weitgehend oligopolistisch und unterliegt selbst in England und den Vereinigten Staaten starken staatlichen Regulierungen. Wenn 50% des Bruttosozialprodukts über den Staatshaushalt laufen, muss man wohl davon ausgehen, dass dieser Haushalt einen starken Einfluss auf den Markt ausübt. Dieser ideologische Widersinn ist selbst ein markantes Zeichen der Krise. Es gibt keinen neuen subversiven oder revolutionären Diskurs, aber auch keinen konservativen Diskurs. Der konservative Diskurs beschränkt sich auf das Grinsen Roland Reagans und seine Peinlichkeiten.

Über das Verhältnis von kapitalistischem Projekt, Autonomieentwurf und dem Unternehmen.

CC – Wer das Projekt einer grenzenlosen Ausdehnung pseudorationaler Pseudokontrolle am weitesten vorangetrieben hat, war der Kommunismus und der Totalitarismus im Allgemeinen. Man wird vom Totalitarismus nichts begreifen, wenn man ihn nicht als wahnhafte Extremform dieses Projekts totaler Kontrolle betrachtet. Der Totalitarismus mag in der Realität gescheitert sein, doch es gab keine Garantie, dass es so kommen *musste*. Das war wohl auch Orwells Meinung, da *1984* mit dem größtmöglichen Triumph des totalitären Systems endet, der nicht durch Gewalt erreicht wird, sondern in der Tatsache besteht, dass Winston Smith aus lauter Liebe zum Großen Bruder zu heulen beginnt – so vollkommen hat er ihn verinnerlicht. Hitler wurde geschlagen, der Kommunismus bricht von selbst zusammen, das sind Tatsachen: aber wer wird behaupten, dass sie unvermeidlich waren? Es ist nicht zu leugnen, dass es, wie ich schon sagte, zahlreiche Beeinflussungen gegeben hat, und es trifft auch zu, dass die Arbeiterbewegung im Allgemeinen und Marx und der Marxismus im Besonderen von Beginn an von dieser Atmosphäre durchdrungen waren: die Steigerung der Produktivkräfte als universelles Kriterium, die Produktion als zentraler Ort des gesamten gesellschaftlichen Lebens, die Vorstellung eines grenzenlosen Fortschritts, usw., all das sind Einwirkungen des kapitalistischen Projekts auf den Autonomieentwurf. Der Autonomieentwurf ist seinem Wesen nach vollkommen unvereinbar mit dem Kontrollgedanken; er ist im wahrsten Sinne des Wortes auch ein Projekt der Selbstbeschränkung, wie sich heute ganz konkret beobachten lässt: Wenn wir den entfesselten Kontrollwahn nicht stoppen, wird es uns bald nicht mehr geben. Die Problematik des Unternehmens sollte Thema einer gesonderten Diskussion sein, die wir hier und jetzt nicht führen können. Ganz allgemein gesprochen, ist nicht einzusehen, warum es im Unternehmen Formen von Macht, Struktur, Hierarchie, Organisation geben sollte, die wir auf gesamtgesellschaftlicher Ebene nicht tolerieren würden.

Über den Tod und sein Verhältnis zur Frage der Ethik.

CC – In jeder Gesellschaft wurde der unüberbrückbare Abgrund, den das Bewusstsein unserer Sterblichkeit darstellt, stets mehr oder minder und auf die eine oder andere Weise verschleiert, ohne jemals gänzlich verborgen zu sein. Hier kommt die Religion ins Spiel: die Religion ist eine Kompromissbildung im großen Maßstab, von der sich alle anderen Kompromissbildungen ableiten. Die Religion hat stets verkündet: Ihr werdet sterben, doch dieser Tod ist kein richtiger Tod. Diese Todesverleugnung kann zahlreiche Formen annehmen: als Wiederkehr des Verstorbenen in einem neugeborenen Kind, als Ahnenkult, als Unsterblichkeit der Seele usw. So nimmt der Tod – und die offenkundigsten Beispiele dafür stammen aus dem Monotheismus, besonders Christentum und Islam – am Ende eine positive Bedeutung an. Die christliche Totenmesse, Lamento und Verklärung in einem, ist in die Hinsicht außerordentlich bemerkenswert: Oh weh, wir sind sterblich, wir sind nichts als Staub – aber, Gott sei gelobt, wir sind unsterblich und kehren in seinen Schoß zurück. In anderen Fällen, dem Buddhismus zum Beispiel, hat die Verschleierungstaktik einen anderen Charakter. Wir lassen die Griechen hier unerwähnt, die meines Wissens als Einzige das Leben nach dem Tod für schlimmer hielten als das irdische Leben, wie aus der *Odyssee* eindeutig hervorgeht. Eine mitunter positive Sicht der Unsterblichkeit der Seele setzt erst mit der Verfallszeit im vierten (vorchristlichen) Jahrhundert und Platon ein. Die modernen Gesellschaften, die das Gebäude religiöser Bedeutungen abtragen, haben sich in jüngster Zeit als unfähig erwiesen, etwas anderes an seine Stelle zu setzen.

Ich spreche über eine Ethik, die über eine gesellschaftliche Wirkungsmacht verfügt, keine von den Ethiken, die sich Philosophen für den Eigengebrauch konstruieren. Und wenn man unter diesem Gesichtspunkt zur Frage des Todes in einer solchen Gesellschaft zurückkommt, stellt man fest, dass die zutreffendsten Beschreibungen tatsächlich von Theologen stammen. Pascal ist unser Gewährsmann: Das moderne Individuum befindet sich auf einer panischen Flucht vor dem Wissen sowohl um seine eigene Sterblichkeit als auch die Tatsache, dass eigentlich nichts von dem, was es tut, den geringsten Sinn hat. Es rennt, er joggt, es kauft im Supermarkt ein, es zappt sich durchs Fernsehprogramm usw., es *zerstreut* sich. Wir sprechen hier wiederum nicht von Menschen am Rande der Gesellschaft, sondern vom gewöhnlichen Durchschnittsindividuum. Ist das die einzig mögliche „Lösung" nach der Auflösung der Religion? Das glaube ich nicht. Ich glaube vielmehr, dass die Gesellschaft andere Ziele hervorbringen kann, ohne dass wir darüber unsere Sterblichkeit vergessen, eine andere Sichtweise der Welt und der menschlichen Sterblichkeit, sowie unserer Verpflichtung gegenüber zukünftigen Generationen, die nichts anderes ist als die Kehrseite unserer Schuld gegenüber vergangenen Generationen, denn jeder von uns ist, was er ist, nur aufgrund hunderttausender Jahre menschlicher Arbeit und Anstrengung. Eine solche Entwicklung ist möglich, doch dazu muss der Lauf der Geschichte eine andere Richtung nehmen und die Gesellschaft aus ihrem Tiefschlaf auf einem Riesenhaufen Schnickschnack aller Art erwachen.

Über den Identifikationsprozess aus psychoanalytischer Sicht.

CC – Wie ich eingangs sagte, wollte ich den psychoanalytischen Aspekt nicht behandeln, weil ich der Meinung war, er sei hier bereits hinreichend thematisiert worden, und auch nicht näher auf den genauen Zusammenhang zwischen psychoanalytischem und gesellschaftlich-geschichtlichem Standpunkt eingehen. Doch das, wovon ich gesprochen habe, betrifft nicht nur die „Spätphasen der Identifikation". Etwas von der Seinsweise der ersten Erwachsenen, denen das Kind begegnet – und bei denen es sich ja nicht um irgendwen handelt –, dringt in seine psychische und sogar psychophysische Strukturierung ein. Zweifelsohne müsste man die Frage nach jenen Identifikationsprozessen, die in der Psychoanalyse als die primären bezeichnet werden, wieder aufnehmen und nicht von der „Mutter an sich" sprechen, wie sie war und immer sein wird, ob in Polynesien, Frankreich oder Florenz. Sicherlich gibt es auch *die* Mutter, die Brüste hat, Milch produziert und als Bezugsperson fungiert, die böses und gutes Objekt zugleich ist, usw. Doch ist die Mutter von Beginn an nicht bloß diese Gattungsmutter, und kann es nicht sein, sondern stets auch Mutter in *dieser* Gesellschaft, was eine Reihe von Konsequenzen hat. Über all das müsste selbstverständlich ausgiebig diskutiert werden. Im Grunde sind wir damit wieder bei dem berühmten Streit über die „Zeitlosigkeit" oder den transhistorischen Charakter des Unbewussten und die genaue Bedeutung dieses Begriffs.

Über „traditionelle" Werte und die mögliche Entstehung „neuer Werte".

CC – Ich kann mir keine neue geschichtliche Schöpfung vorstellen, die diesem unförmigen Durcheinander, in dem wir leben, wirkungsvoll und hellsichtig entgegentritt, ohne eine neue und fruchtbare Beziehung zur Tradition herzustellen. Revolutionär zu sein, bedeutet nicht, wie seinerzeit des Abbé Sieyès, die Vergangenheit pauschal zum „gotischen Unsinn" zu erklären.[8] Abgesehen davon, dass die Gotik nicht unsinnig war, kommt es vielmehr darauf an, ein anderes Verhältnis zur Vergangenheit zu schaffen. Damit ist keine Rückkehr zu traditionellen Werten an sich oder um ihrer selbst willen gemeint, sondern eine kritische Haltung, die uns ermöglicht, verloren gegangene Werte zu würdigen. Ich kann mir zum Beispiel nicht vorstellen, wie man vermeiden will, den Wert von Verantwortung neu schätzen zu lernen oder, wenn ich das sagen darf, den Wert akribischer Textlektüre, die beide zu verschwinden drohen.

Über die Handlungsmöglichkeiten eines heutigen Subjekts.

CC – In der momentanen Situation genießt ein Subjekt, das in der Lage ist, sich an der Art von Diskussion, die wir hier führen, zu beteiligen, immerhin das große Privileg, eine außerordentliche Fülle bereits vorhandener Möglichkeiten begutachten und, sofern es die Kraft dazu findet, auswählen und entscheiden zu können, ob es lieber so oder anders sein möchte – was für den einfachen Bürger, der bis zum Hals in der Konsumgesellschaft steckt, wesentlich schwieriger, aber nicht unmöglich ist.

Anmerkungen

*) [„La Crise du processus identificatoire", in: Cornelius Castoriadis, *La Montée de l'insignifiance. Les carrefours du labyrinthe IV*, Paris 1996, S. 125-139.] Vortrag auf dem Kolloquium „Malaise dans l'identification", das von der Association de recherche et d'intervention psychosociologique (ARIP) im Mai 1989 durchgeführt wurde. Die Tagungsbeiträge erschienen unter demselben Titel in *Connexions* 55 (1990-1991).

1) André Nicolai, „Identifications expérimentales et innovations sociales", in: *Connexions* 55, S. 61-84 [AdH].

2) Jacqueline Palmade, „Postmodernité et fragilité identitaire", in: *Connexions* 55, S. 7-28 [AdH].

3) Jean Maisonneuve, „Crise de rituels et néo-rituels?", in: *Connexions* 55, S. 29-43 [AdH].

4) Paulus von Tarsus (ca. 10-67), bedeutendster Missionar und Theologe des Urchristentums. Seine „Paulusbriefe" sind die ältesten Teile des Neuen Testaments [AdH].

5) Vgl. „Die Krise der westlichen Gesellschaften", in: Cornelius Castoriadis, *Vom Sozialismus zur autonomen Gesellschaft. Gesellschaftskritik und Politik nach Marx. Ausgewählte Schriften 2.2*, Lich 2008, S. 221-240, dort S. 229 [AdH].

6) Margaret Thatcher (geb. 1925), konservative Politikerin und von 1979-1990 britische Premierministerin; Ronald Reagan (1911-2004), amerikanischer Schauspieler und republikanischer Politiker, von 1981-1989 US-Präsident [AdH].

7) Bernard Tapie (geb. 1943), französischer Geschäftsmann und Politiker; Donald Trump (geb. 1946), amerikanischer Unternehmer; Madonna (geb. 1958, Madonna Louise Ciccone), amerikanische Sängerin und Schauspielerin; Prince (geb. 1958, Prince Rogers Nelson), amerikanischer Musiker. Allesamt Medienstars, die Ende der 1980er Jahre (zum Zeitpunkt der Abfassung des Textes) auf dem Zenit ihrer Prominenz standen [AdH].

8) Emmanuel Joseph Sieyès (1748-1836), französischer Politiker und Theoretiker der Französisches Revolution. An einer Stelle seines berühmten Pamphlets *Qu'est-ce que le Tiers État?* („Was ist der Dritte Stand?") von 1789 spricht er von den „absurdités gotiques", die im neuen bürgerlichen Zeitalter verschwinden würden. In einer deutschen Übersetzung werden sie als „mittelalterliche[.] Ungereimtheiten" wiedergegeben (vgl. Emmanuel Sieyès, *Abhandlung über die Privilegien. Was ist der dritte Stand?* Hrsgg. v. Rolf Helmut Foerster, Frankfurt am Main 1968, S. 90) [AdH].

Freud, Gesellschaft, Geschichte*

1. Die psychoanalytische Theorie ist tief genug in das Allgemeinwissen unserer Zeit eingedrungen, dass wir auf eine Kurzeinführung verzichten können, die ihrem Gegenstand ohnehin lächerlich unangemessen bleiben müsste. Wir werden uns stattdessen darauf beschränken, in groben Zügen zu diskutieren, was der psychoanalytische Klärungsansatz zu einer Theorie des Politischen oder der Politik[1] beiträgt bzw. beitragen könnte, worin seine möglichen Defizite bestehen oder zu welchen Aporien er führt. Die Diskussion wird sich auf das Freud'sche Werk selbst konzentrieren. In der Bibliographie finden sich einige kurze Hinweise, welche Richtung die psychoanalytisch inspirierte, postfreudianische Diskussion dieser Themen eingeschlagen hat.

Das Interesse der politischen Theorie an der Psychoanalyse besteht in ihrem potentiellen Beitrag zu einer philosophisch-politischen Anthropologie. Das Offenkundige dieser Tatsache muss besonders betont werden in einer Zeit, in der, im Gegensatz zur großen politischen Philosophie der Vergangenheit, so wenig Interesse an den anthropologischen Voraussetzungen der Politik zu bestehen scheint, genauso wenig übrigens wie an denen jeder Soziologie und Geschichtsschreibung, die nicht im rein Deskriptiven verbleiben.

In dieser Hinsicht ist es sinnvoll, innerhalb des Freud'schen Werkes zwei Arten von Schriften zu unterscheiden. Die psychoanalytischen Schriften im engeren Sinne, die sich auf die Psyche an sich beziehen, enthalten eine Fülle von Einsichten, die man als bleibende Erkenntnis bezeichnen könnte: die Entdeckung des dynamischen Unbewussten und der Verdrängung, die Traumdeutung, die Trieb- und Neurosentheorie, das Konzept der Narzissmus oder das der Aggressivität, um nur die wichtigsten zu nennen. Wer immer Licht in die menschliche Psyche zu bringen versucht – ein sicherlich auf unabsehbare Zeit bestehendes Projekt –, wird diese Konzepte fraglos verändern, verbessern oder überwinden können, aber er wird, meiner Meinung nach, allemal gezwungen sein, von ihnen auszugehen. Das lässt sich von der zweiten Kategorie Freud'scher Schriften nicht behaupten, nämlich denen, die sich auf die Gesellschaft beziehen: *Totem und Tabu* (1913a)[2], „Das Interesse an der Psychoanalyse" (1913b), „Zeitgemäßes über Krieg und Tod" (1915b), *Massenpsychologie und Ich-Analyse* (1921), *Die Zukunft einer Illusion* (1927), *Das Unbehagen in der Kultur* (1930), „Warum Krieg?" (1933), *Der Mann Moses und die monotheistische Religion* (1939) sowie Kapitel 35 der *Neuen Folge der Vorlesungen zur Einführung in die Psychoanalyse* (1933a), ferner einige Texte von geringerer Bedeutung und die über andere Werke verstreuten Bemerkungen zu gesellschaftlichen und politischen Fragen. Der Fall liegt hier weniger eindeutig, was insofern nicht verwunderlich ist, als es sich, nach Freuds eigenem Bekunden, um Ausflüge auf Gebiete handelte, die sich mehr oder weniger außerhalb seines eigentlichen Betätigungsfeldes befanden. Es fällt schwer, in Bezug auf diese Texte von bleibenden Errungenschaften zu sprechen, was nicht heißt, dass sie nicht extrem reich an Ideen und an Denkanstößen sind.

Die folgende Diskussion ist nach vier Hauptthemen geordnet, die sich alle auf den potentiellen Beitrag der Psychoanalyse zu folgenden Fragen beziehen:

- nach den „Ursprüngen" der Gesellschaft oder eigentlich dem Menschwerdungsprozess der Gattung;
- nach Struktur und Inhalt gesellschaftlicher und politischer Institutionen und dabei insbesondere nach Macht und Herrschaft, instituierter Geschlechterungleichheit, Arbeit und Wissen und schließlich Religion;
- nach der Geschichtlichkeit von Institutionen, strukturell und inhaltlich;
- schließlich nach der Politik als solcher, nämlich dem Inhalt einer wünschenswerten Veränderung der Institutionen, dem Sinn dieses Wünschenswerten und den Möglichkeiten und Grenzen einer solcher Veränderung.

2. Die Frage nach den „Ursprüngen" der Gesellschaft, genauer gesagt, nach der Menschwerdung der menschlichen Gattung, teilt sich eigentlich in zwei verschiedene Aspekte: Worin besteht der Unterschied Tier/Mensch, und „wie" kam es zu diesem Unterschied? Es gilt festzuhalten, dass Freud die offensichtlichen Unterschiede – Sprache, Technik usw. – als gegeben voraussetzt, ohne zu verkennen, dass deren Erscheinen ein Problem aufwirft, und sich in erster Linie auf die Entstehung der Institutionen im engeren Sinne konzentriert, die er auf zwei zurückführt: das Inzestverbot und das „claninterne" Tötungsverbot. Das Vorhandensein dieser Tabus beim Menschen und ihr Fehlen bei seinen nächsten tierischen Verwandten ist für ihn das zentrale Problem, dessen Lösung vorrangig in dem „Ereignis" zu finden sei, dem diese Tabus ihre Entstehung verdanken. Dieses „Ereignis" wird von ihm im Rahmen dessen rekonstruiert, was er als „wissen-

schaftlichen Mythos" bezeichnet, ein erstmals in *Totem und Tabu* eingeführtes Konzept. Rekapitulieren wir kurz den Inhalt des Buches. In Anlehnung an Hypothesen, die zuerst von Darwin (1871) und später von Robertson Smith (1894) und Atkinson (1903) formuliert wurden, übernimmt Freud die Idee einer Urhorde, in der die Hominiden unter der Herrschaft eines mächtigen Männchens gelebt hätten, das alle Weibchen für sich beanspruchte und die heranwachsenden Söhne, sobald sie geschlechtsreif wurden, vertrieb (oder kastrierte oder tötete). Den vertriebenen Brüdern wäre es „eines Tages" gelungen („vielleicht auch mithilfe einer technischen Erfindung")[3], ein stark homosexuell gefärbtes Bündnis zu bilden und den Vater zu töten. Dem Mord sei der kannibalistische Verzehr des Getöteten gefolgt, eine imaginäre Einverleibung seiner Macht, sowie später ein Schwur, durch den sich die Brüder (vielleicht nach langen Kämpfen untereinander) zum Verzicht auf die Frauen des Clans und den claninternen Mord verpflichteten. Bei allem Hass auf den tyrannischen Vater hätten ihn die Brüder jedoch auch gefürchtet, verehrt und geliebt. Deshalb hätten sie an seiner Stelle ein Tier (oder seltener einen unbelebten Gegenstand) zum Totem ihres Clans gemacht, das zu töten und zu verzehren untersagt war – außer bei regelmäßig wiederkehrenden Festen, während derer das Tier getötet und rituell verspeist wurde, zum Gedenken an den Urmord. Das sei der Ursprung des Inzestverbots und des clan- bzw. stammesinternen Tötungsverbots sowie der ersten „religiösen" Institutionen (Totemismus, Tabu), den zukünftigen Garanten einer nunmehr menschlichen Gesellschaftsordnung. Die Gedächtnisspuren dieser Ursituation sowie des Vatermordes seien von Generation zu Generation weitervererbt worden (Freud betont den phylogenetischen, d.h. schlicht genetischen, Charakter dieser Überlieferung, doch eine solche Annahme ist überflüssig) und bildeten die Grundlage sowohl der Inzestscheu als auch der Ambivalenz gegenüber der Vaterfigur.

Es ist wenig sinnvoll, diesen „wissenschaftlichen Mythos" auf der Ebene wissenschaftlicher Erkenntnisse zu diskutieren und zu widerlegen. Die Annahme eines allgemein verbreiteten primitiven Totemismus wird jedenfalls von der zeitgenössischen Ethnologie bestritten oder zumindest stark in Zweifel gezogen (Lévi-Strauss 1962). Die Primatenforschung kennt eine „Urhorde" (dominantes polygames Männchen plus Vertreibung von Konkurrenten) zwar bei Gorillas, nicht aber bei Schimpansen, die den Hominiden gattungsgeschichtlich näherstehen und in Panmixie praktizierenden Gruppen leben.[4] Vielmehr ist wichtig zu betonen, dass die wissenschaftlichen Befunde keinerlei Antwort auf die von Freud berechtigterweise gestellte Frage nach dem Ursprung der beiden großen Tabus geben. Zur Not ließe sich eine „neodarwinistische" Antwort auf die Frage nach dem Ursprung des stammesinternen Tötungsverbots konstruieren: unter den Protohominiden hätten nur solche Gruppen überleben können, die durch irgendeinen Zufall auf das Tötungsverbot gestoßen wären, die anderen hätten sich im Laufe der Zeit selbst ausgelöscht. Doch selbst diese Antwort muss uns im Unklaren darüber lassen, warum eine ungehemmte, artinterne Aggression für den Menschen typisch ist, jedoch bei keiner Tierart vorkommt, eine Frage, deren Diskussion nicht umhin können wird, auf spezifisch psychische Faktoren zu rekurrieren. Was das Inzesttabu und die Inzestscheu betrifft, so lässt sich nicht einmal mehr eine neodarwinistische Antwort geltend machen. Die Behauptung, dass es ohne ein solches Verbot keine menschliche Gesellschaft gäbe, ist zwar richtig, aber tautologisch und implizit teleologisch.

Der Haupteinwand gegen den „wissenschaftlichen Mythos" – dem Freud zeitlebens treu blieb – lautet, dass er, wie alle Ursprungsmythen, den Sachverhalt, dessen Entstehung er erklären will, implizit voraussetzt: in diesem Fall das unauslöschliche Anderssein von tierischer und menschlicher Psyche sowie die Institution. Der Zusammenschluss der Brüder zu nichtbiologischen Zwecken ist bereits eine Art Institution und setzt allemal eine andere Institution voraus, nämlich die Sprache (selbst wenn wir von der „neuen technischen Erfindung" absehen). Die Ambivalenz der Brüder gegenüber dem getöteten Vater ist ein Wesensmerkmal der menschlichen Psyche, die Menschwerdung ist also in dem vorausgesetzt, was sie „erklären" soll. Überdies und vor allem lässt uns das sicherlich berechtigte Anliegen, die jeder Gesellschaft vorausgesetzten Tabus zu ergründen, gänzlich im Unklaren über die „positive" Komponente jeder Gesamtheit von Institutionen und der von ihnen beförderten Bedeutungen. Das ist daran erkennbar, dass Freud nichts anderes übrig bleibt, als Sprache oder Technik (Arbeit) implizit als natürliche Gegebenheiten anzusehen, aber auch daran, dass es unmöglich ist, die unendliche Vielfalt und Komplexität gesellschaftlicher Strukturen auf das repetitive Spiel von Trieben zu reduzieren, die per definitionem immer und überall gleich sind, oder auf die Kapriolen eines Ödipuskomplexes, der für primitive Glaubensformen, Polytheismus, Monotheismus und Buddhismus gleichermaßen herhalten muss.

Davon unbeschadet sind Freuds Ansichten über die psychischen Tendenzen, an die sich die Sozialisation der Individuen anlehnt, sehr erhellend. Diesbezüglich an erster Stelle zu nennen sind zweifelsohne die Introjektion von Elternimagos (auch wenn Freud lediglich die Rolle der Vaterimago betont), die (egal, ob gelungene oder gescheiterte) Identifikation mit dieser Introjektion und die Herausbildung einer ge- und verbietenden Instanz im Unbewussten des menschlichen Einzelwesens, das Über-Ich und/oder Ich-Ideal. So betrachtet, wächst dem „wissenschaftlichen Mythos" aus *Totem und Tabu* eine Bedeutung zu, die er von Anfang an hätte haben können (und sollen): nicht die einer „Erklärung", wie Gesellschaft aus einem „Ereignis" entsteht, sondern einer Erhellung der psychischen Prozesse, die zur Verinnerlichung gesellschaftlicher Institutionen und Bedeutungen durch das menschliche Einzelwesen in seiner infantilen Situation führen. Grundlegend in dieser Hinsicht ist die Analyse der Identifikation mit einem Führer in *Massenpsychologie und Ich-Analyse* (1921), die allerdings verallgemeinert und überarbeitet werden müsste.

Anzumerken ist ferner, dass Freud uns auf anderer Ebene implizit eines der Elemente zur Beschreibung des radikalen Andersseins von Mensch und Tier auf psychischer Ebene an die Hand gibt. Der Text über „Triebe und Triebschicksale" (1915a) gestattet uns, auch wenn Freud selbst nicht in diese Richtung argumentiert, dieses Anderssein aus der Labilität der psychischen Triebrepräsentanzen beim Menschen zu erklären[5], im Gegensatz zur Starrheit dieser Verbindung in der Tierpsyche, wo jeder Trieb (Instinkt) seine(n) verbindlichen und biologisch funktionalen Repräsentanten besitzt.

Dieser rasche Überblick wäre unvollständig, wenn wir unerwähnt ließen, dass Freud in seinen Texten aus den späten 1920er Jahren (*Zukunft einer Illusion*, *Unbehagen in der Kultur*) die Frage nach der Entstehung des Menschen (oder der Gesellschaft) anders beantwortet als in *Totem und Tabu* (wenngleich die Antworten miteinander vereinbar sind). In *Zukunft* liegt das Hauptaugenmerk auf dem zivilisatorischen Wirken von „Minderheiten", die den breiten Massen Tabus und Institutionen auferlegen, Massen, die noch ganz von ihren Trieben beherrscht werden und permanent einen verdeckten Krieg gegen die Zivilisation führen. Freud hält diesen Krieg übrigens für berechtigt (der Tenor des Textes ist manchmal geradezu anarchistisch), aufgrund des exzessiv hohen Preises an realen Entbehrungen und Triebfrustrationen, den diese Massen für ihre Zugehörigkeit zur zivilisierten Gesellschaft zu zahlen hätten. Gleichzeitig gelten diese Triebe, besonders in *Unbehagen*, nicht mehr ausschließlich als sexuelle (oder libidinöse), sondern auch und vor allem als aggressive, die gleichermaßen auf die

Zerstörung anderer wie des eigenen Subjekts abzielen. Hier vernehmen wir offenkundig das Echo der einschneidenden Revision, die Freud seiner Triebtheorie und seiner Auffassung des psychischen Apparates in *Jenseits des Lustprinzips* (1920) unterzog, wo er den Gegensatz von Lustprinzip/Realitätsprinzip oder libidinösen Trieben/Selbsterhaltungstrieben durch den Dualismus von Eros und Thanatos ersetzte, die „unsterblichen Gegner", die zu kosmischen Kräften erhoben werden, deren Kampf die Geschichte der Zivilisation und der Menschheit beherrscht und prägt.

3. Klar ist, dass die Unterscheidung zwischen der Frage nach dem „Ursprung" der Gesellschaft an sich und der nach dem „Ursprung" spezieller, mehr oder minder transhistorischer Großinstitutionen keine Entsprechung in der Realität hat. Klar ist ferner, dass es übertrieben wäre, von der Psychoanalyse eine „Erklärung" von Struktur und Inhalt dieser Institutionen zu verlangen. Auch wenn Freud zu Beginn seiner Karriere kurzzeitig daran glaubte, mit seiner Methode die Entstehung von Sprache erhellen zu können, musste er sich rasch von dieser Illusion verabschieden und sich damit begnügen, bis zum Ende seines Lebens an der unplausiblen Theorie K. Abels über einen universell gültigen „Gegensinn der Urworte" festzuhalten[6] (eine These, die zwar auf gewisse Funktionsmerkmale des Unbewussten, nicht aber auf eine mit wachem Bewusstsein gesprochene gesellschaftliche Sprache anwendbar ist). Ebenso wenig wie andere Institutionen kann die Psychoanalyse die Sprache erzeugen, sondern muss sie voraussetzen. Nicht minder unmöglich ist es, die Arbeit auf das Realitätsprinzip und die Anerkennung der Notwendigkeit eines Trieb- (oder Bedürfnis-)aufschubs zurückzuführen. Was die Geschichte der Arbeit (und der Technik) angeht, so zeigen mehrere Formulierungen Freuds, dass er mit jedem Abendländer seiner Zeit das implizite und illusorische Postulat einer dem menschlichen Tun immanenten „Fortschrittlichkeit" teilte. Das Gleiche gilt für den Bereich des Wissens. Freud beruft sich auf einen „Wisstrieb", der der sexuellen Neugier des Kindes entspringen (ausgelöst durch Fragen wie: „Woher kommen die Kinder?" oder: „Woher kommt der Geschlechterunterschied?") und mit einem Kontrolltrieb einhergehen soll. Während jedoch die Entdeckung und Bewusstmachung kindlicher Sexualtheorien zu den großen Errungenschaften der Psychoanalyse zählt, so hat sie nichts Erhellendes zum Ursprung und zur Spezifik, geschweige denn zur Geschichte, dieser seltsamen „Triebe" beizutragen, denen offenkundig jede biologische

oder somatische Grundlage oder Funktion fehlt. Schließlich bleibt der Übergang von der „primitiven Demokratie" der Brüder (*Totem und Tabu*) zu einer asymmetrischen und antagonistischen Teilung der Gesellschaft, mit anderen Worten, die Entstehung und Beständigkeit von Herrschaft, bei Freud ein ebenso großes Rätsel wie bei allen anderen Autoren, die sich mit diesem Thema beschäftigt haben.[7]

Viel substantieller, aber auch umstrittener sind die Beiträge der psychoanalytischen Theorie zur Frage der instituierten Geschlechter [genres]- (Sexual [sexes]-)differenz und -ungleichheit, d.h. der patriarchalen Struktur, die praktisch in allen bekannten Gesellschaften anzutreffen ist. Anatomische Unterschiede können allenfalls instituierte Sexualdifferenzen erklären, nicht aber die Herrschaft eines Geschlechts über das andere (auch wenn diese mitunter, teilweise und in mancher Hinsicht, nur Schein ist). Die Institution der Gesellschaft muss geregelte Verhältnisse sexueller Reproduktion gewährleisten (wie weit das gehen muss, ist eine andere Frage) und Mann und Frau als untrennbare und hochgradig asymmetrische Polaritäten begründen. Doch von der Notwendigkeit dieser Asymmetrie auf die Notwendigkeit der Geschlechterherrschaft zu schließen, ist ebenso sophistisch wie aus der Notwendigkeit einer internen Ausdifferenzierung und Gliederung der Gesellschaft die vermeintliche Notwendigkeit ihrer antagonistischen und asymmetrischen Teilung abzuleiten. Freud betont zu Recht die psychische Bisexualität des Menschen und konzediert, in vorgerücktem Alter, die Relativität der Begriffe „aktiv" und „passiv" in Bezug auf das menschliche Seelenleben. Was die Aufgabe, das Patriarchat zu „erklären", nur umso schwieriger macht. In der ersten Phase seines Werkes (die bis 1925 reicht) postuliert Freud eine „genau entsprechende" Situation zwischen dem kleinen Jungen und dem kleinen Mädchen (Freud 1900, 1916-1917, 1921, 1923; vgl. die *Editor's Note* in Freud 1925), die beide im Ödipuskomplex befangen sind. Der kleine Junge muss auf die Mutter als Liebesobjekt verzichten, ebenso wie auf den entsprechenden Wunsch, seinen Vater zu töten, angesichts dessen, was er als Kastrationsdrohung durch diesen wahrnimmt. Stattdessen flüchtet er sich in die Hoffnung, eines Tages selbst Vater zu werden. Genaueres erfährt man auch über das kleine Mädchen nicht. Klar ist nur, dass aus dieser Sicht die patriarchale Situation als bereits vorhandene postuliert werden muss (man kann sie als Nachwirkung des Zustandes der „Urhorde" ansehen), die einfach nur dazu verurteilt sei, sich endlos zu wiederholen. Doch nach zahlreichen vorbereitenden Andeutungen ab 1915 sieht sich Freud veranlasst, sein Konzept in „Einige psychische Folgen des anatomischen Geschlechtsunterschieds" (1925) vollständig zu reformulieren. Neu an diesem Text ist, erstens, die Anerkennung der Rolle der Mutter als erstes libidinöses Liebesobjekt für die Kinder beiderlei Geschlechts und, zweitens, die zentrale Bedeutung, die er ihrer Entdeckung beimisst, dass das Mädchen „kastriert" (*sic*) ist, sowie der Geringschätzung, die es daraufhin von Seiten des Jungen erfährt, bzw. sich selbst gegenüber entwickelt, und des unwiderruflichen Penisneids, der fortan sein Leben beherrscht. Der Versuch, aus diesen psychologischen Tatsachen eine Begründung der patriarchalen Institution abzuleiten, ist allerdings wiederum eine *petitio principii*. Dass der Penis oder Phallus von den Kindern so hoch bewertet wird (und nicht etwa der dicke Bauch der schwangeren Frau), setzt bereits eine allgemeine (gesellschaftliche) Wertschätzung von Männlichkeit voraus. Ebenso wenig kann die unbestreitbar wesentliche Rolle des Vaters im psychosozialen Reifungsprozess des Kindes für das Patriarchat verantwortlich gemacht werden. Das entscheidende Merkmal des Patriarchats besteht in der Vereinigung von vier Rollen auf eine Person: biologischer Erzeuger; Wunschobjekt der Mutter, das den Verschmelzungszustand aufbricht, der sich tendenziell zwischen ihr und dem Kind (gleich welchen Geschlechts) herstellt; Identifikationsmodell für Jungen und geschätztes Sexualobjekt für Mädchen; sowie schließlich, und vor allem, Machtinstanz und Vertreter des Gesetzes. Man mag darüber streiten, ob diese Vereinigung „ökonomisch" ist (darf dabei aber ihre Kosten nicht unterschlagen). Es ist jedoch nicht statthaft, sie für unvermeidlich zu halten. Jedenfalls kann kein Zweifel an Freuds eigener patriarchaler Voreingenommenheit bestehen, die sich sowohl in seiner Auffassung kundtut, Frauen seien weniger zur Sublimierung fähig als Männer, als auch im Mythos von *Totem und Tabu* (wo Mütter und Schwestern keinerlei Rolle spielen) oder in der Art und Weise mit der er die göttliche Androkratie, besonders in monotheistischen Religionen, als selbstverständlich behandelt.

Viel klarer und in mehrerlei Hinsicht solider ist Freuds Interpretation der Religion in *Zukunft einer Illusion* – allerdings auch im psychoanalytischen Sinne unspezifischer. Die Religion ist eine Illusion, und zwar in der genauen Bedeutung, die Freud bei dieser Gelegenheit definiert: Sie ist nicht einfach ein Irrglaube, sondern ein Glaube, der durch einen Wunsch motiviert wird[8], ein affektiv besetzter Irrtum. Gesellschaftlich gesehen, bildet sie die tragende Säule des von den Institutionen geschaffenen Gebäudes der Triebunterdrückung. Psychisch betrachtet, wirkt sie vorrangig auf eine „Vermenschlichung der Welt“[9] hin, sodass man sich *„heimisch im Unheimlichen**“ fühlt. Sie erreicht das, indem sie „Naturwissenschaft durch Psychologie“ ersetzt: sie anthropomorphisiert das Universum und vertraut auf kindliche Projektionen, besonders die der allmächtigen Vaterimago. Daher rührt ihre Fähigkeit, diverse psychische Bedürfnisse zu befriedigen. Sie kommt der „Wißbegierde“ halbwegs entgegen, sie verteidigt das von einer feindlichen Welt und den Schrecken der Natur bedrohte „Selbstgefühl“, sie tröstet über die realen Lebensnöte und die von der Kultur auferlegten Leiden und Entbehrungen hinweg, sie liefert schließlich so etwas wie eine Lösung des furchteinflößendsten Rätsels von allen, der Sterblichkeit. Freud verzweifelt dennoch nicht an der Möglichkeit, die Religion zu überwinden: „Der Mensch kann nicht ewig Kind bleiben, er muß endlich hinaus ins ‚feindliche Leben‘“.[10]

4. Um es zu wiederholen: es wäre ungerecht und überzogen, von der Psychoanalyse eine „Theorie“ der Gesellschaft und der Geschichte zu verlangen. Dennoch ist es Freud selbst, der solche Ansprüche nährt – nicht durch seine Ausflüge auf diese Gebiete (die man als erste Annäherungen werten könnte, noch dazu von jemandem, der sich im Klaren ist und wiederholt bekennt, dass seine Hauptinteressen und Kenntnisse woanders liegen), sondern durch seine mehrfach geäußerte Auffassung, dass zu einer Unterscheidung zwischen „individuellem Unbewussten“ und „kollektivem Unbewussten“ kein Anlass bestehe, dass es nur ein menschliches Unbewusstes gebe. Man darf sich demnach fragen: Wie kommt es dann zu der immensen Vielfalt menschlicher Gesellschaften und Kulturen? Eine erste, wenig befriedigende Antwort wäre, die Unterschiede zwischen den Gesellschaften als oberflächlich und epiphänomenal auszugeben (vgl. die bereits zu Freuds Lebzeiten einsetzenden Versuche, die gleichen unbewussten „Strukturen“ in allen Ethnien und hinter allen Gesellschaftsordnungen aufzuspüren). Eine zweite Antwort, die mit dem Geist der Freud'schen Abhandlungen (besonders *Totem und Tabu* und *Der Mann Moses und die monotheistische Religion*) besser vereinbar wäre, könnte lauten, dass es sich bei dieser Vielfalt um ein Ergebnis der Geschichte handelt, bzw. der verschiedenen Stufen geschichtlicher Entwicklung, auf denen die von uns betrachteten Gesellschaften jeweils stünden. Diese Antwort würde uns auf eine andere Frage zurückverweisen, nämlich: Wodurch kommt Geschichte, im eigentlichen Sinne des Wortes, überhaupt zustande, da doch die Psychoanalyse nahelegt (und in

der überwiegenden Zahl der Fälle zu Recht), die Wiederholung und Reproduktion des Bestehenden, die auf der Eigenart des menschlichen Sozialisationsprozesses selbst beruht, für den dominanten Zug menschlicher Gesellschaften zu halten? Auf die zweite Frage geben die Freud'schen Schriften zwei Antworten, die nicht derselben Logik entspringen. Die erste, die wir bereits erwähnt haben, besteht in der Behauptung eines immanenten Fortschrittsimpulses, der zumindest in der Beherrschung der natürlichen Realität und im Umgang mit wissenschaftlichen Erkenntnissen zum Tragen kommt. Schon in der Art der Antwort ist angelegt, dass sie es schwer macht, die Existenz von Bruchstellen zu verstehen. Doch gerade solche Momente des Bruchs, solche Ursprungsereignisse, stehen, wie gesehen, im Mittelpunkt von *Totem und Tabu*. Das Gleiche gilt für *Der Mann Moses und die monotheistische Religion*, ein Text, anhand dessen das schwierige Verhältnis Freuds zur Historizität kurz verdeutlicht werden soll.

Dieses Buch, das ebenso durch seinen Inhalt berührt wie durch die Tragik der historischen Begleitumstände, unter denen es zwischen 1934 und 1938 entstand, zielt darauf ab, sowohl die Geburt des Monotheismus und die Umstände seiner Annahme durch das jüdische Volk zu erklären, als auch der außergewöhnlichen Verbundenheit dieses Volkes mit seiner Religion und seiner aus Stolz und der Permanenz eines unbewussten Schuldgefühls zusammengesetzten Kollektivpsyche auf den Grund zu gehen. Es ist, wie alle Schriften Freuds, reich an faszinierenden Hinweisen, verfehlt jedoch seine eigentliche Absicht, die Ursprünge des Monotheismus zu erhellen. Freud verkündet nämlich ausdrücklich – ein gemeinhin übersehenes Paradox –, dass der Monotheismus *bereits* erfunden ist (von Echnaton begründeter Kult der einzigen „Sonne" – eine geschichtlich beglaubigte Tatsache), als seine Geschichte beginnt und Moses, ein ägyptischer Prinz aus dem Gefolge Echnatons, ihn nach dem Sturz der neuen Religion in Ägypten an die Hebräer vermittelt. Warum erfand Echnaton den Monotheismus? Weil, Freud zufolge, Ägypten ein „Großreich" geworden war, das bis an die Grenzen der damals bekannten Welt reichte, und eine einzige Person, der Pharao, die absolute Macht in seinen Händen hielt. Diese Erklärung ist zugleich banal, logisch unhaltbar (die Chinesen, Römer und viele andere hätten demnach auch Monotheisten sein müssen) und unverbunden mit dem so oft geäußerten Gedanken, dass der einzige Gott eine Projektion der kindlichen Vaterimago sei. Doch die Hebräer finden (ganz im Sinne der „Feindseligkeit der Massen gegen die Kultur", von der schon in *Zukunft* und *Unbehagen* die Rede war) die von der neuen Religion und Moses verlangte Triebunterdrückung unerträglich und töten ihren Befreier. Die „Wiederkehr" dieses verdrängten Mordes (noch Jahrhunderte nach der Tat) und das damit einhergehende Schuldgefühl seien die Erklärung für das strenge und unbeirrte Festhalten der Hebräer an ihrer Religion sowie mehrere andere „Merkmale" dieses Volkes, besonders seine „Spiritualität". Doch fällt die Annahme schwer, dass die Ägypter, wenn sie Echnaton getötet hätten (anstatt lediglich seinen Sohn, nach seinem Tod, unter Vormundschaft zu stellen), quasi zu Hebräern geworden wären. Und ebenso unverständlich bleibt die Fortführung/Veränderung des Monotheismus bei den Christen und Moslems. Wie beim „wissenschaftlichen Mythos" aus *Totem und Tabu* wird das massive Faktum der gesellschaftlich-geschichtlichen Schöpfung auch hier zum Gegenstand eines Verschleierungsversuchs durch vermeintlich plausible, in Wirklichkeit aber mehr als fragwürdige „Rekonstruktionen".

5. Die Frage, ob die Psychoanalyse das politische Denken im eigentlichen Sinne bereichern kann, sollte in mehrere andere umgemünzt werden, die eng zusammenhängen, wenn nicht bloß angrenzende Aspekte ein und derselben Fragestellung sind: Hat die Psychoanalyse etwas über wünschenswerte Institutionen zu sagen (oder abzulehnende, was aber auf das Gleiche hinausläuft, weil in beiden Fällen die Aufstellung einer Norm vorausgesetzt ist)? Hat sie etwas zu sagen über eine andere als „positive" (d.h. in Bezug auf eine bestehende Gesellschaft definierte) Normalität für die Menschen? Weiß sie etwas über eigene Ziele, die über die Linderung psychischen Leidens oder die Anpassung der Subjekte an die instituierte Gesellschaftsordnung hinausgehen? Setzt sie eventuellen Bestrebungen, die Gesellschaft zum Besseren zu verändern, irgendwelche Grenzen? Da wir diese verschiedenen Momente hier nicht systematisch behandeln können, werden wir uns auf einige Anmerkungen beschränken, die hoffentlich den Kern der Sache treffen.

Freud hat nie einen Hehl aus seiner äußerst kritischen Einstellung gegenüber den gesellschaftlichen Institutionen seiner Zeit gemacht (die sich im Wesentlichen mit den unsrigen decken). Immer wieder prangerte er die Heuchelei der offiziellen Sexualmoral an, die „exzessive Triebunterdrückung", den Druck der Zivilisation auf das Individuum, „über seine psychischen Verhältnisse zu leben", und, ganz unmissverständlich, die großen ökonomischen Ungleichheiten. Diese Einstellung behielt er zeitlebens bei. In *Zukunft* und *Unbehagen* erwägt er die Möglichkeit einer psychoanalytischen Untersuchung der „Pathologie der kulturellen Gemeinschaften“[11], hofft auf eine „Überwindung des Infantilismus“[12] (in Bezug auf die religiöse Illusion), beschwört „unseren Gott Logos“[13] und erwartet ein neuerliches Aufbäumen von Eros gegen Thanatos, gegen die Aggressivität und Destruktivität in inner- und zwischengesellschaftlichen Beziehungen. Bereits der totemistische Mythos mündet in die Errichtung einer egalitären Institution, die „primitive Demokratie der Brüder“ (die Schwestern bleiben allerdings außen vor). Doch der Preis für diese Demokratie ist die Totemisierung des getöteten Vaters – verallgemeinernd könnte man von Totemisierung eines beliebigen instituierten imaginären Artefakts sprechen, einer imaginären Instanz, die als Garant der Institution fungiert (in diesem Kontext kann der Begriff Totemisierung als gleichbedeutend mit Entfremdung oder Heteronomie angesehen werden). Die in *Zukunft* und *Unbehagen* geäußerten Hoffnungen implizieren, dass die Überwindung einer solche Totemisierung möglich ist.

Doch in *Unbehagen* und den Texten über den Krieg kommt ein weiterer Faktor zum Vorschein, der ihnen einen stark „pessimistischen“ Anstrich verleiht: der Todestrieb, die gegen andere und sich selbst gerichtete Destruktivität. Die gesamte geschichtliche Erfahrung einschließlich der Freud'schen Epoche (und was soll man über unsere sagen?) belegt, dass dieser Faktor gar nicht hoch genug veranschlagt werden kann. Und man muss sich keineswegs Freuds kosmologische Thanatos-Metaphysik zu eigen machen, um die Bedeutung jener beiden Erscheinungen zu erkennen, welche die Geschichte ebenso wie die klinische Praxis tagtäglich bestätigen: die ungezügelte Aggressivität der Menschen und ihren Wiederholungszwang. Letzterer dient der Gesellschaft dazu, die Erhaltung von Institutionen *gleich welcher Art* sicherzustellen. Erstere wird unter Kontrolle gehalten und insbesondere nach „außen“ abgeleitet, auch, um den „Narzissmus der kleinen Differenzen“[14] zur Geltung zu bringen.

Ein irreduzibles Minimum an Triebunterdrückung ist zweifelsohne Voraussetzung jeder Sozialisation – und folglich ein Faktum, das jede politische Diskussion berücksichtigen muss. Diese Thematik ist für das politische Denken nichts Neues: Freud trifft sich hier mit Platon, Aristoteles, Hobbes, Diderot und sogar Kant. Allerdings besteht, um es drastischer zu formulieren, eine unüberwindliche Feindseligkeit von Seiten des psychischen Kerns gegen den Sozialisationsprozess an sich, dem er bei Strafe des Todes unterworfen werden muss, und ein unauflöslicher unbewusster Rest der Konstellation aus ursprünglichem Ultra-„Narzissmus", Egozentrik, Allmacht des Denkens, Rückzug in das Universum der Phantasienbildung, Hass auf den Anderen und Wunsch, ihn zu vernichten, der auf das Subjekt selbst zurückschlägt. (Womit gemeint ist, was der Ausdruck „Kulturfeindlichkeit der Massen" grob und unzureichend umschreibt.) Den möglichen Zustandsformen der menschlichen Gesellschaft ist somit eine Grenze gesetzt: die „Natur" der menschlichen Seele schließt die Verwirklichung einer „perfekten Gesellschaft" (der Begriff ist sowieso bedeutungslos) definitiv aus und zwingt die Menschen für immer zu einer psychischen Spaltung. Doch wenn man von messianischen und arkadischen Versprechungen à la Marcuse (1955) einmal absieht, lautet die relevante Frage, ob eine Gesellschaft möglich ist, die ihre Institutionen nicht totemisiert, die den Individuen das Erreichen eines Zustands geistiger Klarheit und Reflexivität erleichtert und der es gelingt, die polymorphen Impulse aus dem Chaos der Psyche in eine Richtung zu lenken, die mit einem zivilisierten Leben auf Ebene der gesamten Menschheit vereinbar ist (und auf die „Menschheit" an sich bezieht sich Freud am Schluss von *Unbehagen* ausdrücklich).

Es wäre leicht, sich auf die geschichtliche Erfahrung zu berufen, um diese Möglichkeit zu bestreiten, liefe aber auf einen Trugschluss hinaus. Denn nach Freuds eigenem Eingeständnis (ebd.) würde es sich um etwas Neues in der Geschichte der Menschheit handeln (eine neue Stufe im Kampf zwischen Eros und Thanatos), über dessen Erfolgschancen sich *per definitionem* keine Aussagen auf Grundlage vergangener Erfahrungen oder selbst rein theoretischer Erwägungen (unter Berücksichtigung der oben erwähnten Grenzen) machen lassen. Und diese Erfahrung selbst ist nicht eindeutig. Im demokratischen Athen und mehr noch in der westlichen Moderne kam er zu einer teilweisen Enttotemisierung der Institutionen. Die Zähmung der Triebe im Zuge der Sozialisierung hat stets und überall stattgefunden, ohne sie gäbe es keine Gesellschaften. Die Frage lautet: Wie weit kann sie gehen? Das vielleicht schwerwiegendste Problem stellt die mögliche Überwindung narzisstischer Stammesidentifikationen dar. Mit seiner Beschwörung des Logos überschätzt Freud die „rationale" Dimension menschlicher Existenz und verkennt den Zerfall des gesellschaftlichen Imaginären in viele konkurrierende Imaginäre. Freud fasst explizit die Möglichkeit einer Verschmelzung der menschlichen Kulturen zu einer Menschheitskultur ins Auge. Hier tut sich folglich ein Widerspruch auf: während es anscheinend unmöglich ist, sich irgendeine Kultur vorzustellen, die nicht hochgradig spezifisch wäre, ist eine Menschheitskultur nur als universelle denkbar. Dieser Widerspruch ist gewiss kein absoluter und man könnte ihn sogar als spekulativ bezeichnen. Doch der schale und hohle Eklektizismus der „universellen" westlichen Kultur von heute verpflichtet uns zu größerer Vorsicht.

Doch ungeachtet dessen, dass die überwältigende Mehrheit der heutigen Analytiker in politischem Nihilismus verharrt, dürfte sich eine psychoanalytische Haltung nicht mit diesem Gleichgewicht gegensätzlicher Diskurse abfinden, weil sie der Frage nach Ziel und Zweck der analytischen Tätigkeit nicht ausweichen kann. Freud hat sich dieser Frage mehrfach gestellt und seine markantesten Formulierungen („die Fähigkeit zu arbeiten und zu lieben wiederherstellen", „Wo Es war, soll Ich werden") definieren das Ziel der Psychoanalyse eindeutig als Entwurf einer subjektiven Autonomie, die sich in der Fähigkeit äußert, unbewusste Triebe offen zu legen und eine reflektierende und überlegende Instanz zu stärken, die Freud das Ich nennt. Doch das Subjekt ist keine Insel, und seine Bildung hängt weitgehend von seiner Sozialisation durch die Institutionen ab. Das psychoanalytische Projekt beinhaltet folglich, wenn es denn auf Zustimmung stößt, die Einführung einer Norm, an der sich die Institutionen messen lassen müssen: nämlich, ob sie den Subjekten die Erlangung ihrer Autonomie erleichtern oder erschweren, und ob sie fähig oder nicht fähig sind, diese individuelle Autonomie mit der des Kollektivs zu versöhnen.

* * *

Bibliographischer Wegweiser:

Vorgeschichte der Psychoanalyse: Henry F. Ellenberger, *Die Entdekkung des Unbewußten*, 2 Bde., Bern 1973.

Eine ausgezeichnete Gesamteinführung in französischer Sprache: Marthe Robert, *La Révolution psychanalytique*, 2 Bde., Paris 1964 [dt.: *Die Revolution der Psychoanalyse*, Frankfurt am Main 1967].

Die klassische Freud-Biographie ist: Ernest Jones, *Das Leben und Werk von Sigmund Freud*, 3 Bde., Bern 1960-1962.

In jüngerer Zeit Peter Gay, *Freud. Eine Biographie für unsere Zeit*, Frankfurt am Main 1989.

Ein Klassiker und sehr nützlich ist: *Das Vokabular der Psychoanalyse* von Jean Laplanche und J.-B. Pontalis, Frankfurt am Main 1972.

Freuds gesammelte psychoanalytische Werke auf Deutsch:
Gesammelte Werke (= G.W.), 18 Bde., Frankfurt am Main 1946-1968 [Taschenbuchausgabe: Frankfurt am Main 1999]. Auf Englisch: *The Standard Edition of the Complete Psychological Works of Sigmund Freud* (= S.E.), 24 Bde., London 1953-1974.

Im Text zitierte Schriften Freuds:
Freud (1900), *Die Traumdeutung*, G.W. II-III, S.E. IV-V.
Freud (1913a), *Totem und Tabu*, G.W. IX, S.E. XIII.
Freud (1913b), „Das Interesse an der Psychoanalyse", G.W. VIII, S.E. XIII.
Freud (1915a), „Triebe und Triebschicksale", G.W. X, S.E. XIV
Freud (1915b), „Zeitgemäßes über Krieg und Tod", G.W. X, S.E. XIV
Freud (1916-1917), *Vorlesungen zur Einführung in die Psychoanalyse*, G.W. XI, S.E. XV-XVI.
Freud (1920), *Jenseits des Lustprinzips*, G.W. XIII, S.E. XVIII.
Freud (1921), *Massenpsychologie und Ich-Analyse*, G.W. XIII, S.E. XVIII.
Freud (1923), *Das Ich und dass Es*, G.W. XIII, S.E. XIX.
Freud (1925), „Einige psychische Folgen des anatomischen Geschlechtsunterschieds", G.W. XIV, S.E. XIX.
Freud (1927), *Die Zukunft einer Illusion*, G.W. XIV, S.E. XXI.
Freud (1930), *Das Unbehagen in der Kultur*, G.W. XIV, S.E. XXI.
Freud (1933a), *Neue Folge der Vorlesungen zur Einführung in die* Psychoanalyse, G.W. XV, S.E. XXII.
Freud (1933b), „Warum Krieg?", G.W. XVI, S.E. XXII.
Freud (1939), *Der Mann Moses und die monotheistische Religion*, G.W. XVI, S.E. XXIII.
Eine annähernd vollständige Liste von Freuds Schriften zur Sozialanthropologie, Mythologie und Religion findet sich in S.E. XIII, S. 167.

Weitere im Text zitierte Autoren:
Atkinson, James Jasper (1903), *Primal Law*, in Lang, Andrew, *Social Origins*, London, New York, Bombay 1903.
Castoriadis, Cornelius (1988), „Macht, Politik, Autonomie", in *Autonomie oder Barbarei*, Lich 2006.
Darwin, Charles (1871), *Die Abstammung des Menschen und die geschlechtliche Zuchtwahl*, 2 Bde., Stuttgart 1871.
Lévi-Strauss, Claude (1962), *Das Ende des Totemismus*, Frankfurt am Main 1965.

Marcuse, Herbert (1955), *Eros und Kultur. Ein philosophischer Beitrag zu Sigmund Freud*, Stuttgart 1955.
Marcuse, Herbert (1968), *Psychoanalyse und Politik*, Frankfurt am Main 1968.
Smith, William Robertson (1894), *Lectures on the Religion of the Semites*, London.

Die soziologische und kulturalistische Kritik setzt ein mit:
Alfred L. Kroeber, „Totem and Tabu, an Ethnologic Psychoanalysis", *American Anthropologist*, 22, 1920, S. 48-55. Erste psychoanalytische Antwort: Ernest Jones, „Das Mutterrecht und die sexuelle Unwissenheit der Wilden", *Imago. Zeitschrift für Anwendung der Psychoanalyse auf die Natur- und Geisteswissenschaften*, Bd. 13, Heft 2-4 (1927), S. 199-222. Sie werden vervollständigt durch: Bronislaw Malinowski (1927), *Geschlechtstrieb und Verdrängung bei den Primitiven*, Reinbek bei Hamburg 1962.
Kardiner, Abram (1939), *The Individual and his Society*, New York.
Linton, Ralph (1945), *Gesellschaft, Kultur und Individuum*, Frankfurt am Main 1974.
Mead, Margaret (1949), *Mann und Weib: das Verhältnis der Geschlechter in einer sich wandelnden Welt*, Stuttgart 1955.

Die orthodoxe psychoanalytische Antwort findet sich in den Arbeiten von Géza Róheim, insbesondere:
Róheim, Géza (1950), *Psychoanalyse und Anthropologie. Drei Studien über die Kultur und das Unbewußte*, Frankfurt am Main 1977.

Über die Frankfurter Schule und die Psychoanalyse:
Adorno, Theodor W. (1950), *The Authoritarian Personality*, New York.
Jay, Martin (1973), *Dialektische Phantasie: die Geschichte der Frankfurter Schule und des Instituts für Sozialforschung 1923 – 1950*, Frankfurt am Main 1976.

Die feministische Strömung:
Chodorow, Nancy (1978), *Das Erbe der Mütter*, München 1985.
Mitchell, Juliet (1974), *Psychoanalyse und Feminismus*, Frankfurt am Main 1976.

Die Gegenwart:
Bocock, Robert (1976), *Freud and Modern Society*, Sunbury-on-Thames.

Lasch, Christopher (1979), *Das Zeitalter des Narzißmus*, München 1980.
Lasch, Christopher (1984), *The Minimal Self: Psychic Survival in Troubled Times*, New York.
Mitscherlich, Alexander (1963), *Auf dem Weg zur vaterlosen Gesellschaft. Ideen zur Sozialpsychologie*, München.

Weitere Werke:
Bastide, Roger (1950), *Sociologie et psychanalyse*, Paris.
Castoriadis, Cornelius (1975), *Gesellschaft als imaginäre Institution*, Kap. VI, Frankfurt am Main 1984.
Castoriadis, Cornelius (1978), *Durchs Labyrinth*, Erster Teil („Psyche"), Frankfurt am Main 1981.
Reich, Wilhelm (1927), *Die Funktion des Orgasmus*, Leipzig/Wien/Zürich.
Ricœur, Paul (1965), *Die Interpretation*, Frankfurt am Main 1969.
Rieff, Philip (1979), *Freud. The Mind of the Moralist*, Chicago.

Anmerkungen

*) [„Freud, la société, l'histoire", in: Cornelius Castoriadis, *La montée de l'insignifiance. Les carrefours du labyrinthe IV*, Paris 1996, S. 140-155.] Verfasst [unter dem Titel „Psychanalyse"] für das *Dictionnaire de philosophie politique*, hrsgg. v. Philippe Raynaud und Stéphane Rials, Paris 1996, S. 518-523.

1) Zu dieser Unterscheidung siehe meinen Text „Pouvoir, politique, autonomie", in: Cornelius Castoriadis, *Le Monde morcelé (Les carrefours du labyrinthe III)*, Paris 1990, S. 113-139 [dt.: „Macht, Politik, Autonomie" in Cornelius Castoriadis, *Autonomie oder Barbarei. Ausgewählte Schriften 1*, Lich 2006, S. 135-167].

2) Vollständige bibliographische Angaben zu den von ihm zitierten Titeln hat der Autor in einem „bibliographischen Wegweiser" am Ende seines Textes (vor den Anmerkungen) zusammengefasst [AdH].

3) Wörtlich heißt es bei Freud: „Vielleicht hatte ein Kulturfortschritt, die Handhabung einer neuen Waffe, ihnen das Gefühl der Überlegenheit gegeben." (*Totem und Tabu*, G.W. IX, S. 171) [AdH].

4) Panmixie: Zufallspaarung, d.h. die Fortpflanzung ist prinzipiell durch keinen Selektionsmechanismus (wie ihn das Inzestverbot darstellt) beschränkt [AdH].

5) „Das Objekt des Triebes ist ... das variabelste am Triebe, nicht ursprünglich mit ihm verknüpft, sondern ihm nur infolge seiner Eignung zur Ermöglichung der Befriedigung zugeordnet. ... Es kann im Laufe der Lebensschicksale des Triebes beliebig oft gewechselt werden." („Triebe und Triebschicksale", G.W. X, S. 209-232, dort S. 215) [AdH].

6) Carl Abel (1837-1906), *Über den Gegensinn der Urworte*, Leipzig 1884; vgl. Sigmund Freud, „Über den Gegensinn der Urworte", G.W. VIII, S. 214-221 [AdH].

7) Vgl. Cornelius Castoriadis, *Gesellschaft als imaginäre Institution*, Frankfurt am Main 1984, S. 259 („Das Auftreten der antagonistischen Klassenteilung der Gesellschaft" bleibt ein „von dichtem Nebel umhülltes Rätsel.") [AdH].

8) „Wir heißen also einen Glauben eine Illusion, wenn sich in seiner Motivierung die Wunscherfüllung vordrängt." (*Die Zukunft einer Illusion*, G.W. XIV, S. 354) [AdH].

9) Wörtlich: „die Natur zu vermenschlichen", ebd. S. 338 [AdH].

10) Ebd., S. 373 [AdH].

11) *Das Unbehagen in der Kultur*, G.W. XIV, S. 505 [AdH].

12) „[D]er Infantilismus ist dazu bestimmt, überwunden zu werden", *Die Zukunft einer Illusion*, G.W. XIV, S. 373 [AdH].

13) Ebd., S. 378 [AdH].

14) Vgl. *Das Unbehagen...*, a.a.O., S. 473-474.

Psychoanalyse und Politik*

Die Diskussionen über das Verhältnis von Psychoanalyse und Politik haben sich zumeist einseitig auf verstreute Äußerungen Freuds oder seine Ein- und Auslassungen zu sozial- und geschichtsphilosophischen Themen (*Unbehagen in der Kultur, Zukunft einer Illusion, Moses*) konzentriert.[1] Die Rückschlüsse, die man aus diesen Schriften auf die Bedeutung der Psychoanalyse für das Projekt einer gesellschaftlichen und politischen Transformation zog, waren fast durchweg „pessimistisch", wenn nicht „reaktionär". Sofern die Psychoanalytiker selbst eine Meinung zu diesen Fragen äußern – was selten genug geschieht –, legen sie eine verdächtig bequeme Bereitschaft an den Tag, sich mit solchen „Rückschlüssen" zu begnügen. Damit es überhaupt dazu kommen konnte, mussten andere Werke (z.B. *Totem und Tabu*[2]) und Formulierungen Freuds, auf die ich an anderer Stelle hingewiesen habe[3], vernachlässigt oder stillschweigend übergangen werden. Viel schwerwiegender jedoch ist die Tatsache, dass dadurch Fragen von grundlegender Relevanz und größerer Wichtigkeit als die „Meinungen" Freuds ausgeklammert wurden. Welchen Stellenwert hat die Psychoanalyse an sich, als Theorie und Praxis? Was sind ihre Implikationen, die Freud mit Sicherheit nicht alle selbst schon untersucht hat? Hat sie nichts mit der westlichen Emanzipationsbewegung zu tun? Hat ihr Bemühen um ein Verständnis des Unbewussten und die Verwandlung des menschlichen Subjekts keinerlei Beziehung zur Frage der Freiheit und den Fragestellungen der Philosophie? Wäre die Psychoanalyse außerhalb der in Europa geschaffenen gesellschaftlich-geschichtlichen Voraussetzungen überhaupt möglich gewesen? Erfahren wir aus dem Verständnis des Unbewussten nichts über die Sozialisation des Individuums und folglich über die gesellschaftlichen Institutionen? Warum sollte die praktische Perspektive, die die Psychoanalyse in Bezug auf das Individuum einnimmt, automatisch wertlos sein, wenn man das Kollektiv betrachtet? Wir müssen leider feststellen, dass solche Fragen nur sehr selten und nie in befriedigender Weise gestellt werden. Das Folgende ist eine Zusammenfassung und Erweiterung der Schlussfolgerungen, zu denen ich in fünfundzwanzig Jahren Arbeit gelangt bin.[4]

Ich beginne mit einer Bemerkung Freuds, aus der nach meiner Meinung eine tiefe Wahrheit spricht. An zwei Stellen bezeichnete er die Psychoanalyse, die Pädagogik und die Politik als die drei unmöglichen Berufe.[5] Warum sie unmöglich sein sollen, erklärte er nicht. Der Begriff muss zugleich wörtlich und *cum grano salis* genommen werden, denn schließlich war Freud ja der Begründer der Psychoanalyse und praktizierte sie auch. Es lohnt sich, über seinen Gebrauch dieses Wortes, *unmöglich*, nachzudenken. Er sagte nicht, dass diese Berufe äußerst schwierig seien – wie z.B. der eines Gehirnchirurgen, Konzertpianisten oder Bergführers. Und ebenso wenig sind sie schon deshalb unmöglich, weil sie mit dem widerspenstigsten aller Gegenstände, dem Menschen, zu tun haben. Generäle, Verkäufer und Prostituierte arbeiten mit dem gleichen „Material", ohne dass wir ihre Berufe als unmöglich bezeichnen würden.

Er scheint immerhin einen triftigen Grund zu geben, warum zumindest die Psychoanalyse und die Pädagogik ein nahezu unmögliches Unterfangen sind: Beide zielen darauf ab, den Menschen zu verändern. Doch so einfach ist die Sache nicht. Ein behavioristischer (eigentlich pawlowianischer) Psychiater, ein „Pädagoge" wie der Vater des Präsidenten Schreber[6], die Wächter eines NS-Konzentrationslagers oder eines stalinistischen Gulags, die Agenten von *Minilove* und O'Brien selbst (in Orwells *1984*), sie alle arbeiten an der Veränderung der Menschen – und häufig mit Erfolg.

Doch in all diesen Fällen wird das Ziel der Aktivität im Geist des Agenten bereits vollständig vorweggenommen: es geht darum, im Geist und in der Seele des „Patienten" jegliche Spur eines eigenen Denkens oder Wollens zu beseitigen. Die Mittel, die er verwendet, stehen ebenso fest wie die Tatsache, dass er über sie und den Gesamtprozess (vermeintlich) die totale Kontrolle ausübt. (Dass er dabei auch scheitern kann und die Gründe dieses Scheiterns keineswegs dem Zufall entspringen, steht auf einem anderen Blatt.) Unter den gegebenen Voraussetzungen, einschließlich des Wissens, über das er verfügt, sowie nach Maßgabe seiner Ziele und dessen, was er über den Patienten weiß oder zu wissen glaubt, handelt der Agent (vermeintlich) auf die rational effizienteste Weise. Sein Wissen kann natürlich auch gewisse tiefenpsychologische Erkenntnisse beinhalten – wie Bruno Bettelheim in seiner Analyse der Behandlungsmethoden von Gefangenen in Nazi-Lagern gezeigt hat: Diese zielten darauf ab, das Selbstbild und die identifikatorischen Orientierungen des Gefangenen zu zerstören.[7] Schon vor und unabhängig von Bettelheim hatte Orwell in *1984* diese Mechanismen klar und deutlich beschrieben. Auch aufgrund solcher Überlegungen spreche ich in Bezug aufs Freuds Satz von *Politik* und nicht von *Regierung*: das „Regieren" von Menschen, ob durch Terror oder dezente Manipulation, kann durch eine rationale Technik bewerkstelligt werden, bzw., nach dem Ausdruck Max Webers, durch instrumentelles, zweck- oder vielmehr mittelrationales Handeln.

Betrachten wir hingegen die Psychoanalyse, so trifft keine dieser Beschreibungen auf sie zu. Die Diskussionen über Sinn und Zweck oder das Ende der Analyse sind so offen, dass das Ziel, das der Analytiker zu erreichen versucht, nicht ohne Weiteres in bestimmten und konkreten Begriffen definierbar ist. O'Brien erreicht sein Ziel, wenn Winston Smith nicht nur alles gesteht, was man von ihm verlangt, sondern aus eigenem Antrieb seine aufrichtige Liebe zum Großen Bruder bekennt. Es handelt sich um einen subjektiven Zustand (des Patienten), den man eindeutig definieren und beschreiben kann. Nichts dergleichen lässt sich über das Ziel der Analyse sagen. (Ich spreche hier von dem, was ich den vollen – nicht den „idealen" – analytischen Prozess nennen möchte. Natürlich können die besonderen Umstände des Falles den Analytiker dazu zwingen, seine Ansprüche zurückzuschrauben. Doch selbst dann wäre er nicht in der Lage, im Voraus festzulegen, worauf er zusteuern und wie weit er gehen will.) Bekanntlich ist Freud mehrfach auf die Frage nach Ziel und Zweck der Analyse zurückgekommen und hat sie auf verschiedene und offenkundig unterschiedliche Weise beantwortet. Ich konzentriere mich hier auf eine der letzten Definitionen, weil ich sie für die umfassendste, prägnanteste und zugleich gewagteste halte. Es handelt sich um das berühmte *Wo Es war, soll Ich werden*. Ich habe diese Formulierung bereits anderswo ausführlich erläutert und kommentiert[8], sodass ich mich hier auf eine Zusammenfassung meiner Schlussfolgerungen beschränken kann. Wenn wir – wie es der unmittelbare Textzusammenhang bei Freud leider nahezulegen scheint –die Aussage dieses Satzes verstehen als: Das Es soll durch das Ich beseitigt oder erobert werden, trockengelegt und urbar gemacht wie die Zuydersee, würden wir uns ein zugleich unerreichbares und ungeheuerliches Ziel setzen.[9] Unerreichbar, weil kein menschliches Wesen existieren kann, bei dem das Unbewusste vollkommen durch das Bewusste absorbiert wäre, dessen Triebe unter totaler Kontrolle des rationalen Denkens stünden, das aufgehört hätte zu phantasieren und zu träumen. Ungeheuerlich, weil wir bei Erreichen dieses Zustandes abgetötet hätten, was uns zu menschlichen Wesen macht, und das ist nicht die Rationalität, sondern das ständige, unkontrollierte und unkontrollierbare Auftauchen unserer schöpferischen radikalen Imagination im und durch den Strom der Vorstellungen, Affekte und Wünsche. Eines der Ziele der Analyse besteht vielmehr darin, diesen Strom davor zu bewahren, durch ein Ich verdrängt zu werden, das für gewöhnlich ein rigides, durch und durch gesellschaftliches Konstrukt ist. Deshalb schlage ich vor, die Freud'sche Formulierung durch: *Wo Ich bin, soll auch Es auftauchen*, zu vervollständigen.

Das Ziel der Analyse ist nicht, eine psychische Instanz zugunsten einer anderen zu beseitigen, sondern das Verhältnis zwischen den Instanzen zu verändern. Dafür muss eine dieser Instanzen grundlegend verändert werden: Das Ich oder das Bewusste. Das *Ich* verändert sich, wenn es die Inhalte des Unbewussten aufnimmt und zulässt, wenn es sie reflektiert und lernt, hellsichtig zwischen den Impulsen und Ideen zu wählen, die es in die Tat umsetzen möchte. Mit anderen Worten, das Ich muss zur selbstreflexiven, willens- und überlegungsfähigen Subjektivität werden. Das Ziel der Analyse ist nicht, den Stand der Heiligkeit zu erreichen; wie Kant schon sagte, niemand ist je ein Heiliger.[10] Das ist ein entscheidender Punkt: Die Analyse steht in einem expliziten Gegensatz zu allen Ethiken, die auf einer Verdammung des Begehrens und folglich dem Gedanken der Schuld basieren. Ich habe das Verlangen, Sie zu töten – oder zu vergewaltigen –, aber ich tue es nicht. Man vergleiche dazu Matthäus 5: 27-28: „Wie ihr wißt, heißt es im Gesetz: ‚Du sollst nicht die Ehe brechen!' Ich sage euch aber: Schon wer eine Frau mit begehrlichen Blicken ansieht, der hat im Herzen mit ihr die Ehe gebrochen". Wie könnte die Analyse jemals das grundlegende Faktum vergessen, das sie überhaupt erst begründet, nämlich dass wir unser Leben damit beginnen, eine Frau mit begehrlichen Blicken anzusehen (gleich, welchen Geschlechts wir sind), dass dieses Verlangen niemals beseitigt werden kann und, wichtiger noch, dass wir ohne dieses Verlangen niemals zu menschlichen Wesen würden, ja, nicht einmal überleben könnten?

Ich sprach über das veränderte Verhältnis zwischen psychischen Instanzen. Man kann es mit den Worten beschreiben, dass an die Stelle der Verdrängung die Anerkennung und Reflexion unbewusster Inhalte tritt, während die Hemmung, Vermeidung oder Zwangshandlung der hellsichtigen Überlegung weicht. Die Bedeutung dieses Wandels liegt nicht in der Beseitigung des psychischen Konflikts; niemand hat uns je garantiert, dass wir Anspruch auf ein konfliktfreies Seelenleben haben. Sie liegt vielmehr in der Herausbildung einer reflektierenden und überlegenden Subjektivität, die keine pseudorationale, gesellschaftskonforme Maschine mehr ist, sondern die radikale Imagination im Innersten der Psyche anerkannt und freigesetzt hat.

Ich übersetze das *werden** in der Freud'schen Formulierung durch *devenir* (was die exakte Bedeutung ist), nicht durch „être" (sein) oder gar „advenir" (geschehen), denn die Subjektivität, die ich zu beschreiben versuche, ist wesentlich Prozess, kein ein für alle Mal erreichter Zustand. Deshalb sage ich auch, dass wir das Ziel der Analyse erhellen, aber nicht genau definieren können. Was ich Autonomieentwurf nenne, besteht auf der Ebene des menschlichen Einzelwesens darin, das Subjekt dahingehend zu verändern, dass es in diesen Prozess eintreten kann. Das Ziel der Psychoanalyse und der Autonomieentwurf sind wesensgleich.

Dieses Ziel ist nicht erreichbar, nicht einmal annähernd, ohne die Selbsttätigkeit des Patienten: Erinnern, Wiederholen, *Durcharbeiten**.[11] Der Patient ist der Hauptagent der psychoanalytischen Prozesses.

Die Mittel sind hier nicht von den Zwecken getrennt. Die verschiedenen Aspekte der analytischen Situation (liegende Position, Sitzungen von fester Dauer usw.) sind nicht deren Mittel, sondern die Voraussetzungen, unter denen sich der Prozess entfalten kann. Der Prozess selbst ist insofern analytisch, als er immer schon Mittel und Zweck zugleich ist. Die freien Assoziationen des Patienten etwa sind kein Mittel; indem sie sich entfalten, zeigen und verwirklichen sie bereits die Entwicklung seiner Fähigkeit, seinem Vorstellungsstrom freien Lauf zu lassen und damit auch, seine Affekte und Wünsche anzuerkennen. Und der Assoziationsstrom, punktuell unterstützt durch die Interpretationen des Analytikers, bringt die Reflexionstätigkeit des Patienten in Gang; er reflektiert und reflektiert sich selbst, kommt auf das Material zurück, revidiert oder bestätigt es.

Die Psychoanalyse ist somit keine Technik, und es ist nicht einmal zutreffend, von psychoanalytischer Technik zu sprechen. Die Psychoanalyse ist eine praktisch-poietische Tätigkeit, bei der beide Beteiligte Handelnde sind. Der Patient ist der Hauptverantwortliche für die Entwicklung seiner Selbsttätigkeit. Ich nenne sie poietisch, weil sie schöpferisch ist: ihr Ausgang ist die Selbstveränderung des Analysanden (oder sollte es sein), das heißt, streng genommen, das Auftauchen eines anderen Seins. Ich nenne sie praktisch, weil Praxis für mich das hellsichtige Tun ist, das auf menschliche Autonomie abzielt, und dessen einziges „Mittel", dieses Ziel zu erreichen, diese Autonomie selbst ist.

So gesehen, ist die Situation der Pädagogik ganz ähnlich. Die Pädagogik beginnt im Alter von null Jahren und niemand weiß, wann sie endet. Ziel der Pädagogik ist – und ich spreche hier natürlich von einem normativen Standpunkt aus –, dem Neugeborenen, diesem *hopeful* und *dreadful monster*[12], dabei zu helfen, ein menschliches Wesen zu werden. Mit anderen Worten, die *paideia* ist bestrebt, dieses Bündel aus Triebimpulsen und Phantasien zu einem *anthropos* zu machen. Ich verwende hier den Begriff menschliches Wesen oder *anthropos* zur Bezeichnung eines autonomen Wesens im oben erwähnten Sinne. Man könnte auch, sich an Aristoteles erinnernd, von einem Wesen sprechen, das fähig ist, zu regieren und regiert zu werden.

Die Pädagogik muss jederzeit die Selbsttätigkeit des Subjekts fördern, indem sie, sozusagen, auf diese Selbsttätigkeit selbst zurückgreift. Sie soll nicht bestimmte Dinge lehren, sondern die Lernfähigkeit des Subjekts entwickeln – seine Fähigkeit, das Lernen zu lernen, das Entdecken zu lernen, das Erfinden zu lernen. Das kann sie selbstredend nur, wenn sie bestimmte Dinge lehrt – auch eine Analyse macht keine Fortschritte ohne die Interpretationen des Analytikers. Doch genau wie diese Interpretationen muss der Lernstoff als Ausgangspunkt betrachtet werden, nicht nur, um die Aufnahme weiteren Lernstoffs zu ermöglichen, sondern, um die Fähigkeiten des Lernens, Entdeckens, Erfindens im Kind zu entwickeln. Die Pädagogik kommt nicht umhin, auch zu *lehren* – diesbezüglich sind manche Auswüchse moderner Pädagogik abzulehnen. Doch an zwei Grundsätzen ist unbedingt festzuhalten:

- jeder Erziehungsprozess, der nicht darauf abzielt, auf Seiten des Schülers ein Maximum an Selbsttätigkeit zu entwickeln, ist schlecht;
- jedes Bildungssystem, das nicht imstande ist, auf die mögliche Frage der Schüler: Wozu müssen wir das lernen?, eine vernünftige Antwort zu geben, ist mangelhaft.

Ich will hier nicht auf das Verhältnis von Psychoanalyse und Pädagogik eingehen, ein viel zu weites Feld. Doch es gilt, zumindest ein Missverständnis auszuräumen. Die Psychoanalyse unterstellt nicht die Existenz eines an sich „guten" Menschen und sie glaubt auch nicht – wie Reich, Marcuse und manche französischen Ideologen des „Begehrens" –, dass es genügt, den Wünschen und Trieben freien Lauf zu lassen, um zu allgemeiner Glückseligkeit zu gelangen. Wir würden in diesem Fall eher bei allgemeinem Mord und Totschlag landen. Die Psychoanalyse weiß – genauso wie der gesunde Menschenverstand und die Denker von Platon und Aristoteles bis Diderot –, dass ein erwachsener Mensch zwangsläufig eine Vielzahl äußerer Zwänge verinnerlicht hat, die zu einem festen Bestandteil seiner Psyche geworden sind. Aus Sicht der Psychoanalyse hat ein solcher Mensch auf Allmacht verzichtet, hat akzeptiert, dass die Worte nicht bedeuten, was er möchte, dass sie bedeuten, hat die Existenz anderer Menschen anerkannt, deren Wünsche meist nicht seinen eigenen entsprechen, und so weiter. Aus gesellschaftlich-geschichtlicher Sicht hat dieser Mensch praktisch die gesamte bestehende Institution der Gesellschaft verinnerlicht, insbesondere die imaginären Bedeutungen, die in jeder bestimmten Gesellschaft die menschliche und die nichtmenschliche Welt organisieren und ihnen einen Sinn geben.

Somit ist die Pädagogik, aus Sicht der Psychoanalyse, der Erziehungsprozess, oder sollte es sein, der das Neugeborene in den oben beschriebenen Zustand versetzt, bei minimaler Beeinträchtigung seiner radikalen Imagination und maximaler Entwicklung seiner Reflexivität. Aus gesellschaftlich-geschichtlicher Sicht hingegen muss die Pädagogik ihr Subjekt dahingehend erziehen, dass es die bestehenden Institutionen, gleich welcher Art, verinnerlicht, was über bloße Akzeptanz weit hinausgeht. Wir stehen hier offenkundig vor einem Widerspruch und einer tiefgründigen und schwierigen Frage. Das führt uns zur Politik und zum Autonomieentwurf als notwendig gesellschaftlichem und nicht bloß individuellem Projekt.

Bevor wir zu diesem Thema kommen, eine abschließende Bemerkung zum Freud'schen Begriff des Unmöglichen, mit dem wir begonnen haben. Die Unmöglichkeit der Psychoanalyse und der Pädagogik besteht darin, dass sich beide auf eine noch nicht vorhandene Autonomie beziehen müssen, um die Autonomie des Subjekts allererst zu begründen. Aus Sicht der herkömmlichen Logik, sprich: der Mengen- und Identitätslogik, kommt das einer logischen Unmöglichkeit gleich. Überdies scheint, besonders im Fall der Pädagogik, die Unmöglichkeit auch in dem Versuch zu bestehen, autonome Männer und Frauen in einer heteronomen Gesellschaft zu erschaffen und, mehr noch, in dem scheinbar unauflöslichen Paradox, den Menschen zur Autonomie zu verhelfen, während – oder obwohl – sie gleichzeitig die bestehenden Institutionen verinnerlichen und assimilieren.

Die Lösung dieses Rätsels ist die „unmögliche" Aufgabe der Politik – und unmöglich ist sie umso mehr, als auch die Politik sich auf eine noch nicht vorhandene Autonomie beziehen muss, um Autonomie entstehen zu lassen. Diesem Thema wollen wir uns nun zuwenden.

Die Psychoanalyse bezweckt, dem Individuum zum Autonomwerden zu verhelfen: es zu selbstreflexivem und überlegtem Tun zu befähigen. In dieser Hinsicht gehört sie voll und ganz zu der großen gesellschaftlich-geschichtlichen Strömung, die sich in den Kämpfen für die Autonomie äußert, zu dem emanzipatorischen Projekt, das auch Demokratie und Philosophie umfasst. Doch, wie bereits erwähnt, muss sie sich, ebenso wie die Pädagogik, stets der Frage nach den bestehenden Institutionen der Gesellschaft stellen. Im Fall der Pädagogik ist das unmittelbar einsichtig. Im Fall der Psychoanalyse nimmt die Konfrontation mit der bestehenden Institution die Form einer Begegnung mit dem konkreten Ich des Patienten an. Dieses Ich ist zu überwiegenden Teilen ein gesellschaftliches Konstrukt: es ist darauf ausgelegt, innerhalb einer bestimmten gesellschaftlichen Umgebung zu funktionieren und diese Umgebung – d.h. die bestehenden Institutionen – zu erhalten, fortzuführen und zu reproduzieren. Deren Selbsterhaltung ist also weniger eine Sache von Gewalt und offenem Zwang als von Verinnerlichung durch die von ihnen produzierten Individuen.

Die Institutionen und die gesellschaftlichen imaginären Bedeutungen sind Schöpfungen des radikalen Imaginären, des gesellschaftlich instituierenden Imaginären, sowie der schöpferischen Fähigkeit des anonymen Kollektivs, die zum Beispiel in der und durch die Schöpfung von Sprache, Familienformen, Sitten und Gebräuchen, Ideen usw. deutlich zum Ausdruck kommt. Das Kollektiv kann nur als instituiertes existieren. Diese Institutionen sind jeweils ihre eigene Schöpfung, doch einmal geschaffen erscheinen sie dem Kollektiv fast stets als vorgegeben (von Ahnen, Göttern, Gott, der Natur, der Vernunft, den Gesetzen der Geschichte, den Mechanismen der Konkurrenz, usw.). Sie werden starr, unveränderlich und unantastbar. Institutionen enthalten stets einen zentralen, starken und effektiven Drang zur Selbstverewigung (und die dafür notwendigen Instrumente) – in der Psychoanalyse würde man von Wiederholungszwang sprechen. Das wichtigste dieser Instrumente ist, wie bereits erwähnt, die Herstellung konformer Individuen. Einen solchen Gesellschaftszustand bezeichne ich als Heteronomie; *heteros*, der Andere, der das Gesetz auferlegt, ist niemand anderes als die instituierende Gesellschaft selbst, die diese Tatsache, aus sehr schwerwiegenden Gründen, vor sich selbst verbergen muss. Ich bezeichne eine Gesellschaft als autonom, die nicht nur mit Bestimmtheit weiß, dass sie ihre eigenen Gesetze erschaffen, sondern sich auch in dem Sinne selbst instituiert hat, dass sie ihr radikales Imaginäres freisetzt und sich befähigt, ihre Institutionen durch kollektives, reflexives und überlegtes Tun zu verändern. Und als Politik bezeichne ich das hellsichtige Tun, dessen Gegenstand die Institution einer autonomen

Gesellschaft und die Entscheidungen über kollektive Vorhaben sind. Es ist unmittelbar einleuchtend, dass das Projekt einer autonomen Gesellschaft jeden Sinn verliert, wenn es nicht zugleich das Projekt zur Hervorbringung autonomer Individuen ist – und umgekehrt.

Es gibt in der Tat eine aufschlussreiche Analogie (sicherlich keine Identität oder „Strukturhomologie") zwischen den Fragen und Aufgaben, vor denen der Autonomieentwurf auf individueller und auf kollektiver Ebene steht. Im Fall der Heteronomie entspricht die rigide Struktur der Institution und die Ausblendung des radikalen, instituierenden Imaginären der Starrheit des gesellschaftlich produzierten Individuums und der Verdrängung der radikalen Imagination der Psyche. Aus Sicht des Autonomieentwurfs haben wir die Ziele von Psychoanalyse und Pädagogik definiert als, erstens, die Herausbildung eines anderen Beziehungstyps zwischen dem reflexiven Subjekt – dem Denk- und Willenssubjekt – und seinem Unbewussten, d.h. seiner radikalen Imagination und, zweitens, die Freisetzung seiner Fähigkeit, Dinge zu tun und sein Leben als offenes Projekt zu entwerfen und daran zu arbeiten. Wir können auf ähnliche Weise das Ziel der Politik definieren als, erstens, die Herausbildung eines anderen Beziehungstyps zwischen der instituierenden und der instituierten Gesellschaft, zwischen den jeweils bestehenden Gesetzen und den Überlegungen und Beratungen des Gemeinwesens und, zweitens, die Freisetzung kollektiver Kreativität, um den Entwurf kollektiver Projekte für Gemeinschaftsunternehmen und die Arbeit an ihnen zu ermöglichen. Und wir können als wesentliches Bindeglied zwischen beiden die Pädagogik, die Erziehung, die *paideia* benennen: denn wie sollte es ein reflektierendes Kollektiv ohne reflektierende Individuen geben? Eine autonome Gesellschaft, als sich selbst instituierendes und regierendes Kollektiv, setzt auf Seiten aller ihrer Angehörigen die Entfaltung der Fähigkeit voraus, an ihren Überlegungen und Beratungen teilzunehmen. Demokratie im umfassenden Sinne kann definiert werden als das Regime kollektiver Reflexivität; alles Weitere ergibt sich nachweislich aus dieser Definition. Und die Demokratie kann auch nicht ohne demokratische Individuen existieren – und umgekehrt. Auch das ist einer der paradoxen Aspekte der „Unmöglichkeit" von Politik.

Noch deutlicher nachweisbar ist der enge Zusammenhang zwischen gesellschaftlicher und individueller Dimension des Autonomieentwurfs, wenn man Folgendes bedenkt: Die Sozialisation, ja, das bloße Überleben der Psyche hängt davon ab, dass sie die Unerfüllbarkeit ihrer basalen, primären Wünsche erkennt und akzeptiert. In heteronomen Gesellschaften ist das immer schon der Fall, und zwar nicht, indem man einfach Taten, sondern vor allem das Denken verbietet, den Vorstellungsstrom blockiert, die radikale Imagination zum Schweigen bringt. Als würde die Gesellschaft die Strategien des Unbewussten gegen dieses selbst wenden. Der Allmacht des unbewussten Denkens begegnet sie mit dem Versuch, dieses Denken, und letztlich das Denken überhaupt, zu vollkommener Ohnmacht zu verdammen, als einzige Möglichkeit, das Handeln zu begrenzen. Das Denken zu verbieten, erwies sich somit als einziger Weg, das Handeln zu unterbinden. Das geht weit über Freuds „strenges und grausames Über-Ich" hinaus.[13] Wie die Geschichte zeigt, hat es zu einer Verstümmelung der radikalen Imagination der Psyche geführt. Wir wollen autonome Individuen, d.h. solche, die zur Selbstreflexion fähig sind. Und wenn wir nicht in einen Kreislauf endloser Wiederholung geraten wollen, müssen die Inhalte und Gegenstände dieser selbstflexiven Tätigkeit, ja sogar die Entwicklung ihrer Mittel und Methoden, von der radikalen Imagination der Psyche bereitgestellt werden. Genau aus dieser Quelle entspringt der Beitrag des Individuums zur gesellschaftlich-geschichtlichen Schöpfung. Und deshalb ist eine nicht verstümmelnde Erziehung, eine echte *paideia*, von höchster Bedeutung.

Ich komme nun zu dem zurück, was ich das Rätsel der Politik genannt habe. Eine autonome Gesellschaft erfordert autonome Individuen. Individuen werden das, was sie sind, indem sie die Institutionen verinnerlichen und assimilieren; sie *sind* gewissermaßen die wesentliche Verkörperung dieser Institutionen. Wir wissen, dass diese Verinnerlichung alles andere als oberflächlich ist: Denken und Handeln, Normen und Werte, letztlich die gesamte Identität des Individuums als gesellschaftlichem Wesen hängen von ihr ab. In einer heteronomen Gesellschaft würde die Verinnerlichung aller Gesetze – im weitesten Sinne des Wortes – ihre Wirkung verfehlen, ginge sie nicht mit der Verinnerlichung des höchsten Gesetzes, des Meta-Gesetzes, einher: Du sollst die Gesetze nicht in Frage stellen. In einer autonomen Gesellschaft hingegen kann das Meta-Gesetz nur lauten: Du sollst dem Gesetz gehorchen – aber du darfst es in Frage stellen. Du darfst die Frage nach der Gerechtigkeit des Gesetzes – oder seiner Angemessenheit – aufwerfen. Ich werde hier nicht die formalen Bestimmungen diskutieren, die dieses Meta-Gesetz begleiten könnten oder sollten.

Wir können nunmehr die Lösung unseres Rätsels formulieren, die zugleich das erste Ziel einer Politik der Autonomie, sprich, einer demokratischen Politik ist: dem Kollektiv beim Aufbau von Institutionen zu helfen, deren Verinnerlichung durch die Individuen ihre Fähigkeit, autonom zu werden, nicht einschränkt, sondern erweitert. Es ist klar, dass man aus dieser Formulierung, kombiniert mit dem Gleichheitsprinzip, das der Plural: *die* Individuen impliziert, die Grundregeln einer umfassend demokratischen Institution der Gesellschaft ableiten kann, inklusive der Menschenrechte und dem Gebot, allen die gleichen effektiven Möglichkeiten der Partizipation an allen denkbaren Formen von Macht einzuräumen.

Eine weitere Ausführung dieser Punkte würde den Rahmen dieser Diskussion sprengen. Nur noch ein Kommentar zu einem Ausdruck, den ich oben verwendet habe: erstes Ziel. Das erste deshalb, weil es langfristig die Voraussetzung alles Übrigen ist und weil es praktisch alles Übrige enthält. Es gibt selbstverständlich weitere Ziele, die deshalb nicht unbedingt „zweitrangig" sind. Zum Beispiel die Schaffung spezieller Institutionen, die der obigen Maxime entsprechen und sie unter gegebenen Umständen spezifizieren. Des Weiteren die Begründung wirklicher Selbstregierung. Und, *least but not least*, die Vorschläge und Entscheidungen über kollektive Werke und Unternehmungen. Autonomie ist kein Selbstzweck; wir wollen sie zwar um ihrer selbst willen, aber auch und vor allem, um Dinge tun zu können und zu dürfen. Dieser Punkt wird von der wirklichkeitsfremden, spitzfindigen politischen Philosophie unserer Zeit immer vergessen. Eine Politik der Autonomie ist an all diesen Aufgaben beteiligt; sie ist weder der Psychoanalytiker noch der Pädagoge, noch das Gewissen der Gesellschaft, sondern eine wesentliche Dimension ihrer Reflexivität. Als solche muss sie auf Menschen einwirken, die sie als autonome Wesen versteht, um ihnen zu ihrer Autonomie zu verhelfen, ohne jemals zu vergessen, dass die eigentliche Quelle geschichtlicher Kreativität das radikale Imaginäre des anonymen Kollektivs ist. Von daher wird verständlich, warum die Politik ein „unmöglicher Beruf" ist, genauso wie Psychoanalyse und Pädagogik, ja, sogar noch auf das Unmöglichste unmöglicher als Letztere, bedenkt man die Natur und die Dimensionen ihres Gegenübers und ihrer Aufgaben.

Zum Schluss einige Bemerkungen über die wichtigste Frage von allen, die Psychoanalyse und Politik gemein ist.

Die gesellschaftlichen Institutionen beherrschen die Individuen, weil sie sie produzieren und prägen: restlos in traditionellen Gesellschaften und noch zu einem erheblichen Ausmaß in unseren liberalen

Gesellschaften. Das ist die Konsequenz lebenslanger Verinnerlichung der Institutionen durch das Individuum. Der ausschlaggebende Punkt dabei ist die Verinnerlichung von Bedeutungen – von gesellschaftlichen imaginären Bedeutungen. Die Gesellschaft entreißt das menschliche Einzelwesen dem geschlossenen Universum der psychischen Monade und zwingt es in die raue Welt der Realität hinein; doch im Tausch versieht sie es mit Sinn – Sinn für das Wachleben. In der wirklichen Welt, wie die Gesellschaft sie jeweils erzeugt, haben die Dinge einen Sinn; das Leben hat einen Sinn und für gewöhnlich auch der Tod. Dieser Sinn ist die subjektive, für das Individuum bestimmte Seite der gesellschaftlichen imaginären Bedeutungen.

Diese *Sinngebung**, oder besser *Sinnschöpfung**, ist das kritische, das problematische Moment. Doch die Psychoanalyse lehrt keinen Sinn des Lebens. Sie kann den Patienten lediglich dabei unterstützen, für sich selbst einen Lebenssinn zu finden, zu erfinden, zu schöpfen. Er kann keine Rede davon sein, einen solchen Sinn im Voraus und auf verbindliche Weise zu definieren. In einer seiner düstersten Stunden schrieb Freud, dass die Analyse kein Glück bringe, sie könne allenfalls neurotisches Elend in gewöhnliches Unglück verwandeln. In diesem Punkt halte ich ihn für zu pessimistisch. Sicherlich bringt die Analyse als solche kein Glück, aber sie hilft dem Patienten, sich von seinem neurotischen Elend zu befreien und einen eigenen Lebensentwurf zu entwickeln.

Doch damit ist die Frage noch nicht erschöpfend beantwortet. Warum scheitert die Analyse so häufig oder wird zu einem unendlichen Prozess? In einer seiner letzten Schriften, „Die endliche und die unendliche Analyse" von 1937, erwähnt Freud mehrere Gründe für diesen Sachverhalt und verweist am Ende auf das, was er den „gewachsenen Fels"[14] nennt: die Ablehnung der Weiblichkeit, die bei der Frau die Form des Penisneids annimmt, und beim Mann das Sträuben gegen eine passive oder feminine Einstellung zu einem anderen Mann. Er spricht ferner vom Todes-, bzw. Destruktions- oder Aggressionstrieb. Ich glaube auch, dass der Tod in dieser Angelegenheit eine entscheidende Rolle spielt, wenngleich nicht auf genau die Art, wie Freud es sich vorstellte.

Eine unendliche Analyse zeichnet sich vor allem durch Wiederholung aus. Sie ist wie eine Neurose, bloß auf höherer Ebene: eine Wiederholung zweiten Grades. Warum diese Wiederholung? Um es abzukürzen, könnte man Folgendes sagen: die Wiederholung im hier gemeinten Sinn, als Kleingeld des Todes, ist die Strategie des Patienten, sich vor der massiven Realität des Todes zu schützen. Der Grund, weshalb die Analyse scheitert oder unendlich wird, hat vorrangig mit der Unfähigkeit des Patienten (und des mit ihm zusammenarbeitenden Analytikers) zu tun, den Tod seines vergangenen Ichs zu akzeptieren, um eine andere Person werden zu können; dessen war sich Freud bewusst, auch wenn er es mit anderen Worten beschrieben hat. Aber auch, und das ist der wichtigere Grund, wegen der Unfähigkeit des Patienten – der hierin zwangsläufig auf sich allein gestellt ist –, die Realität des wirklichen, vollständigen und endgültigen Todes zu akzeptieren. Der Tod ist der eigentliche Fels, an dem die Analyse scheitern kann.

Wie wir alle wissen, enthält und impliziert das Leben die ständig aufgeschobene Vergänglichkeit des Sinns, die Vergänglichkeit psychisch besetzter Gegenstände und Tätigkeiten und des Sinns, mit dem wir sie versehen haben. Aber wir wissen auch, dass der Tod die Sinnlosigkeit allen Sinnes ist. Unsere Zeit ist nicht Zeit. Unsere Zeit ist nicht die Zeit. Unsere Zeit ist keine Zeit.

Die Analyse ist nicht beendet (und die Reife nicht erreicht), solange das Subjekt nicht in der Lage ist, am Rande des Abgrunds zu leben, in dem ultimativen Dilemma: lebe wie ein Sterblicher – lebe, als ob du unsterblich wärst (*eph'oson endechetai athanatizein*, uns, soweit wir es vermögen, unsterblich zu machen, wie Aristoteles in der *Nikomachischen Ethik* schrieb[15]).

Diese legendenhaften Banalitäten, wie Jules Laforgue[16] gesagt hatte, haben ein grundlegendes Pendant auf gesellschaftlicher und somit politischer Ebene. Heteronome Gesellschaften vollziehen eine *Sinnschöpfung** für alle und zwingen alle zur Verinnerlichung dieses Sinns. Sie instituieren ferner reale oder symbolische Repräsentanten eines unvergänglichen Sinns und einer imaginären Unsterblichkeit, an denen vermeintlich alle, auf je verschiedene Weise, teilhaben. Es kann sich dabei um den Mythos persönlicher Unsterblichkeit oder Reinkarnation handeln, aber auch um den Fortbestand eines instituierten Artefakts – der König, der Staat, die Nation, die Partei –, mit dem sich jeder halbwegs identifizieren kann.

Ich denke, dass eine autonome Gesellschaft nichts von all dem akzeptieren würde (in der Öffentlichkeit, meine ich) und dass eines der Hauptprobleme, wenn nicht *das* Problem, des Autonomieentwurfs darin liegt, dass es den Menschen schwer fällt, die Sterblichkeit des Einzelnen, der Kollektivität und sogar ihrer Werke ohne Wenn und Aber zu akzeptieren.

Hobbes hatte Recht, aber nicht aus den von ihm genannten Gründen. Die Angst vor dem Tod ist der Eckpfeiler der Institutionen. Aber nicht die Angst, vom Nächstbesten getötet zu werden[17], sondern die ganz und gar berechtigte Angst vor der allgemeinen Auflösung, selbst des Sinns.

Niemand kann allerdings das daraus resultierende Problem „lösen". Eine Lösung, sofern es überhaupt eine gibt, könnte allenfalls im Zuge einer neuen gesellschaftlich-geschichtlichen Schöpfung und der entsprechenden Veränderung des Menschen und seiner Einstellung zu Leben und Tod entstehen.

In der Zwischenzeit wäre es sicherlich nützlich, über die teilweise Beantwortung dieses Problems durch die beiden Gesellschaften, die den Autonomieentwurf erschaffen und weiterverfolgt haben – die altgriechische und die westliche –, nachzudenken. Man wird nicht umhin kommen, über die enorme Unterschiedlichkeit dieser beiden Antworten verblüfft zu sein und sie zu anderen wichtigen Aspekten dieser beiden Versuche, eine demokratische Gesellschaft zu begründen, in Beziehung zu setzen. Doch das ist ein weitläufiges Thema, auf das wir bei anderer Gelegenheit zurückkommen müssen.

Paris, Oktober 1987 – März 1989

Anmerkungen

*) [„Psychanalyse et politique", in: Cornelius Castoriadis, *Le monde morcelé. Les carrefours du labyrinthe III*, Paris 1990, S. 141-154.] Vortrag an der New Yorker *New School for Social Research am 25. Oktober 1987* im Rahmen eines Hannah-Arendt-Kolloquiums. Von mir ins Französische übersetzt und [zuerst] in *Lettre Internationale* 21 (Sommer 1989), S. 54-57, erschienen [sowie auf Deutsch in der deutschen Ausgabe dieser Zeitschrift: *Lettre International*, Nr. 6 (1989) S. 67-70; die englischsprachige Originalversion, „Psychoanalysis and Politics", erschien in Sonu Shamdasani und Michael Münchow (Hg.), *After Freud: Psychoanalysis, Philosophy, and Culture*, London/New York 1994, S. 1-12].

1) Sigmund Freud, *Das Unbehagen in der Kultur* (1930), in: ders., *Gesammelte Werke XIV*, Frankfurt am Main 1999, S. 419-506; Ders., *Die Zukunft einer Illusion* (1927), a.a.O., S. 323-380; Ders., *Der Mann Moses und die monotheistische Religion* (1937/1939), in: ders., *Gesammelte Werke XVI*, Frankfurt am Main 1999, S. 101-246 [AdH].

2) Sigmund Freud, *Totem und Tabu. Einige Übereinstimmungen im Seelenleben der Wilden und der Neurotiker* (1912/1913), in: ders., *Gesammelte Werke IX*, Frankfurt am Main 1999 [AdH].

3) „Épilégomènes à une théorie de l'âme que l'on a pu présenter comme science", in *Les Carrefours du labyrinthe*, Paris 1978, S. 29-64 [dt.: „Epilegomena zu einer Theorie der Seele, die man als Wissenschaft hat ausgeben können", in Cornelius Castoriadis, *Durchs Labyrinth*, Frankfurt am Main 1981, S. 27-57].

4) *L'Institution imaginaire de la société*, Paris 1975 [dt.: *Gesellschaft als imaginäre Institution. Entwurf einer politischen Philosophie*, Frankfurt am Main 1984]; *Domaines de l'homme. Les carrefours du labyrinthe II*, Paris 1986 .

5) Der Gedanke findet sich in „Die endliche und die unendliche Analyse" (1937) [vgl. Sigmund Freud, *Gesammelte Werke XVI*, S. 57-99, dort S. 94]. Freud hatte ihn bereits in seinem Geleitwort zu August Aichhorns Buch „Verwahrloste Jugend" (1925) formuliert, wo er als traditionelles Bonmot präsentiert wird. Genau genommen spricht Freud von „Regierung", nicht von Politik. Doch aus Gründen, die im Folgenden deutlich werden, ergeben sich aus dem Wort „Regierung", im herkömmlichen Sinne verstanden, nicht die hier diskutierten Probleme [noch genauer genommen spricht Freud von „Regieren": „Ich hatte mir frühzeitig das Scherzwort von den drei unmöglichen Berufen – als da sind: Erziehen, Kurieren, Regieren – zu eigen gemacht", „Geleitwort...", G.W. XIV, S. 565-567, dort S. 565, AdH].

6) Daniel Paul Schreber (1842-1911), deutscher Jurist und Verfasser des Buches *Denkwürdigkeiten eines Nervenkranken*, anhand dessen Freud seine Paranoia-Theorie entwickelte (vgl. Sigmund Freud, „Psychoanalytische Bemerkungen

zu einem autobiographisch beschriebenen Fall von Paranoia (Dementia Paranoides)", in: ders., *Gesammelte Werke XIII*, Frankfurt am Main 1999, S. 239-320). Der Vater Schrebers, der Arzt Moritz Schreber (1808-1861), gilt als Hauptvertreter einer repressiven (der sogenannten „schwarzen") Pädagogik[AdH].

7) Vgl. Bruno Bettelheim, *Aufstand gegen die Masse. Die Chance des Individuums in der modernen Gesellschaft*, München 1964 [AdH].

8) *L'institution imaginaire...*, a.a.O., S. 138-146; *Les Carrefours du labyrinthe*, a.a.O., S. 29-122 [dt.: *Gesellschaft...*, a.a.O., S. 172-181; *Durchs Labyrinth*, a.a.O., S. 27-104]. Der Freud'sche Satz stammt aus „*Neue* Folge der *Vorlesungen* zur Einführung in die Psychoanalyse" (1933), GW XV, S. 86. An anderer Stelle spricht Freud häufig von „Zähmung" oder „*Bändigung**" der Triebe.

9) Natürlich wusste Freud das nur zu gut, wie mehrere Formulierungen in „Die endliche und die unendliche Analyse" zeigen.

10) In der *Kritik der praktischen Vernunft* spricht Kant vom „Ideal der Heiligkeit", das „von keinem Geschöpfe erreichbar, dennoch das Urbild ist", vgl. Immanuel Kant, *Kritik der praktischen Vernunft. Grundlegung zur Metaphysik der Sitten.* Werkausgabe Band VII. Herausgegeben von Wilhelm Weischedel, Frankfurt am Main 1974, S. 206 [AdH].

11) Die berühmte Formel aus Freuds Aufsatz „Erinnern, Wiederholen und Durcharbeiten" über Wesen und Entwicklung der psychoanalytischen „Technik" aus dem Jahr 1914, in: *Gesammelte Werke X*, Franfurt am Main 1999, S. 125-136 [AdH].

12) Das „hoffnungsvolle" und „fürcherliche Ungeheuer" könnte eine Anspielung auf die Hypothese des Biologen und Genetikers Richard Goldschmidt (1878-1958) sein, nach der die Evolution des Lebens sich über die seltene, abrupte und diskontinuierliche Durchsetzung von „hopeful monsters" und nicht durch Akkumulation kleiner Veränderungen innerhalb von Populationen vollzieht. Vgl. Stephen Jay Gould, „The Return of the Hopeful Monsters", in: *Natural History* 86 (Juni/Juli 1977), S. 22-30 (dt.: „Die Wiederkehr des vielversprechenden Monstrums", in ders., *Der Daumen des Panda. Betrachtungen zur Naturgeschichte*, Frankfurt am Main 1989, S. 195-203) [AdH].

13) Vgl. die variierenden Formulierungen in Sigmund Freud, *Das Ich und das Es* (1923), in: ders., *Gesammelte Werke XIII*, Frankfurt am Main 1999, S. 235-289, vor allem: S. 277ff. [AdH].

14) Sigmund Freud, „Die endliche und die unendliche Analyse", in: ders., *Gesammelte Werke XVI*, S. 57-99, dort S. 99 [AdH].

15) Vgl. Aristoteles, *Nikomachische Ethik*, übersetzt und herausgegeben von Ursula Wolf, Reinbek bei Hamburg 2006, S. 330 (117 b 33) [AdH].

16) Jules Laforgue (1860-1887), symbolistischer Dichter. Bei ihm ist von „legendenhaften Moralitäten" die Rede. Vgl. *Hamlet oder Die Folgen der Sohnestreue*

und andere legendenhafte Moralitäten. Übertragung aus dem Französischen von Klaus Ley, Frankfurt am Main 1981 [AdH].

17) Die Todesangst ist bei Hobbes diejenige „Leidenschaft“, die die Menschen friedfertig macht und den Kampf aller gegen alle im Naturzustand gegen den Zusammenschluss und die Unterwerfung unter den Staat eintauschen lässt; vgl. Thomas Hobbes, *Leviathan oder Stoff, Form und Gewalt eines kirchlichen und bürgerlichen Staates*, hrsgg. u. eingeleitet von Iring Fetscher, übers. v. Walter Euchner, Frankfurt am Main 1984, S. 98 [AdH].

Der Weltaufbau in der Psychose*

Die Notwendigkeit, diesem Vortrag eine prägnanten Titel zu geben, hat dafür gesorgt, dass dieser jetzt wirkt wie ein Ausdruck des Größenwahns. Er hätte viel zutreffender, aber weniger elegant: *Fragmentarische Vorüberlegungen zu einigen Aspekten mancher für ein Nachdenken über das Problem des Weltaufbaus in der Psychose relevanter Fragen unter besonderer Berücksichtigung des Werkes von Piera Aulagnier*[1] lauten sollen, und zwar um so mehr, als ein Großteil dessen, was ich zu sagen habe – und in dieser Einstellung waren sich Piera und ich immer einig –, im Bereich des Fragenstellens angesiedelt sein wird.

Ich werde diese Befragung im Vorfeld beginnen. Woher wissen wir eigentlich, dass die Psychose ein psychisches Phänomen ist (Namen können trügerisch sein) und nicht zum Beispiel ein organisches? Warum verweisen wir sie in die Zuständigkeit der Psychoanalyse? Die erste Frage bezieht ihre Berechtigung aus der uralten Kontroverse über das Verhältnis von Körper und Seele, die in den letzten Jahren verstärkt wiederauflebt (Psychopharmaka, Neurowissenschaften usw.). Die zweite ist insofern berechtigt, als Freud, wir erinnern uns, die psychische Natur der Psychose zwar nicht bezweifelte, aber Psychotiker für nicht analysierbar hielt.

Worin unterscheidet sich die Psychose von der Epilepsie oder der Alzheimerkrankheit? Die Antwort, dass man bei Letzteren Veränderungen des Nervengewebes feststellt, die man in der Psychose nicht findet, wäre unzureichend. Und zwar zunächst, weil der Einwand vorhersehbar ist, man hätte die Gewebeschäden (oder das Molekül, das Gen, die falschen neuronalen Verschaltungen), die für die Psychose verantwortlich sind, nur *noch nicht* gefunden. Ich erinnere daran, dass Freud selbst 1925 schrieb, dass zur Isolierung der „hypothetischen Stoffe", die als Verursacher von Neurosen in Betracht kämen, „vorläufig noch kein Weg" führe („Die Widerstände gegen die Psychoanalyse", G.W. XIV, S. 101), und ein Jahr später erneut, man dürfe „vorhersehen, daß der Tag kommen wird, an dem sich Wege der Erkenntnis ... von der Biologie der Organe und von der Chemie zu dem Erscheinungsgebiet der Neurosen eröffnen werden. Dieser Tag scheint noch ferne..." („Die Frage der Laienanalyse", ebd., S. 264)

Zweitens ist die Antwort deshalb ungenügend, weil an der Wechselwirkung und gegenseitigen Abhängigkeit zwischen der Psyche und dem Zentralnervensystem oder gar dem Soma an sich (Psychopharmaka, Halluzinogene, Alkohol, Elektroschocks usw.) kein Zweifel bestehen kann. Die Grenzen zwischen beiden Bereichen sowie die Arten ihres Zusammenwirkens sind uns nach wie vor gänzlich unbekannt. Die Antwort auf dieses Problem hat Freud bereits selbst gegeben, als er über Träume und neurotische Symptome sprach. Diese Antwort resultiert aus einer nicht rein „methodologischen" oder „epistemologischen", sondern genuin philosophischen oder, genauer gesagt, ontologischen Entscheidung. Freud hat entschieden, dass Träume, ebenso wie Symptome, einen Sinn haben. Eine direkte Verbindung zwischen Seelenleben und Nervensystem, schrieb er 1939, würde „wenn sie bestünde, ... höchstens eine genaue Lokalisation der Bewusstseinsvorgänge liefern und für deren *Verständnis* nichts leisten" (*Abriß der Psychoanalyse,* G.W. XVII, S. 67, Hervorhebung von mir). Diese Phänomene gehorchen einer psychischen Kausalität – oder besser, hängen von einer Wechselbestimmung ab oder sind durch wesentlich psychische Prozesse bedingt („Die Widerstände...", a.a.O., S. 101-103). Warum diese Entscheidung ontologisch nennen? Weil sie den Status und die Seinsweise von Träumen und Symptomen betrifft: beide gehören zur Welt des *Sinns.*

Die Frage ist also, ob sich von der Psychose das Gleiche behaupten lässt. Mit anderen Worten, ob die Psychose, oder zumindest bestimmte Formen von Psychose – und ich werde mich, wie Piera, auf Schizophrenie und Paranoia beschränken –, ein Haufen Schlacke oder Abraum ist, der bei der Arbeit der Psyche anfällt, oder schlicht ein Defekt im psychischen Ablauf (im Vergleich zum sogenannten Normalbetrieb); oder ob die Psychose nicht vielmehr, so seltsam das klingt, zur Welt des Sinns gehört. Bekanntlich hat auch Freud sich in Bezug auf die Psychose (Paranoia) für Letzteres entschieden, und zwar schon in den Jahren seiner Korrespondenz mit Fließ.

Die Aussage, dass die Psychose in die Zuständigkeit der Psychoanalyse fällt, ist also gleichbedeutend mit der Behauptung, dass psychotische Phänomene Sinn ergeben. Sie beinhaltet auch, sich der enormen Herausforderung zu stellen, den Sinn des Wahns zu ergründen, der die „Entfremdung" des Psychotikers, sein *estrangement,* seine Isolierung von der gewöhnlichen Sinnwelt bezeichnet. Sie beinhaltet ferner, sich der Herausforderung zu stellen, die psychische Kausalität oder Wechselbestimmung dieser Phänomene zu erzeugen. Ich füge gleich hinzu, dass man diesen beiden Herausforderungen allenfalls bedingt gerecht werden kann – nicht, weil die Psychose nicht zur Welt des Sinns gehören würde, sondern weil wir in beiden Fällen, dem Inhalt des Wahns und seiner „Funktion", d.h. Verursachung, mit psychischen *Schöpfungen* zu tun haben, die sich weiter von der gewöhnlichen Welt entfernen als Träume und neurotische Symptome.

Der Wert von Pieras Arbeit über die Psychose hängt mit einer ähnlichen Entscheidung zusammen, die wiederum aus ihrer allgemeineren Sicht der Dinge resultiert, wie bereits die Titel ihrer Bücher verraten: *La Violence de l'interprétation*[2] (Die Gewalt der Interpretation) – interpretieren heißt, von einem „Text" auszugehen, der Sinn ergibt, um zu einem anderen zu gelangen, der ebenfalls Sinn ergibt – oder: *Un interprète en quête de sens*[3] (Ein Interpret auf der Suche nach Sinn, nicht *dem* Sinn). Diese Entscheidung ist eine dreifache: a) dass psychotische Phänomene einen Sinn ergeben; b) dass dieser Sinn nicht *reduziert* ist (ich komme später auf diesen Begriff zurück); und c) dass die Psychose auf psychoanalytischem Wege erschlossen werden kann und muss, selbst auf die Gefahr hin, dass die Psychoanalyse dabei zugrunde geht. Wie sie schon in einem Seminar an der psychiatrischen Klinik Sainte-Anne im Studienjahr 1975/1976 sagte (ich habe die Aussage bereits in *Durchs Labyrinth*, S. 84, zitiert): „Wenn wir die Psychose nicht verstehen, bedeutet das, daß wir etwas Wesentliches im Funktionieren der Psyche überhaupt nicht verstehen".

Erlauben Sie mir, diesbezüglich an einige Formulierungen aus *La Violence de l'interpretation* zu erinnern. Der Gedanke, die Psychose würde das Unbewusste transparent machen, sie würde einem Verharren in, einer Regression zu oder der Wiederholung einer „primären Phase psychischer Tätigkeit" entsprechen, sei, so schreibt sie, ein ebenso abwegiger wie zählebiger Mythos (dieser Kategorie wäre sicherlich auch Lacans „Verwerfung des Namens-des-Vaters" zuzuordnen). Der Wahn versorge uns mit „hochentwickelten psychischen Produkten" (S. 17). Die psychotische *Schöpfung* (ihr Ausdruck) zeuge von einem *Überschuss*, in der Psychose finde eine „gewaltige Umdeutungsarbeit" statt (ebd.). Umdeutung, hochentwickelte psychische Produkte, *Überschuss* der psychotischen Schöpfung: das alles läuft darauf hinaus, die Psychose als Form von Schöpfung zu beschreiben – ausgehend von einem anfänglichen „Nicht-Sinn" für das Subjekt, etwas für dieses Subjekt Sinnhaftes, das aber für andere einen Nicht-Sinn darstellt. Im Aufbau der Psychose werde nämlich, wie sie sagt, „das Verhältnis des Ich zum Register der Bedeutung … bewusst privilegiert" (ebd., S. 18).

Das heißt so viel wie, dass in der Psychose der Aufbau, oder besser: die Schöpfung einer Welt stattfindet, die für das Subjekt Sinn ergibt (und keinen für die Anderen). Doch hier muss man vorsichtig sein und klarstellen, um welchen Sinn es geht und was man unter diesem Begriff versteht. Denn es gibt auch einen „organischen" Sinn. Organische Phänomene und Prozesse haben ebenfalls einen Sinn, denn sie sind Ausdruck geordneter, funktionaler, zielgerichteter, kategorienbildender Beziehungen. Sie werden von einer ultrakomplexen Matrix von Äquivalenz-, Ordnungs- und Kontiguitätsbeziehungen beherrscht. Sie zeugen von einer integralen und funktionalen hierarchischen Kombinatorik. Sie vollziehen sich unter Bedingungen, die Kausalität und Finalität, „Wissen" und „Tun" oder die Terme der „Wenn-dann"-Beziehung verbinden. Durch dieses System von Prozessen und Beziehungen, die für das Lebewesen Sinn generieren, schöpft es jeweils eine Eigenwelt, eine Welt für sich, die für es „Sinn hat". Doch soweit wir wissen, bedeutet „Sinn haben" hier lediglich: der biologischen Zweckbestimmung entsprechen, die das Funktionieren des Lebewesens (Selbsterhaltung, Fortpflanzung) ermöglicht, vielleicht mit einer gewissen Dosis an „Lust", die aber selbst wesentlich funktional ist.

Um eine Grenze zu ziehen, sind wir zu der Annahme gezwungen, dass der Sinn psychischer Phänomene wesentlich nichtfunktional ist, dass er über die biologische Funktionalität hinausreicht, was bis zur Zerstörung dieser Funktionalität gehen kann. Dafür liefert uns das menschliche Leben, das individuelle wie das kollektive, zahlreiche drastische Beweise.

Freilich ist beim Menschen die gegenseitige Durchdringung von Psychischem und Organischem (oder die Anlehnung des Ersteren an das Letztere) so stark, dass es schwer ist, beide Dimensionen zu trennen. Dennoch können wir psychische Phänomene nicht auf der Grundlage funktionaler Kategorien verstehen, wie dem Realitätsprinzip oder sogar dem Lustprinzip, wenn wir „Lust" als Organlust definieren. Beim Menschen ist „Lust" in erster Linie Vorstellungslust, eine defunktionalisierte Form von Lust. Doch selbst diese Vorstellungslust muss zurücktreten hinter die Notwendigkeit, *Sinn zu ergeben* – sogar um den Preis großer psychischer (und somatischer) Unlust. Und genau das beobachten wir – in extremer Form – in der Psychose. Dieses Sinnergeben muss folglich verstanden werden als Schaffung einer gewissen Vorstellungskohärenz, selbst auf Kosten des Organischen, auf Kosten der Lust (inklusive Vorstellungslust) und – in der Psychose – auf Kosten der Übereinstimmung mit den Vorstellungen der Anderen, den gesellschaftlichen Bedeutungen, dem, was Piera den „Diskurs des Ganzen" nennt. Das Rätsel – das hier nicht diskutiert werden kann

– besteht darin, dass, wie die Möglichkeit radikaler Abweichung von den Vorstellungen der Anderen (der Gesellschaft) belegt, selbst noch die Postulate, aufgrund derer diese Kohärenz beurteilt wird, vom Subjekt *geschöpft* werden (können) – ansonsten gäbe es keine Psychose (und, unter einem anderen Gesichtspunkt, auch kein Anderssein verschiedener Institutionen von Gesellschaft und keine Geschichte).

Bleibt eine weitere „antipsychoanalytische" Verteidigungslinie in Bezug auf die Psychose zu untersuchen, nämlich, dass psychotische Phänomene zwar einen Sinn hätten, dieser aber aufgrund organischer Schäden und Beeinträchtigungen reduziert, vermindert sei. Ich denke hier gar nicht so sehr an die Organizisten, sondern an eine Person vom Format Kurt Goldsteins (*Der Aufbau des Organismus*).[4] Angesichts der (vor allem organischen) „Beeinträchtigungen" finde zunächst ein Wiederaufbau einer für das Subjekt sinnhaften Welt statt, bei gleichzeitiger Reduktion des Umfangs und der Vielfalt ihrer Strukturen. In fortgeschrittenen Stadien der Organzerstörung trete dann das ein, was Goldstein die Katastrophenreaktion nennt, das gleichzeitige Versagen der Sinnschöpfungsprozesse (was immer man unter Sinnschöpfung versteht) und des Versuchs, sie wieder in Gang zu setzen.

Man kann diese Sichtweise nicht ohne Weiteres verwerfen, sie scheint mir sogar in manchen Fällen korrekt zu sein (ungeachtet der Frage einer organischen Grundlage oder Bedingtheit). Es gibt tatsächlich psychische Reaktionen, die auf eine potentiell sehr weitgehende „Verengung" hinauslaufen (wie man an extremen Fällen von Zwangsneurose erkennt), und es gibt psychische Katastrophenreaktionen. Der Unterschied zu psychotischen Phänomenen ist nicht immer offensichtlich. Und hier nun zeigt sich die Bedeutung und Relevanz des Kriteriums, das Piera Aulagnier in *La Violence de l'interprétation* implizit eingeführt hat: Was uns aus psychoanalytischer Sicht vorrangig interessiert, ist jene Form von Psychose, bei der eine wahnhafte Schöpfung – Aufbau und Schöpfung einer Eigenwelt, in meinen Worten – stattfindet, die nicht in erster Linie eine Reduktion, eine Verstümmelung oder der Trümmerhaufen der gemeinsamen Welt ist, sondern die Veränderung mancher ihrer Organisationsprinzipien und das Verschwinden oder Erlöschen des *Wunsches,* überhaupt an dieser gemeinsamen Welt teilzuhaben.

Vor allem muss das Subjekt einen gewissen Sinn für sich selbst schöpfen. Nach Pieras Auffassung, die ich hier als bekannt voraussetze, geht seine Vorstellungstätigkeit von einer primären Essenz aus, die sie Piktogramm nennt, ein für das Subjekt grundlegendes Bild, die Matrix all dessen, was später potentiell Sinn ergibt. Des Weiteren verläuft die Sinngebung über die Phantasiebildung. Schließlich muss das Subjekt, in einer dritten Schicht, Sinn in seinen Gedanken schöpfen, den Gedanken seines Ich. Doch was im Denken des Subjekts Sinn ergibt, muss auch für das „Ganze", d.h. die Gesellschaft, Sinn ergeben. Für das Ich besteht die Gültigkeit seiner Gedanken vorrangig in ihrer Übereinstimmung oder Kongruenz mit dem Diskurs des Ganzen. An den Rändern dieser Aussage tauchen Fragen auf – wie steht es dann, zum Beispiel, um Galileo? –, doch betreffen sie bereits ganz spezielle Gesellschaften und können hier nicht diskutiert werden. Doch die Behauptung, die Gültigkeit des Subjektdiskurses liege faktisch in seiner Übereinstimmung mit dem gesellschaftlichen Diskurs, impliziert – angesichts der Existenz einer Vielzahl anders beschaffener Gesellschaften –, dass die Frage nach der Gültigkeit des gesellschaftlichen Diskurses in *unserem Bereich* nicht gestellt werden kann. Anders formuliert, die Institution der Gesellschaft ist im Wesentlichen willkürlich. Piera spricht im Übrigen ausdrücklich von der gesellschaftlichen Relativität der Psychose, besonders hinsichtlich der Benennung von Verwandtschaftsbeziehungen.

Auf diesen Punkt müssen wir näher eingehen. Für Freud ist die Religion – Fundament nahezu jeder uns bekannten Gesellschaftsstruktur – eine Illusion, wobei er Illusion als affektbesetzten Irrtum definiert. Absolut betrachtet, ist diese Definition sicherlich unzureichend, denn dieser „Irrtum" kommt schließlich irgendwo her und geht irgendwo hin: er entspringt genau der Sinnsuche, und so lange er „anhält", füllt er diese Rolle aus, bewirkt er die für das gesellschaftliche Leben notwendige *Sinngebung** oder besser *Sinnschöpfung**. Für unsere Zwecke reicht diese Definition aber aus, denn es handelt sich hier offenkundig um einen kollektiven, instituierten „Irrtum" und einen Affekt, der die ganze Kollektivität durchzieht und in Bewegung setzt. Die Unbefleckte Empfängnis etwa, die ein fester Glaubensbestandteil einer christlichen Gesellschaft ist, sofern sie sich auf Christus bezieht, würde von derselben (und jeder anderen) Gesellschaft als Wahnidee betrachtet, wenn sie sich auf das Subjekt selbst bezöge.

Die Psychose ist somit ein Konflikt oder eine grundlegende Nicht-Übereinstimmung zwischen dem, was für das Denken des Subjekts und dem, was für das „Ganze" Sinn ergibt. Wenn man diese Definition akzeptiert, hat die Psychose in erster Linie mit dem Ich zu tun. Sie ist demnach die Schöpfung von Wahnideen, von Ideen, die dem Diskurs des Ganzen, d.h. den gesellschaftlichen Bedeutungen, widersprechen oder nicht mit ihm übereinstimmen – *aber für* das Subjekt dieser Ideen Sinn ergeben, auch wenn sie ihm zumeist eine Quelle des Leidens sind und nicht nur zum Denken der Anderen im Widerspruch stehen, sondern auch zu dem, was dem Subjekt darüber *bekannt ist*, was die Anderen als sinnhaft erleben. Es gibt nämlich in der Seele des Psychotikers immer einen Winkel, von wo aus er die Welt betrachtet und erkennt, dass das, was für ihn Sinn ergibt, für die Anderen keinen ergibt (vgl. Parzival).

Angenommen, all das trifft zu, dann ergeben sich daraus drei wesentliche Fragen:

– Warum machen manche Subjekte eine Entwicklung durch, die sie in die Psychose führt?

– Was können wir, im Allgemeinen und an Allgemeinem, über den Inhalt dieses wahnhaften Diskurses sagen?

– Schließlich, um eine unmöglich zu beantwortende Frage zu stellen, was lässt sich über die psychoanalytische Behandlung der Psychose sagen?

Ich werde einige Bemerkungen zur dritten und zur ersten dieser Fragen machen, bevor ich zu meinem eigentlichen Thema komme, nämlich dem Inhalt des Wahns, d.h. dem Weltaufbau in der Psychose.

Die Anforderungen, vor denen die psychoanalytische Behandlung der Psychose steht, sind meiner Meinung nach die Folgenden (in dieser Reihenfolge):

1) Die Radikalität des Konflikts zwischen wahnhaftem und gemeinsamem Diskurs zu entschärfen, die psychotische Isolierung aufzubrechen – die Maurice Dayan treffend „die unerbittliche Herrschaft der einsamen Überzeugung" genannt hat (Vorwort zu *Un interprète en quête de sens*, S. 20) –, indem man dem Diskurs des Psychotikers Gehör schenkt und mit ihm eine „Interimssprache" zu schöpfen versucht.
2) In diesem Konflikt und der wahnhaften Konstruktion die Quelle des Leidens offenzulegen – eine Aufgabe, bei der man sicherlich stärker als in der Neurose auf eine „Ökonomie des Leidens" und deren Beziehung zu einem elementaren Masochismus stoßen wird.
3) Aufzuzeigen, dass die Welt auch *anders* Sinn ergeben kann.
4) Sinn zu schöpfen aus dem Sinnlosen (aus Sicht des „Ganzen")

der Geschichte des Psychotikers – *was auf die Schwierigkeit stößt, dass diese Geschichte in gewisser Weise keinen Sinn ergibt*, und zwar nicht bloß deshalb, weil letztlich *nichts* einen Sinn ergibt (was stimmt), sondern auch, weil das Auftauchen der wahnhaften Konstruktion und ihr Inhalt dem Zufall entspringen *und* ein Moment von *Schöpfung* enthalten, und folglich der Therapeut ebenso wie der Psychotiker das schreckliche *so ist es, so ist es gewesen* akzeptieren müssten.

Mit anderen Worten, man bräuchte so etwas wie eine allgemeine Theorie der Psychose, die Einzelfallgeschichten erklären und aus ihnen „Sinn schöpfen" könnte – was beinahe ein Widerspruch in sich ist. Zwar begegnen wir diesem Widerspruch auch in der Neurose – doch ist er dort keineswegs so stark ausgeprägt. Das mag daran liegen, dass im Fall der Neurose die Interpretation uns an Formen des Begehrens verweist, die so oder anders bereits im Rahmen der *conditio humana* ausgearbeitet worden sind – zum Beispiel Ödipus. Wir können einem Neurotiker sagen oder signalisieren: es wäre „normal", wenn Sie Ihren Vater oder Ihre Mutter begehrt hätten, es wäre „normal", wenn Sie an diesem Wunsch unter diversen Masken und Kostümen festgehalten hätten, und es wäre „normal", wenn Sie auf die direkte Erfüllung dieses Wunsches durch Rückgriff auf Ersatzobjekte verzichtet hätten. Aber es ist viel schwieriger, den Gedanken zu vermitteln: Sie sind, oder waren, verrückt, weil Ihre Mutter Sie hasste (und das tat sie, weil deren Mutter... usw.) – oder weil *Sie* sich das so zurechtgelegt haben. Das kann klappen, aber der Patient hätte auch alles Recht der Welt zu erwidern: das hilft mir nicht weiter.

Das bringt mich auf den ersten Punkt zurück, der Frage nach dem Ursprung der Psychose – dem vielleicht wichtigsten Teil von Pieras Arbeit zu diesem Thema. Diesbezüglich möchte ich auf meine eigenen Fragen zu Pieras Konzeption eingehen. Das sind einerseits Fragen theoretischer Natur: Piera zufolge zielt das wahnhafte Denken vorrangig darauf ab, die Frage nach dem Ursprung zu beantworten (*La Violence...*, S. 226-232), und sei durch „psychische Vererbung" charakterisiert (ebd., S. 233f.). Die Frage nach dem Ursprung betrifft stets den Mythos der persönlichen Geschichte, wie auch den der kollektiven Geschichte, und ich bin mir nicht sicher, ob ein Bruch in diesem Mythos eine sei's notwendige, sei's hinreichende Bedingung für den Ausbruch der Psychose wäre: ich hatte und habe stets Patienten, in deren Geschichte ich, all meinen Bemühungen zum Trotz, keinerlei Spur eines hasserfüllten Elterndiskurses, eines Wunsches nach Wunschlosigkeit oder eines Todeswunsches in Bezug auf das Kind finden kann.

Worum es mir hier und heute geht, ist der Inhalt des Wahns, der Aufbau der wahnhaften Welt, die Schöpfung einer Welt, die mit der gemeinsamen Welt bricht.

Die Welt ist eine Welt *für* ein Subjekt. Ihr Aufbau beinhaltet zwangsläufig die (im Allgemeinen implizite) Erschaffung:

- des *Selbst*, als Psyche wie vor allem als Körper; und der Anderen, angefangen mit der Erschaffung des Anderen schlechthin, dem „Sprachrohr", der Mutter. Man kann das die *prosopologische* Konstruktion nennen;
- von „Objekten", ihren Attributen und Beziehungen. Man kann hier von *pragmatologischer* Konstruktion sprechen, weil sie sich zwar auf Dinge im weitesten Sinne bezieht, aber auch auf ihre praktische Organisation, ohne die diese Dinge nicht existieren, sondern schlicht zu Staub zerfallen würden.

Es ist wichtig festzuhalten, dass der psychotische Diskurs im Allgemeinen die prosopologischen und pragmatologischen Konstruktionen der Gesellschaft, welcher der Psychotiker angehört, überwiegend teilt. Es kommt zu keiner generellen Verneinung der Realität. Der Psychotiker spricht unsere Sprache, weiß, was ein Tisch ist und wie man die U-Bahn benutzt. Er weiß, dass Feuer brennt und achtet darauf, dass er sich nicht verbrennt – oder er tut es absichtlich und zwar, weil er weiß, dass Feuer brennt. Es ist stets ein (negativ) privilegierter Bereich der gemeinsamen Welt, den er auf eine radikal andere Weise erschafft. Dieser umfasst für gewöhnlich:

- den eigenen Körper, als Leidenskörper, nicht als Lustkörper;
- die – mehr oder minder verwüsteten – Affekte[5] sowie die Wünsche;
- den Prozess der Phantasiebildung, der zum Erliegen kommt; Wahn und Halluzination ersetzen die Phantasie im üblichen Sinne – die quasi unmöglich wird –, ohne allerdings die gleiche Funktion zu erfüllen;
- schließlich manche Beziehungen und Eigenschaften von Objekten (einschließlich solche des eigenen Körpers), die „wahnhaft" werden.

Warum findet überhaupt eine wahnhafte Konstruktion statt? Warum betrifft sie diese speziellen Punkte und nicht andere und warum auf diese Weise? Warum können wir Paranoia und Schizophrenie nicht nur hinsichtlich ihres „Ursprungs", sondern auch hinsichtlich ihrer Struktur unterscheiden? Warum bricht oder breitet sich der Wahn in diesem Moment und keinem anderen aus? Das sind einige der Fragen, denen sich jede theoretische Konzeption der Psychose zu stellen hätte. Ich werde hier lediglich einen kleinen Teil davon berücksichtigen, um zu verdeutlichen, wie, unter Bezugnahme auf das Werk Piera Aulagniers, ein Versuch, den Weltaufbau in der und durch die Psychose zu verstehen, aussehen könnte.

Es versteht sich von selbst, dass Weltkonstruktion und Subjektkonstruktion (Erschaffung des eigenen Selbstbildes) aus wesentlichen Gründen korrelieren und korrespondieren – ebenso wie im Fall der Gesellschaft. Sie *müssen* einander entsprechen, weil ansonsten weder die eine noch die andere Sinn ergäbe. Welchen Sinn würde eine Welt für das Subjekt machen, in der es keinen Platz hätte? Und welchen Sinn könnte das Subjekt-sein für das Subjekt in einer sinnlosen Welt haben? Philosophisch gesprochen, sind beide Funktion derselben Sinnmatrix. Doch die Welt, in der das Subjekt in erster Linie und von Anfang an seinen Platz finden muss, ist nicht die der Wälder, Meere und Sterne, sondern die menschliche/gesellschaftliche Welt, wie sie sich ihm *durch Vermittlung* des Elternpaars darbietet, und zuallererst durch die Mutter oder eine Person, die ihre Stelle einnimmt, das, was Piera „das Sprachrohr des Ganzen" nennt, die Mutter als Botschafterin der Gesellschaft. Das Kleinkind muss also zunächst und vor allem Sinn aus „sich selbst" und aus dem schöpfen, was sich ihm unmittelbar als nächste oder einzig nahe Umgebung darbietet, was in lebendigem Kontakt zu seiner somatischen wie psychischen Realität steht. Hier tritt in Erscheinung, was Piera das Piktogramm nennt, als erstes sinnhaftes Bild und Matrix aller Bilder.

Die Sozialisation der Psyche ist die Verinnerlichung gesellschaftlicher imaginärer Bedeutungen. Damit diese Verinnerlichung möglich wird, muss das erste Bindeglied innerhalb dieses Internalisierungsprozesses vom Kleinkind in irgendeiner Form *besetzt* werden, und zwar so, dass das Kleinkind sich zugleich selbst besetzen kann. Eine solche Selbstbesetzung findet natürlich immer statt – sie ist Bedingung des Lebens schlechthin. Doch auf die Modalitäten kommt es an. Und genau hier nehmen alle Geschichten, in jedem Sinne des Wortes, ihren Anfang.

Die Konstruktion des wahnhaften Diskurses ist eine Tätigkeit des Ich. Warum? Weil das Ich der (subjektive) Ort der Sprache ist. Und die Sprache ist expliziter Träger jeder Organisation der Welt, der Gesellschaft und ihrer Logik, usw. Das spezifische Merkmal der Psychose ist, wenn nicht die Unterdrückung, so doch zumindest das Umgehen der Phantasietätigkeit. Warum? Weil der Andere entweder als Wunschverweigerer oder als Träger eines unzulässigen Wunsches – nach dem Tod des Subjekts – oder des Hasses erlebt worden ist. Das Ich und das Piktogramm werden also kurzgeschlossen, auf Kosten des Subjekts – und dieses Piktogramm ist hauptsächlich eines der *Ablehnung*. Insofern liegt für Piera Aulagnier der Schlüssel zu allem in dieser Ausschaltung der Phantasietätigkeit.

Hier ist ein Punkt, für den ich Piera kritisiert hätte. Als Schöpfungen stellen Wahn und Halluzination eine außerordentliche Leistung der radikalen Imagination des Subjekts dar – und Letztere ist nicht zu trennen von der Phantasiebildung im weitesten Sinne. Außerdem klingt es bei Piera fast immer so, als wären Inszenierung und Sinngebung trennbar; das sind sie meiner Meinung nach nie. Es gibt für das Subjekt kein Bild, das nicht ein Minimum an Sinn hätte, und es gibt keinen Sinn, der nicht durch ein Bild befördert würde. Der Sinn muss sich auf ein Bild stützen – und gehört folglich zu den Werken der radikalen Imagination, die Phantasiebildung im weitesten Sinne des Wortes ist.

Der Widerspruch kann behoben werden, wenn man es so versteht, dass für Piera eine Phantasievorstellung die Inszenierung eines *Wunsches* im engeren Sinne ist. Tatsächlich wird diese Dimension von der Psychose nicht beseitigt (in diesem Fall könnte sie nie wieder auftauchen), sondern deaktiviert.

Diese ganze Problematik wird besser verständlich, wenn man sie folgendermaßen erörtert. Jede Aktivität der menschlichen Psyche wird definiert durch und existiert in einem Trivektor, d.h. einem Vektor, der sich in drei zusammenhängenden Räumen entfaltet: dem Vorstellungsraum, dem Wunschraum und dem Affektraum. In der Psychose wird der Wunsch durch die allgemeinere Kategorie der *Intention* ersetzt – eine beim Lebewesen stets vorhandene Kategorie, sonst könnte es nicht überleben. Es findet eine Tilgung und Ersetzung des Wunsches durch die reine, blanke, abstrakte Intention statt. Piera benutzt das Wort Wille: Wille ohne Wunsch, ein Wollen (Intention), das man einem körperlosen Anderen – Stimmen zum Beispiel – zuschreiben kann und das *reine* (positive oder negative) *Aufforderung* ist.

Warum das? Weil der Andere von vornherein als reine Aufforderung, kühle Anordnung, willentliche Organisation erschaffen wurde – oder weil der Wunsch bei ihm dem puren Hass gewichen ist. Die Frage, ob der Andere so erschaffen wurde, weil er wirklich so war, wie Piera offenbar meint, oder weil das Subjekt den Anderen nur auf diese Weise erfahren/erschaffen konnte (was meiner Ansicht nach ebenso gut der Fall sein könnte), muss hier offen bleiben.

Die Auswirkungen dieser Konstruktion auf das Subjekt selbst bestehen im Fehlen eines sichtbaren Wunsches oder Affekts. Die Auswirkungen auf seine Beziehung zur Welt und primär zur menschlichen Welt sind nicht minder verheerend. Die Auslöschung der Dimension des Wunsches ist Voraussetzung für die *Absonderung* des Psychotikers. Dieser Umstand macht es ihm unmöglich, sich mit den Anderen ins Benehmen zu setzen, sich mit ihnen zu verständigen – *to come to terms*, würde man im Englischen sagen. Der wunschlose Andere ist zwangsläufig der unerbittliche Andere, vergleichbar mit einer Naturgewalt oder einem mechanisch-bürokratischen Gesetz. Wären ich und die Anderen als Wünschende erschaffen, wäre stets eine Übereinkunft, ein Vertrag möglich, denn es gäbe zugleich die Möglichkeit einer phantasmatischen Identifikation mit dem Wunsch des Anderen und eines *do ut des*, eines *quid pro quo*, einer wechselseitigen Abhängigkeit zwischen dem Subjekt und dem Anderen.

Eine solche phantasmatische Identifikation ist bekanntlich stets vorhanden, selbst in den extremsten Fällen von Sadomasochismus zum Beispiel. Die beiden Subjekte nehmen nicht nur alle Plätze ihrer Phantasmen ein, sie sind die phantasmatische Bühne selbst, mit einer Beleuchtung, die zwischen beiden hin und her wechselt. Wechselseitige Abhängigkeit, sagte ich, und zwar auf psychischer wie auf funktionaler Ebene: kein Masochist ohne Sadist, und umgekehrt. Das sadistische Begehren erregt den Masochisten, das masochistische Begehren den Sadisten: Wir kennen die Sade'schen Figuren, die ihre Opfer zwingen, ihre Lust zu gestehen. Das verdeutlicht, nebenbei bemerkt, wie absurd es ist, das „Begehren" als quasi souverän und solipsistisch auszugeben (Lacan: „Der Phallus begehrt und das Subjekt verlangt"). Freilich muss man Begehren und Verlangen unterscheiden, aber das Begehren verlangt, insofern es abhängig ist. Das Begehren ist, wie Piera sagte, auch und vor allem Begehren nach dem Begehren des Anderen – und insofern vom Begehren des Anderen *abhängig*.

Aber in der Psychose ist der Andere, ob in persönlicher oder unpersönlicher Form, buchstäblich *unerbittlich*: er fordert, verordnet, verdammt, ohne Diskussion, ohne Verhandlung, ohne Chance auf Widerspruch – und Gehorsam ist Sklaverei ohne Lust. Er wird so zum *Getrennten* und zum *Trennenden* – Rollen, die schließlich *vom* psychotischen Subjekt selbst übernommen werden.

Warum ist der Andere so konstruiert? Piera Aulagnier antwortet: weil es für das psychotische Subjekt unmöglich geworden ist, sich durch phantasmatische Kausalität zu schützen[6], mit deren Hilfe das Subjekt sein Leiden einem Wunsch des Anderen zuschreiben und sich damit in die Position des gleichsam „normalen" Masochisten versetzen könnte.

Ich denke, dass man auf diesem Wege auch zum Verständnis eines anderen markanten Merkmals, wenn nicht jeder Psychose, so doch einer Vielzahl von Fällen gelangen kann: der Einebnung des Unterschieds zwischen Natürlichem (Physikalischem) und Menschlichem. Im Gegensatz zu dem Bild, das sich einem oberflächlichen Betrachter bietet, handelt es sich bei der Psychose nicht um einen verallgemeinerten Animismus, sondern eher um einen verallgemeinerten Reismus [chosisme][7], wie man sowohl an der Schizophrenie, aber auch, wenngleich weniger deutlich, an der Paranoia erkennt. Dieser Reismus wiederum ist sowohl Bedingung als auch Bestandteil der Trennung und Absonderung des Psychotikers. Andere Menschen, oder bedrängende Objekte, sind nicht wirklich belebt, sondern starre Gebilde, die einzig durch die Weisungen, die von ihnen ausgehen, und den schieren Willen, dem Subjekt zu schaden und es zu quälen, definiert sind. Piera spricht von der „Bürokratie einer anonymen Macht oder 'Hassern'".[8] Ich hätte Böswillige oder Schädiger gesagt. Daher auch die seltsame Form von Sexualität, oder vielmehr sexuellen Verhaltens, bei Psychotikern, die eisige Gelassenheit des Schizophrenen, die leidenschaftliche Abwesenheit des Paranoikers. Der Andere, der Partner, ist kein „Objekt" – in dem Sinne, wie man in den 1970er Jahren von der Frau als „Lustobjekt" sprach –, sondern ein sexuelles Ding, genauso wie Nahrung keine mehr oder minder wohlschmeckende Speise ist, deren Verzehr ein sinnliches Vergnügen bereitet, sondern bloße Essware. Etwas davon ist auch bei Sade erkennbar, dessen Werk sicherlich komplexer und vielschichtiger ist, wenngleich die psychotische Komponente darin nicht übersehen werden sollte: Behandlung der Anderen als Dinge, generelle Tendenz, alles zu quantifizieren, mechanische Kombinatorik, hartnäckige Weigerung, zwischen Natur und Menschenwelt zu unterscheiden, Rückgriff auf plumpe Stereotypen bei der Beschreibung von Frauen, Sexualorganen und Sexszenen, orgiastische Lust, die Züge einer Naturkatastrophe annimmt, und manchmal mit einer solchen zusammenfällt, wie bei Juliette in Neapel.[9]

Ich möchte meinen Vortrag mit einer doppelten Warnung beenden.

Zum einen die Universalität der Theorie betreffend. Bei aller Anerkennung der außerordentlichen Kreativität der Psyche, wie sie sich auch in der Psychose offenbart, müssen wir dennoch akzeptieren, dass eine Theorie bestenfalls *Idealtypen* erstellen kann, die Aufschluss geben über die Realität und zu ihrem Verständnis unerlässlich sind, sich aber, je nach Fall, mal mehr, mal weniger weit von ihr entfernen. Piera Aulagniers Theorie erhellt auf bewundernswerte Weise wesentliche Aspekte des Prozesses wahnhafter Schöpfung, sie sollte aber nicht so verstanden werden (selbst in Bezug auf Schizophrenie und Paranoia, auf die ich mich, wie sie, beschränkt habe), als würde sie allen Fällen gerecht. Insbesondere bleibt die Frage offen, ob der Vater oder die Mutter tatsächlich so waren, wie von der Theorie postuliert, oder ob sie vom Subjekt schlicht und einfach so konstruiert wurden (als Teil *seines* Weltaufbaus). Piera schreibt, dass wir von notwendigen, nicht aber hinreichenden Bedingungen der Psychose sprechen können.[10] Das ist in der Tat eine wichtige (von Psychoanalytikern und anderen praktizierenden „Humanwissenschaftlern" ständig vergessene) Unterscheidung, die jeden Anspruch auf eine *Kausal*theorie der Psychose zunichte macht, denn eine solche müsste selbstverständlich in der Lage sein, notwendige *und* hinreichende Bedingungen anzugeben. Doch wie ich bereits im Vorherigen bemerkte, reicht diese Unterscheidung allein nicht aus. In vielen Fällen lässt uns die klinische Praxis beim Auffinden „notwendiger Bedingungen" im Stich. Wir haben häufig mit Psychotikern (und vielen autistischen Kindern) zu tun, auf deren Eltern keine der Standardbeschreibungen passt. Ich glaube, Piera hätte das ohne Weiteres zugestanden.

Zum anderen die Vollständigkeit der Theorie betreffend. Auch diesbezüglich hat Piera Aulagnier die notwendigen Vorbehalte geäußert.[11] Wie Piera von der außerordentlichen Kreativität des wahnhaften Denkens zu sprechen, bedeutet, dass wir es aufgegeben haben, den Inhalt des Wahns in seinen wesentlichen Zügen „erklären" zu können – wie wir es mit mehr oder minder großem Erfolg in Bezug auf den Inhalt „normaler" oder neurotischer Träume zu tun versuchen. Es bedeutet sogar zuzugeben, dass dieser Inhalt als solcher, in seiner Besonderheit, uns fast stets unverständlich bleibt. Die Behauptung, dass er uns verständlich werden könne, würde nicht nur bedeuten, dass wir die notwendigen und hinreichenden Bedingungen seines Zustandekommens vollständig aufzählen könnten, sondern auch, dass wir in der Lage wären, an den Bedeutungen und der Bedeutungswelt, aus der er emportaucht, teilzuhaben. Das wird nie in vollem Umfang möglich sein. Eine psychoanalytische Behandlung der Psychose ist keine verlorene Liebesmüh, ganz im Gegenteil, aber sie wird nicht den Weg über ein solch umfassendes Verständnis des Wahninhalts nehmen (können).

Ich werde das abschließend durch ein konkretes Beispiel veranschaulichen. Eine Schizophrene, seit langen Jahren in einer geschlossenen Anstalt, wo ich sie zwei Mal wöchentlich besuchte – wir waren gemeinsam schon ein gutes Stück vorangekommen –, erzählte mir eines Tages von einer schrecklichen Erinnerung. Sie war einige Jahre zuvor mit ihrem damaligen Liebhaber in einem Hotelzimmer gewesen, um dort mit ihm zu schlafen. Das stellte sich als unmöglich, ja als grauenvoll heraus, „weil die Laken so süß waren, dass sie brannten". Auf meine zugegeben blöde Frage, wie Laken süß sein können und weswegen sie deshalb brennen, erwiderte sie zu Recht und im Ton eines großen Philosophen, der einen einfältigen Schüler belehrt: „Monsieur Castoriadis, wenn Sie noch nie geträumt hätten, könnte ich Ihnen dann erklären, was ein Traum ist und was Träumen bedeutet?" An dieser Antwort erkennt man das Genie des Schizophrenen, das Piera so sehr bewunderte und das es tatsächlich manchmal mit dem eines Immanuel Kant aufnehmen kann.

Anmerkungen

[*] [„La construction du monde dans la psychose", in: Cornelius Castoriadis, *Fait et à faire. Les carrefours du labyrinthe*, Paris 1996, S. 109-122.] Schriftliche Version eines Vortrags, der am 3. Oktober 1992 anlässlich eines von der École de propédeutique à la connaissance de l'inconscient veranstalteten Studientages über „Piera Aulagnier und die Psychose" gehalten wurde. Erstveröffentlicht in *Psychanalyse à l'université*, 1993, Bd. 18, Nr. 71, S. 41-54..

[1] Piera Aulagnier (1923-1990), französische Psychoanalytikerin, Schülerin Jacques Lacans, dessen „École freudienne de Paris" sie jedoch 1969 wegen Konflikten um die von Lacan initiierten gravierenden Veränderungen der Bedeutung der Lehranalyse (Einführung der *passe* als Übergangsreglement vom Analysanden zum Analytiker) verließ. Sie gründete mit François Perrier und Jean-Paul Valabrega und anderen die „Quatrième Groupe" O.P.L.F. (Organisation psychanalytique de langue française). Werke u.a.: *La Violence de l'interprétation*, 1975; *Les Destins du plaisir: aliénation, amour, passion*, 1979; *Un Interprète en quête de sens*, 1986. Piera Aulagnier und Cornelius Castoriadis, der sich ebenfalls 1969 der „Quatrième Groupe" anschloss, waren von 1975 bis 1984 verheiratet [AdH].

[2] *La violence de l'interprétation - du pictogramme à l'énoncé*, Paris 1975 (Neuauflage 2003).

[3] *Un interprète en quête de sens*, Paris 1986.

[4] Kurt Goldstein (1878-1965), deutscher Neurologe. Hauptwerk: *Der Aufbau des Organismus. Einführung in die Biologie unter besonderer Berücksichtigung der Erfahrungen am kranken Menschen*, Den Haag 1934 [AdH].

[5] Sie werden im Allgemeinen durch Angst zerstört und in großem Umfang durch diese ersetzt.

[6] Vgl. „La filiation persécutive", in *Un interprète...*, S. 326.

[7] Animismus (von griech. *ánemos*, Wind, Lebenshauch), religiöse Anschauungen, für die die natürliche Welt insgesamt als beseelt und ehrfurchtgebietend erscheint. „Reismus" (von lat. *res*, Ding) - oder *chosisme*, wie im französischen Original - wäre analog eine Konstruktion der Welt, in der alles den Charakter von Dingen (*choses*) annähme [AdH].

[8] Ebd., S. 327.

[9] Vgl. Marquis de Sade, *Justine oder Die Leiden der Tugend gefolgt von Juliette oder Die Wonnen des Lasters*, Nördlingen 1987 [AdH].

[10] *La Violence de l'interprétation*, a.a.O., S. 220-222.

[11] Ebd., S. 218-219.

Leidenschaft und Wissen*

Nicht alles an dem, was wir Denken nennen, ist formalisiert oder formalisierbar, d.h. mit einem mechanischen Vorgang vergleichbar (Churchs These[1]). Stattdessen sind immer sowohl menschliche Imagination als auch Leidenschaft im Spiel.

Über die Imagination habe ich bereits ausführlich geschrieben[2], sodass ich mich darauf beschränken kann, einige Kernaussagen zu rekapitulieren. An beiden Enden des Wissens, aber immer auch in der Mitte, ist das schöpferische Potential des Menschen, d.h. die radikale Imagination, anzutreffen. Sie präsentiert eine so und nicht anders beschaffene Außenwelt; sie schöpft die Axiome, Postulate und grundlegenden Schemata, auf denen die Erzeugung des Wissens beruht; und sie ist es schließlich auch, die immerzu die Hypothesen-Modelle und Ideen-Bilder nachliefert, von denen jeder Durchbruch und jede Weiterentwicklung dieses Wissens zehrt. Nun ist diese Imagination weder an sich noch in ihren wesentlichen Verfahrensweisen formalisiert oder formalisierbar, ebenso wenig wie das gesellschaftliche Imaginäre, sein Pendant auf gesellschaftlich-geschichtlicher Ebene als Schöpfung des anonymen Kollektivs. Freilich enthält sie – wie alles Seiende – auch eine mengentheoretisch-identitätslogische oder kurz *mengidische* Dimension[3], doch diese stellt weder bei ihren Operationen noch bei ihren Resultaten das Wesentliche dar, ebenso wenig wie bei einer Fuge von Bach die arithmetischen Beziehungen zwischen den Tönen die Hauptsache sind.

Warum kann ein Computer den menschlichen Geist nicht ersetzen? Weil es ihm an Imagination fehlt, weil er über die Regeln, nach denen er funktioniert, weder hinausgehen noch hinter sie zurückgehen kann (sofern man ihm nicht genau das als Regel einprogrammiert hat, und wäre dies der Fall, könnte er selbstverständlich keine neue Regel aufstellen, die zu sinnvollen Resultaten führen würde). Und weil es ihm an Leidenschaft fehlt, und er infolgedessen unfähig ist, ganz plötzlich den Untersuchungsgegenstand zu wechseln, weil er sich unterwegs in eine neue, bislang unvermutete Idee verliebt hat. Keines dieser beiden Defizite kann durch Zufallsverfahren ausgeglichen werden.

Das paradoxe Verhältnis von Leidenschaft und Wissen

Auf den ersten Blick wirkt es absurd, die Begriffe Leidenschaft und Wissen in Verbindung zu bringen, scheinen sie sich doch gegenseitig absolut auszuschließen. Ein durchschnittlich gebildetes Individuum würde wahrscheinlich behaupten, und hätte damit die Mehrzahl der Philosophen auf seiner Seite, dass diese Beziehung nur eine negative sein könne, weil die Leidenschaft (wie die Imagination, die „Verrückte im Haus") allenfalls als Störung und Beeinträchtigung der Arbeit des Wissens in Betracht käme, die dem Gelehrten vielmehr Gemütsruhe und Distanz abverlange. Es wäre ein Leichtes, ihm entgegenzuhalten, dass noch jedes große Werk der Erkenntnis durch Leidenschaft und absolute Konzentration auf einen einzigen Gegenstand motiviert wurde – von Archimedes, der starb, weil er sich beim Zeichnen geometrischer Figuren im Sand nicht stören lassen wollte[4], bis zu Évariste Galois, der die ganze Nacht vor seinem tödlichen Duell darauf verwendete, fieberhaft seine Theoreme zu Papier zu bringen.[5] Worauf unser hypothetischer, aber gut vorstellbarer Gesprächspartner erwidern könnte, er habe nicht die auf den Gegenstand des Wissens oder der Wahrheit gerichtete Erkenntnisleidenschaft an sich gemeint, sondern die äußerlichen, unlauteren Leidenschaften: Neid, Hass und Missgunst, Streben nach Geld, Macht und Ruhm oder auch, und vielleicht vor allem, den auf „seine" Ideen und „seine" Ergebnisse erweiterten Egoismus des Forschers.

Wir könnten uns auf Hegel besinnen und dementsprechend antworten, dass die List der Vernunft in diesem wie in allen anderen Bereichen selbst die schäbigsten Leidenschaften für sich nutzbar zu machen versteht. Wie oft hat nicht schon die Rivalität von Denkern oder Schulen, aus fragwürdigen Motiven (Newton-Leibniz, Kronekker-Cantor...), eine treibende Rolle bei der Wissensentwicklung gespielt? Und wer würde, heute zumal, die Behauptung wagen, das leidenschaftliche Streben nach Macht, nach Berühmtheit um jeden Preis, sogar nach Geld sei kein mächtiger Stimulus der wissenschaftlichen Forschung – wie die regelrechte Sucht unserer Zeitgenossen, immer an der Spitze zu stehen, mehr als deutlich macht?

Wir können und müssen in eine tiefere Schicht vordringen und zu diesem Zweck den Begriff „Leidenschaft" präziser fassen. Wir können, mit Piera Aulagnier[6], von Leidenschaft sprechen, wenn sich das Lustobjekt in ein Bedürfnisobjekt verwandelt; anders formuliert, wenn das Objekt unentbehrlich wird, wenn das Subjekt sich ein Leben ohne Besitz, Aneignung, Suche nach, und letztlich in gewissem Sinne: Identifikation mit dem Objekt der Leidenschaft nicht mehr vorstellen kann – wenn es zu einer Sache von Leben und Tod geworden ist. Gibt es so etwas auch in Bereich des Wissens? Mit Sicherheit. Das zeigt nicht nur die Erfahrung, sondern es sind gewissermaßen apriorische Überlegungen, die uns zu der Annahme zwingen, dass es kein über reine Routine hinausgehendes Werk der Erkenntnis ohne derart definierte Leidenschaft, ohne totale Hingabe des Subjekts an sein Objekt geben kann. Doch was ist im Fall des Wissens dieses Objekt?

Wissen beginnt mit Fragen: *Was ist...?* oder: *Warum...?*, usw., wird aber, selbst im Fall der Philosophie, erst Wissen, wenn es zu gewissen Resultaten führt. Diesen letzten Punkt gilt es zu betonen in einer Zeit, in der allenthalben von Hinterfragen, Unbestimmtheit, Dekonstruktion und schwachem Denken die Rede ist.

Was wird also bei der Erkenntnisleidenschaft psychisch besetzt?

Die nächstliegende Antwort lautet offensichtlich: die Wahrheit. Wir brauchen hier wohl kaum in eine philosophische Diskussion der Frage: *Was ist Wahrheit?* einzusteigen, um in erster Annäherung zu der Feststellung zu gelangen, dass die Wahrheit mit den *Resultaten* des Wissens zu tun hat. Doch hier kommen die Paradoxien wieder zum Vorschein. Die Leidenschaft für die Wahrheit ist nicht zu trennen von der Leidenschaft für die Resultate, in denen sich diese Wahrheit für den Forscher, den Wissenschaftler, den Denker verkörpert oder zu verkörpern scheint. Nun kann ihn diese Wahrheit dazu führen, was zumeist auch geschieht, dass er sich auf ihre (seine) Resultate fixiert und sich mit ihnen mehr oder weniger identifiziert, was so weit gehen kann, dass er ihre Infragestellung als Infragestellung seiner selbst, seiner eigenen Identität empfindet. Der Narzissmus des Subjekts erstreckt sich unweigerlich – und nicht nur im Bereich des Wissens – auf die Produkte des Subjekts, die fortan zu Gegenständen einer ebenso kategorischen wie bedingungslosen Besetzung werden.

Gleichwohl widerspricht diese Besetzung, mit der sich die Wahrheit in ein Besitzobjekt verwandelt und oft genug – vor allem, aber nicht ausschließlich in der Philosophie – zum Anhängsel eines Systems wird, dem ursprünglichen Motiv und Antrieb der Wahrheitssuche. Sie bringt die Bewegung des Fragenstellens zwangsläufig zum Erliegen, indem sie Letztere daran hindert, sich ihren Resultaten und erst recht den diesen zugrunde liegenden Postulaten zuzuwenden. Hier liegt eine der Wurzeln der diversen Dogmatismen und Fanatismen im Bereich des Wissens.

Wir stehen vor einem Dilemma: Entweder man begeistert sich für die Resultate, ohne welche die Wahrheit ein Phantom bliebe (bestenfalls eine regulative Idee im Sinne Kants, mit den daraus folgenden Antinomien), und läuft Gefahr, sich auf sie zu fixieren – oder man begeistert sich für die Wahrheitssuche selbst, also letztlich für das unbegrenzte Fragenstellen, und läuft Gefahr, dass dieses Fragen mangels fester Anhaltspunkte in der Luft hängen bleibt. Gibt es einen Ausweg aus diesem Dilemma?

Die Antwort ist vielschichtig. Auf philosophischer Ebene nötigt sie zu einem neuen Verständnis von Wahrheit als offener Beziehung zwischen dem Fragenstellen und seinen Resultaten, als Bewegung *sui generis*, ständiges Hin und Her zwischen Prozess und Stillstand, Kluft und Begegnung („Korrespondenz"). Auf psychoanalytischer Ebene zwingt sie dazu, einen einzigartigen, geschichtlich neuen Besetzungstyp ins Auge zu fassen, die Besetzung des Selbst als schöpferische Quelle und der Denktätigkeit an sich und als solche.[7] Unter welchen Bedingungen kann das Wissen als Prozess und Tätigkeit und nicht bloß als Resultat besetzt werden? Und inwiefern kann man sich selbst als Ursprung und Akteur dieses Prozesses besetzen?

Philosophische Aspekte

„Wenn ihr mir sagtet: ‚Sokrates, wir lassen dich frei unter der Bedingung, dass du diese Nachforschung nicht mehr betreibst und nicht mehr philosophierst', so würde ich zu euch sprechen..., dass ich nicht aufhören würde zu philosophieren ... ein Leben ohne Selbsterforschung verdient es gar nicht, gelebt zu werden (*o de anexetastos bios ou biôtos*)".[8] Für Sokrates' Tod sind sicherlich mehrere Faktoren und Motive verantwortlich, vor allem aber, dass die Nachforschung, das Fragenstellen zum Gegenstand seiner Leidenschaft geworden sind, ohne die das Leben nicht lebenswert ist. Wohlgemerkt: Sokrates spricht nicht von Wahrheit; hatte er doch stets verkündet, wenn auch vielleicht ironisch, das Einzige, was er mit Sicherheit wüsste, sei die Tatsache, dass er nichts wüsste. Er spricht von *exetasis*, Nachforschung, Untersuchung. Die beiden Stränge, die wir herausgearbeitet haben, sind hier deutlich unterscheidbar: die Leidenschaft, die ihren Gegenstand lebenswert macht; und die Natur dieses Gegenstandes, nicht als Besitz, sondern als Suche und Untersuchung, als forschende Tätigkeit.

Im *Phaidros* und vor allem im *Gastmahl*, aus dem Munde Diotimas, erfahren wir, dass Platon die Liebesleidenschaft, den Eros, für die Grundlage des Wissens hält, wie auch alles Übrigen, was im menschlichen Leben wirklich erstrebenswert ist. Aristoteles beginnt die *Metaphysik* mit dem berühmten Satz: „Alle Menschen streben von Natur nach Wissen". Welch frappierender Kontrast zur Neuzeit: Sieht man einmal von Spinoza ab, für den die dritte Gattung der Erkenntnis, die wahre Intuition, die *amor Dei intellectualis* ist, die intellektuelle Liebe zur Substanz (und selbst hierzu ist anzumerken, dass der Begriff *intellectualis* den Begriff *amor* deutlich abschwächt)[9], so stellt man fest, dass von Descartes bis Husserl und Heidegger, die angelsächsische Philosophie nicht zu vergessen, das Wissen zu einer rein intellektuellen Angelegenheit wird. Wir werden das hier an einem einzigem Beispiel, dem großen Immanuel Kant, veranschaulichen.

Bekanntlich stellt Kant die Frage nach den „Interessen des Menschen" und entfaltet sie in drei Momenten: Was kann ich wissen, was soll ich tun, was darf ich hoffen? Die umfassende Darstellung des ersten Moments mündet in eine Untersuchung dessen, was er die transzendentalen Bedingungen der Erkenntnis nennt, mit anderen Worten, in die Frage: Wie sind synthetische Urteile *a priori* (notwendige und nichttautologische Urteile) möglich? Vom Standpunkt dessen, was uns hier interessiert, ist das Ergebnis dieser Untersuchung die Konstruktion eines transzendentalen Egos, bei welchem die „Einbildungskraft" eine gewisse Rolle spielt. Doch diese Rolle, die den Voraussetzungen eines gesicherten Wissens unterworfen ist, besteht in der ewig gleichen Hervorbringung ein für alle Mal gegebener Formen. Gleichzeitig ist dieses transzendentale Ego zwangsläufig, seiner Konstruktion gemäß, völlig körperlos, nicht nur in somatischer, sondern auch in psychischer Hinsicht. Es ist eine geistige Maschine – wir würden sie heute als eine Art Computer bezeichnen. Im Grunde sind es sogar eher zwei Computer als einer, die obendrein nicht miteinander kommunizieren. Kant stellt nämlich eine abgrundtiefe Spaltung zwischen transzendentalem und psychologischem Subjekt her. Während Ersteres (der Annahme gemäß) unter der alleinigen Voraussetzung funktioniert, apriorische Urteile hervorzubringen, ist Letzteres den Gesetzen der empirischen Psychologie unterworfen, äußert also Urteile, die durch psychische Ursachen nicht motiviert, sondern (im naturwissenschaftlichen Sinne) determiniert sind. Ungeachtet mancher Formulierungen Kants (wenn er zum Beispiel den Schematismus als „verborgene Kunst in den Tiefen der menschlichen Seele" bezeichnet) kann man nicht einmal sagen, dass diese Seele bei ihm zweigeteilt ist. Eher ist die Annahme richtig, dass sie sich zur Gänze auf Seiten des reinen Faktums befindet (der *quid facti*-Frage unterliegt) und vergeblich zum anderen Rand des Abgrunds blickt, wo die transzendentale Voraussetzung und die Idee einer reinen Sittlichkeit aufscheinen (die allein die *quid juris*-Frage beantworten können).

Bestenfalls gibt es eine Spaltung zwischen einem transzendentalen Bewusstsein (oder einer praktischen Vernunft) – von dem man nicht weiß, ob es ein reines unerreichbares Seinmüssen darstellt (in diesem Fall wären wir dem empiristischen Relativismus ausgeliefert) oder die faktische Realität von „uns Menschen" (wir stünden somit völlig außerhalb der Natur) – und der empirischen Psyche, die, selbst wenn sie die Wahrheit spricht (oder das Gute tut), es nur aus schlechten (empirischen oder unreinen) Gründen tun kann. Im Bereich der Erkenntnis jedenfalls könnte sich diese empirische Seele höchstens als Störfaktor und Fehlerquelle geltend machen, wenn zum Beispiel die „empirische Einbildungskraft" oder, schlimmer noch, die Leidenschaften das Funktionieren des transzendentalen Bewusstseins (man fragt sich allerdings, wie?) beeinträchtigen.

In Abkürzung einer langen Diskussion müssen wir uns auf einige Behauptungen beschränken, die durch die obigen Ausführungen, wie ich hoffe, zumindest plausibel werden.

Worauf es uns ankommt, ist das wirkliche Wissen über wirkliche Subjekte, kein transzendentales Phantom und keine unerreichbare Idealität. Dass die ausschließliche Beschäftigung mit Letzterer allenfalls zu Skeptizismus und Solipsismus führen kann, ist ein bloß scheinbares Paradox.

Diese wirklichen Subjekte sind stets gesellschaftlich-geschichtliche Subjekte. Ihre Gesellschaftlichkeit und ihre Geschichtlichkeit sind keine Abfallprodukte, Akzidentien oder Hindernisse, sondern positive Grundvoraussetzungen ihres Zugangs zu jeder Art von Wissen. Und zwar schon allein deshalb, weil es kein Denken ohne Sprache gibt und Sprache nur als gesellschaftlich-geschichtliche Institution existiert.

Diese wirklichen Subjekte sind ferner Subjekte im vollen Wortsinn, nicht bloße Produkte gesellschaftlich-geschichtlicher Bedingungen, sondern Subjekte für sich und insbesondere menschliche Psychen.

Gehen wir einen Schritt zurück und stellen die Frage: Welches sind, nicht die Möglichkeitsbedingungen, sondern die erforderlichen Wirklichkeitskomponenten, damit ein beliebiges Für-sich-sein (von der Bakterie bis zum Menschen) existieren und irgendeine Tätigkeit entfalten kann?

Die wirkliche Existenz eines Für-sich setzt voraus, dass es:

- eine Eigenwelt schöpft, sich selbst in diese hineinversetzt und zumindest minimal mit dem Substrat dieser Welt interagiert, und zwar in der Art und Weise, die ihm durch den Aufbau seiner Eigenwelt vorgegeben ist;

- bestimmte Objekte sucht und andere Objekte meidet (weil es ansonsten aufhören würde zu existieren);
- die Objekte und Resultate seines Handelns positiv oder negativ bewertet.

Das bedeutet, in die Sprache der menschlichen Psyche übersetzt: die Psyche muss sich ein Bild der Welt und ihres Platzes in dieser Welt erschaffen; sie muss begehren und verabscheuen; sie muss Lust auf die von ihr begehrten Objekte verspüren und Unlust in Bezug auf die von ihr verabscheuten Objekte.

Andererseits kann die Psyche nur existieren, wenn sie sozialisiert ist. Das bedeutet, dass sie ihr Welt- und Selbstbild, die Objekte ihrer Besetzung, ihre Bewertungskriterien und ihre Lust- und Unlustquellen im Wesentlichen von der Gesellschaft bezieht, in der sie sich befindet.

Diese Bilder, diese Objekte, diese Kriterien werden sowohl von der Einzelpsyche als auch dem gesellschaftlichen Kollektiv, das sie umgibt, affektiv besetzt, und ohne diese Besetzung könnten beide nicht existieren. Diese Überlegungen sind weder empirisch noch transzendental. Sie betreffen die Ontologie des Menschen, als Individuum und Kollektiv, und seiner Beziehung zur Welt, die er schöpft und entstehen lässt, indem er sich selbst erschafft. Dieses Sein und diese Beziehung existieren nur als gesellschaftlich-geschichtliche, und darin liegt die zentrale Dimension all dieser Fragen. Wir wollen kurz einen ihrer Aspekte behandeln.

Glaube, Wissen, Wahrheit

Diese affektive Besetzung des eigenen Selbst- und Weltbildes, von der wir sprachen, ist, für sich betrachtet, noch nicht mit irgendeiner Form von Wissen verbunden. Sie fällt in den Bereich des Glaubens. Der Glaube ist überall zu finden, wo es Menschen gibt, als Individuum und als Kollektivität. Leben ist unmöglich ohne einen pragmatischen Glauben an das Sosein und den geregelten Gang der Dinge auf der Welt. Diesen Glauben teilen wir zweifelsohne mit allen Lebewesen – selbst wenn wir die einzigen sind, denen das mehr oder minder deutlich bewusst ist. Doch geht dieser Glaube beim Menschen weit über die Wahrnehmbarkeit der Weltdinge und ihrer Beziehungen hinaus.[10] Er ist auch und vor allem Glaube an die Bedeutungen, die die Welt, die Gesellschaft, das Leben und Sterben der Einzelnen zusammenhalten. Er ist die subjektive Seite der imaginären Institution der Gesellschaft. Seine Inhalte (oder Objekte) sind fast zur Gänze gesellschaftlichen Ursprungs oder Charakters. Sie sind nur am Rande oder zufällig individuell, sofern sie von individuellen Erfahrungen oder Idiosynkrasien abhängen. Deshalb sind sie fast immer und überall unanfechtbar. Man kann dieses oder jenes konkrete Faktum in Frage stellen, aber nicht die imaginären Bedeutungen der Gesellschaft. Die Institution der Gesellschaft wurde stets durch die Religion im weitesten Sinne des Wortes begründet und sanktioniert[11]; und kein Gläubiger wird die Dogmen seiner Religion in Zweifel ziehen. Selbst in solchen Gesellschaften, die sich dem Zugriff der Religion halbwegs entzogen haben, wie manchen Gegenwartsgesellschaften, gibt es eine unendliche Zahl von Ideen, die zu bezweifeln keinem Durchschnittsbürger in den Sinn käme. Er glaubt an sie – ohne überhaupt zu wissen, dass er *glaubt* (er glaubt zu *wissen*).

Wissen im eigentlichen Sinne, und nur darauf kommt es uns hier an, beginnt erst, wenn ein Prozess des Fragens und Forschens angefangen hat, der die Glaubensbekenntnisse des Stammes in Frage stellt und damit eine Bresche in die metaphysische Nische schlägt, die das Kollektiv sich geschaffen hat. Freilich muss es sich notwendigerweise auf den Glauben stützen: Wie Bohr und Heisenberg betonten, setzen die Merkwürdigkeiten der Allgemeinen Relativitätstheorie und der Quantentheorie die gewöhnliche Erfahrungswelt voraus und müssen in dieser bestätigt werden. Doch das Wissen hinterfragt den Glauben und untergräbt in der Regel die bestehenden Bedeutungen und das etablierte Sinngebungssystem.

Sicherlich ist die Trennlinie in der geschichtlichen Wirklichkeit nicht immer so deutlich gezogen; es gibt Übergangszonen zwischen beiden. Um das bezeichnendste Beispiel zu nehmen: In allen drei monotheistischen Religionen können Glaubensinhalte zum Gegenstand einer Befragung werden – für gewöhnlich im Hinblick auf die „wahre Bedeutung" der heiligen Schriften –, was immer wieder Anlass zu langem Gelehrtenstreit (und etlichen Massakern) gab. Doch ist diese Befragung zwangsläufig beschränkt, im mathematischen Sinne des Wortes: sie muss stets Halt machen vor dem Postulat der letzten, unbestreitbaren, weil offenbarten, Wahrheit dieser Schriften.[12]

Glaube und Wissen sind beide Schöpfungen von Wesen-für-sich – Lebewesen, Psyche, Gesellschaft. Doch der Glaube entfaltet sich in einem Zustand der Geschlossenheit; es genügt ihm, wenn er dem jeweiligen Für-sich ermöglicht, in der Welt zu existieren, er bildet dessen Lebensmilieu. Deshalb muss er, beim einfachen Lebewesen vollständig, beim Menschen in seiner instrumentellen Dimension, auf die eine oder andere Weise dem Seienden entsprechen. Doch diese Auflage entfällt, wenn wir die wirklich wichtige Dimension menschlicher Glaubensvorstellungen in Betracht ziehen – ihre imaginäre, die Bedeutung betreffende Dimension. Für Letztere ist die einzig wichtige Bedingung die Geschlossenheit des Sinns, die „Fähigkeit", jede in der jeweiligen Gesellschaft potentiell auftauchende Frage beantworten zu können.

Genau diese Geschlossenheit wird durch das Fragenstellen und den Erkenntnisprozess aufgebrochen, die sich freiwillig einem anderen Zwang unterwerfen, dem *logon didonai* – Rechenschaft ablegen, Gründe angeben –, und alles ablehnen, was sich der Nachfrage entzieht. Dieser Zwang lässt sich in zwei Forderungen aufschlüsseln: immanente Stimmigkeit und Zusammentreffen mit dem Seienden. Diese beiden Forderungen führen an sich schon zu neuen Fragen. Allein aus diesem Grund ist das Fragenstellen ein unabschließbarer Prozess.

Wie kann eine solche Tätigkeit vom Subjekt besetzt werden und welchen Sinn hat sie für die Psyche? Das sind die Fragen, denen wir uns jetzt zuwenden wollen.

Psychoanalytische Aspekte

Diese speziellen psychischen Tätigkeiten: Glauben, Denken, Wissen, sollten eigentlich einen zentralen Untersuchungsgegenstand der psychoanalytischen Theorie bilden, da sie schließlich die Voraussetzungen sind, auf denen die Existenz dieser Theorie beruht. Stattdessen finden sich bei Freud allenfalls zarte Ansätze zu einer solchen Auseinandersetzung, und seine Nachfolger sind über diesen Sachstand kaum hinausgekommen.[13]

In einem ersten Entwurf (*Drei Abhandlungen zur Sexualtheorie*[14]) beruft sich Freud auf einen *Wisstrieb**, dessen Status man, gelinde gesagt, als seltsam wird bezeichnen dürfen. Nach dem, was Freud an anderer Stelle schreibt („Triebe und Triebschicksale", 1915), ist der Trieb „die Grenze zwischen dem Somatischen und dem Psychischen"[15]: er hat zwangsläufig eine „somatische Quelle" und ist in der Psyche durch eine Vorstellung „vertreten" (*Vorstellungsrepräsentanz des Triebes**). Es ist schwer erkennbar, was für eine „somatische Quelle" ein „Wisstrieb" haben könnte. Es sei immerhin daran erinnert, dass Freud 1907 noch über keine ausgearbeitete Triebtheorie verfügte und das eigentliche Thema der *Drei Abhandlungen* und der *Infantilen Sexualtheorien* die sexuelle Neugier des Kindes ist. Das verleiht diesem „Trieb“ sicherlich eine gewisse psychoanalytische Dignität, weist aber noch keinen Weg, um die riesige Kluft zu überwinden, die die kindliche Sexualneugier von Religion, kosmologischen Theorien oder Primzahltheoremen trennt. Warum haben Kühe keine Religion – oder warum bringen Tiere mit geschlechtlicher Fortpflanzung generell keine infantilen Sexualtheorien hervor, warum sind sie offenkundig völlig desinteressiert an diesem Thema und kommen stattdessen lieber gleich zur Sache? Wahrscheinlich würde die Antwort lauten – das sollte sie zumindest –, dass die Sexualfunktion bei Tieren rein „instinktiv“ ist, d.h., ihre Wege und Ziele sind festgelegt, konstant, gesichert und funktional, während wir es beim Menschen gerade nicht mit einem „Instinkt“, sondern mit einem „Trieb“ zu tun haben.

Was ist von dieser Unterscheidung zu halten, die schließlich aus der Freud'schen Perspektive den Unterschied zwischen tierischer und menschlicher Natur begründet? Weder der Text von 1915 noch irgendein anderer gehen je direkt auf diese Frage ein. Vielmehr ist bei Freud ein Nebeneinander von mehreren Erklärungsansätzen und einer Art Vermeidung des Problems zu beobachten. Am einen Ende des Spektrums ist die „biologistische“ These angesiedelt, die in letzter Konsequenz zur Beseitigung des Unterschieds führen würde. Soweit geht Freud natürlich nicht; dennoch darf man sich fragen, was ihn dazu veranlasst, den Kampf zwischen Eros und Thanatos auf den gesamten Bereich des Lebens auszudehnen und namentlich zu glauben, den Todestrieb selbst bei primitivsten Organismen entdeckt zu haben?[16] Am anderen Ende des Spektrums befindet sich das mehrfach wiederholte Eingeständnis, dass wir nichts wüssten über jene zumindest für einen Teil der psychischen Phänomene beim Menschen wesentliche Eigenschaft namens Bewusstsein. Bisweilen legt die Beschwörung „unseres Gottes Logos“ (*Die Zukunft einer Illusion*) die Annahme nahe, Freud würde von der Rationalität als unaufhebbarem Attribut des Menschseins ausgehen. Doch augenscheinlich impliziert Rationalität ebenso wenig Bewusstsein (jedes Raubtier handelt rational) wie Bewusstsein Rationalität impliziert (wie schon die oberflächlichste Betrachtung menschlichen – individuellen wie kollektiven – Verhaltens zeigt). Der Gründungsmythos in *Totem und Tabu* könnte allenfalls Auskunft geben über den Ursprung eines speziellen „religiösen“ Glaubens, aber nicht über das Bewusstsein, über explizite Rationalität oder die Erkenntnistätigkeit. Kaum nötig hinzuzufügen, dass man die Erkenntnisbewegung ebenso wenig mit jenem anderen, ebenfalls bei allen Lebewesen anzutreffenden „Instinkt", der Selbsterhaltung, verbinden kann, selbst dann nicht, wenn man ihn mit einer genetisch höher entwickelten Form von „Rationalität" beim Menschen koppelt, denn diese würde bestenfalls zur Zunahme eines rein funktionalen und instrumentellen Wissens zwecks Befriedigung ewiggleicher „Bedürfnisse" führen.

Es ist wichtig, sich mit dieser Frage näher zu befassen, und zwar im Rahmen der von Freud selbst vorgegebenen Parameter. Warum gäbe es – warum *gibt es*, faktisch und praktisch – bei Menschenkindern eine Sexualneugier, die bei anderen Säugetierjungen fehlt? Und warum nimmt sie die bizarren Formen infantiler Sexualtheorien an? Es wäre lächerlich zu behaupten, der Grund dafür läge in der „Verschwiegenheit" des elterlichen Sexualverhaltens beim Menschen; dass Kinder das Sexualverhalten der Tiere beobachten, war bisher in allen menschlichen Gesellschaften üblich, außer (vielleicht) in den Kindergärten der wohlsituierten städtischen Mittelschicht im viktorianischen England. Die „Sexualneugier" konnte allerdings nur dann eine Nachforschung auslösen, wenn ein weiterer Faktor hinzutrat, zu dem wir gleich kommen.

Dennoch liefert Freud – gewissermaßen aus Versehen – den Rahmen, innerhalb dessen wir unsere Frage denken können.

Ich habe oben geschrieben, dass Freud den Unterschied zwischen Mensch und Tier niemals direkt thematisiert. Das stimmt. Gleichwohl enthält der Text von 1915 über „Triebe und Triebschicksale", wenn er richtig interpretiert wird – was bisher nicht geschehen ist –, indirekt den Ansatz zu einer Antwort. Der Trieb, dessen Quelle somatisch ist, der aber, um sich der Psyche verständlich zu machen, deren Sprache sprechen muss, bewirkt in der Psyche eine Vorstellung, die dort als sein Vertreter oder Botschafter fungiert (*Vorstellungsrepräsentanz des Triebes**). Bis hierher kein Unterschied zur Tierpsyche. Der Unterschied ergibt sich erst, wenn man bemerkt – was Freud nicht tut, was aber in diesem Moment auch nicht sein Thema ist –, dass diese Vorstellung beim Tier konstant bleibt, während sie sich beim Menschen ändert. Wir können also mit Fug und Recht behaupten, dass die „repräsentative" Vorstellung des Triebes starr, festgelegt, verbindlich ist. Sexuelle Erregung wird durch die jeweils gleichen stimulierenden Vorstellungen hervorgerufen und der Ablauf des Aktes ist im Wesentlichen standardisiert. (Das Gleiche gilt für die Nahrungsaufnahme, usw.) Wenn es Ausnahmen gibt, so sind es wirkliche Ausnahmen oder Anomalien. Doch beim Menschen ist die Ausnahme buchstäblich die Regel. Psychoanalytisch gesprochen gibt es keinen artumfassend verbindlichen Triebrepräsentanten, nicht einmal einen für dasselbe Individuum, unter veränderten Umständen oder zu verschiedenen Zeiten.

Auf die Frage: Wozu dieser Unterschied?, fällt die Antwort nicht schwer: die Vorstellungsfunktion – wesentlicher Bestandteil der Imagination – versorgt das Tier stets mit den gleichen Produkten, während sie beim Menschen entbunden, freigesetzt oder durchgedreht ist, wie man möchte. Das Lebewesen im Allgemeinen besitzt eine funktionale Imagination mit festen Produkten, der Mensch eine entfunktionalisierte Imagination, deren Produkte unbestimmt sind. Das geht beim Menschen mit einem weiteren Wesensmerkmal einher: die Vorstellungslust drängt bei ihm die Organlust tendenziell in den Hintergrund (ein Tagtraum kann eine ebenso große, wenn nicht größere Lustquelle sein als ein Koitus). Diese Tatsache ist wiederum eine notwendige (aber nicht hinreichende) Bedingung für das Auftauchen eines weiteren, ausschließlich menschlichen Prozesses (dessen Bedeutung Freud ebenso erkennt wie seine Dunkelheit): der Sublimierung. Für den Menschen ist die Besetzung von Gegenständen oder Handlungen, die ihm weder Organlust verschaffen noch jemals verschaffen könnten, sondern deren Schöpfung und Bewertung gesellschaftlicher Natur und deren wesentliche Dimension nicht wahrnehmbar ist, eine Quelle der Lust (und in der Lage, seine biologischen Bedürfnisse zu unterdrücken oder sich gar seiner bloßen Selbsterhaltung zu widersetzen).[17]

Diese Aufklärung kann und muss auf Grundlage eines weiteren, von Freud (bereits in den *Drei Abhandlungen*) herausgearbeiteten Elements vervollständigt werden: dem Wunsch nach „Kontrolle" der Realität (angefangen mit dem eigenen Körper des Subjekts). Welchen Status und Ursprung hat dieser Kontrollwunsch? Und in welchen Verhältnis steht er zur Sexualneugier? Die Antwort auf diese beiden Fragen nötigt uns, Freud den Rücken zu kehren (ohne ihn, denke ich, zu verraten). Dieser Kontrollwunsch ist ein Abkömmling der ursprünglichen narzisstischen Allmacht, der Allmacht des monadischen Subjekts[18] (die Freud korrekterweise als „magische Allmacht der Gedanken" im Unbewussten aller, Kinder wie Erwachsener, identifizierte), und seine Übertragung in die „Realität". Wohlgemerkt, diese Allmacht ist ursprünglich, und im Unbewussten immer, Allmacht über die Vorstellungen (für die Psyche ist die Vorstellung identisch mit der Gattung, der „Realität", der Art), und sie steht im Dienst des Lustprinzips, dem Bindemittel des Sinns. Anfangs ist für die Psyche eine „sinnhafte" Vorstellung eine Lust spendende Vorstellung, während eine Unlust spendende Vorstellung sinnlos ist (wie eine Kakophonie). Das ist die Matrix des Sinns: Alles hält zusammen, alles muss zusammenhalten, dieser Zusammenhalt ist etwas Erstrebenswertes, positiv Bewertetes, eine Lustquelle. Die Organlust selbst ist Zusammenhalt zwischen dem Befriedigung verschaffenden Objekt und der erogenen Zone als Ort der Befriedigung. Der Koitus ist Kopulation, also Wiedervereinigung des Getrennten (vgl. Aristophanes im *Gastmahl*).[19]

Andererseits zielt die Sexualneugier des Kindes vor allem darauf ab, eine Antwort auf die Frage: „Woher kommen die Kinder?" zu finden, eine abstrakte und verallgemeinernde Formulierung der Frage: Woher komme ich? Diese Frage ergibt nur Sinn vor dem Hintergrund eines Forschens nach dem Ursprung – das wiederum ein Aspekt und ein Moment der Frage nach dem *Sinn* ist (Aspekt und Moment der Ursachen und Bedingungen des Sinns). Mehr als nach Milch und Schlaf verlangt die Psyche nach Sinn. Sie verlangt danach, dass, *für* sie, einen Zusammenhalt ergibt, was sich ihr als scheinbar ungeordnet und beziehungslos präsentiert. Die Frage nach dem Ursprung ist die Frage nach Sinn und Ordnung in der zeitlichen („geschichtlichen") Dimension. Die Frage nach dem Ursprung durchbricht also die Vollkommenheit des Gegenwärtigen, sie setzt die Schöpfung eines Zeithorizonts im eigentlichen Sinne voraus (die das Werk der radikalen Imagination des Subjekts ist): eines rückwärtigen Horizonts, Geburt und Anbeginn, und eines vorausliegenden Horizonts, dem Horizont des Entwurfs, aber auch des Todes. Diese zeitliche Dimensionierung kann sich begreiflicherweise nur in sukzessiver Verschränkung mit der Sozialisation der Psyche vollziehen, ein Prozess, in dessen Verlauf die Psyche mit einer immer differenzierteren Welt ausgestattet und zu deren Anerkennung gezwungen wird. Doch auf diesem Aspekt wollen wir hier nicht näher eingehen.

Eine infantile Sexualtheorie als Resultat sexueller Neugier ist also von Seiten des Kindes der Versuch, gedankliche Kontrolle über seinen eigenen Ursprung zu gewinnen, mit anderen Worten, einen Sinn seiner Geschichte zu entwerfen. Das wird später in die Frage nach dem Ursprung von allem münden, auf die die gesellschaftlich instituierten Formen von Theologie und Kosmologie stets eine Antwort parat haben. Formulieren wir es anders: die sexuelle Neugier strebt eine gewisse Art von Kontrolle an, während Kontrolle an sich immer auch sexuell konnotiert ist. (Wie das alles auch mit einer Form von instrumenteller Kontrolle zusammenhängt, der Freud große Bedeutung beimaß, wie man an *Die Zukunft einer Illusion* ablesen kann, braucht uns hier nicht weiter zu interessieren.)

Ob es sich also um Sexualneugier, Kontrolle oder Lustquellen handelt, der Bruch mit der Tiernatur ist stets durch das Auftauchen der radikalen Imagination der Einzelpsyche und des gesellschaftlichen Imaginären als Quelle der Institutionen bedingt, also von Gegenständen und Handlungen, die das Potential zur Sublimierung in sich tragen. Ihr Auftauchen zerstört die tierische „Instinkt"regulierung, fügt der Organlust die Vorstellungslust hinzu, lässt das Verlangen nach Sinn und Bedeutung entstehen und beantwortet dieses Verlangen, auf kollektiver Ebene, mit der Schöpfung von gesellschaftlichen imaginären Bedeutungen, die alles erklären, was in der fraglichen Gesellschaft jeweils vorkommen kann. Diese durch gesellschaftlich instituierte, entsexualisierte und größtenteils nicht wahrnehmbare Gegenstände beförderten Bedeutungen werden bei Strafe des Todes oder des Wahnsinns von den Einzelsubjekten besetzt. Dieser Besetzungsprozess und seine Resultate sind das, was uns veranlasst, von Sublimierung zu sprechen.[20]

Die Sublimierung aber ist Voraussetzung des Wissens, nicht das Wissen selbst. Denn in fast allen Gesellschaften sind ihre Gegenstände unanfechtbare *Glaubensinhalte* – die Welt ruht auf dem Rücken einer Riesenschildkröte oder Gott hat sie in sechs Tagen erschaffen, woraufhin er ausruhte, usw. –, die das Sinnverlangen stillen, indem sie auf alles, wonach in der jeweiligen Gesellschaft sinnvollerweise gefragt werden kann, eine Antwort geben. Ferner sorgen sie für den *Abbruch* des Fragenstellens, indem sie eine letzte und umfassende Bedeutungsquelle einführen. Um den Ursprung des Wissens zu ergründen, müssen wir also weiter gehen.

Wissen und Wahrheitsleidenschaft

Seien wir so wagemutig, Aristoteles zu widersprechen. Was die Psyche, genau wie die Gesellschaft, verlangt und was beide benötigen, ist nicht Wissen, sondern Glaube.

Die Psyche wird zweifellos mit dem Verlangen nach Sinn geboren, oder vielmehr, sie wird hineingeboren in das, was für sie Sinn ist und für den Rest ihres Lebens der Inbegriff von Sinn bleiben wird: die Schließung der psychischen Monade in sich selbst und die damit einhergehende Vollkommenheit. Diese Geschlossenheit und diese Vollkommenheit müssen unweigerlich durchbrochen werden und zwar unter dem gleichzeitigen Druck des körperlichen Bedürfnisses und der Anwesenheit eines anderen Menschen, von dem die Befriedigung dieses Bedürfnisses abhängt. Die Nichtbefriedigung des Bedürfnisses erscheint somit – notgedrungen – als Nicht-Sinn („das Ende des psychischen Ruhezustands", schreibt Freud[21]). Wer also die Befriedigung dieses Bedürfnisses gewährt, wird prompt zum Meister des Sinns erhoben – die Mutter oder ihre Vertretung.

In seiner ursprünglichen Form ist das Fragenstellen ein Moment im Kampf der Psyche um ihren Austritt aus dem Sinnlosen und der Angst, die es entstehen lässt. (Das Sinnlose kann in diesem Stadium nur als drohende Zerstörung des Selbst wahrgenommen werden.) Diese Angst wird eingedämmt durch das Streben nach Kontrolle, und zwar als Kontrolle des Sinns (die anfangs, als „halluzinatorische" oder „wahnhafte" Kontrolle, tatsächlich total ist).

Die Suche nach Sinn ist das Bestreben, jede Wolke von „Elementen", die irgendwo auftritt, in Bezug zu setzen, in Verbindung mit der Lust, die aus der mehr oder minder gelungenen Wiederherstellung der psychischen Flusses resultiert, das heißt, der wiedergewonnenen Einheit von Vorstellung, Wunsch und Affekt. Das ist der Sinn des Sinns aus psychoanalytischer Sicht, dessen Beziehung zum philosophischen Sinn des Sinns (*eudaimonia* des theoretischen Lebens) unschwer zu erkennen ist.

Das Fragen und Forschen wird normalerweise durch die gesellschaftlichen imaginären Bedeutungen, die der Mensch während der harten Schule seiner Sozialisation aufnimmt und verinnerlicht, hinreichend befriedigt. Und diese Bedeutungen selbst werden fast immer in einem Zustand der *Geschlossenheit* instituiert, da der Ausschluss des Fragenstellens die erste und beste Methode ist, ihre dauerhafte Gültigkeit zu garantieren. Man könnte einwenden, die „Realität" wäre in der Lage, sie in Frage zu stellen – doch existiert die „Realität" jeder Gesellschaft selbst nur als Teil des Gewebes instituierter und in diesem Rahmen interpretierter Bedeutungen. Nur die rein „instrumentellen" Bedeutungen – oder, besser gesagt, die instrumentelle Dimension mancher Bedeutungen – können manchmal durch den „Realitätstest" außer Kraft gesetzt werden.

Was also affektiv besetzt wird, ist die gesellschaftlich instituierte „Theorie", d.h. die bestehenden Glaubensvorstellungen. Der Bekenntnismodus ist hier genau das *Glauben* und die Affektform dieses Glaubens ist die *Leidenschaft*, die sich fast stets als Fanatismus äußert.

Die Leidenschaft wird nämlich dadurch ins Extrem gesteigert, dass sich das sozialisierte Individuum, um das Sinnloswerden seiner selbst und all dessen, was ihn umgibt, zu vermeiden, mit der Institution der Gesellschaft und den von ihr verkörperten Bedeutungen identifizieren muss. Die Institution oder ihre Bedeutungen zu verneinen, heißt in der Regel, physisch und fast immer auch psychisch Selbstmord zu begehen. Die offensichtliche Kehrseite dieser Leidenschaft, dieser grenzenlosen Liebe zu sich selbst und den Seinen, ist der Hass auf alles, was diese Objekte ablehnt, namentlich der Hass auf die Institutionen und Bedeutungen der Anderen und der Individuen, die sie verkörpern.

Das war und das ist im Grunde fast überall und fast seit jeher der Zustand der Menschheit. Wir würden allerdings nicht vom Wissen als Gegensatz zum Glauben sprechen, wenn diese Zustand nicht gelegentlich durchbrochen worden wäre. Und tatsächlich ist das mindestens zwei Mal passiert, im alten Griechenland und im westlichen Europa. Seither sind die Auswirkungen dieses Bruchs potentiell allen Menschen und menschlichen Gemeinschaften zugänglich.

Wir können nicht wissen, „warum" es zu diesem Bruch gekommen ist. Offen gestanden, hat diese Frage keinen Sinn. Der Bruch war eine Schöpfung. Aber wir können seinen Inhalt genauer beschreiben. Als Erneuerung einer Form des Fragens, die sich nicht mehr mit gesellschaftlich instituierten Antworten abfindet, ist dieser Bruch gleichzeitig Schöpfung der Philosophie, also ewig unabschließbares Infragestellen der Idole und Gewissheiten des Stammes, selbst wenn es sich um den Stamm der Weisen handelt, und Schöpfung der Politik als demokratische Politik, also ebenso offene Infragestellung der wirklichen Institutionen der Gesellschaft und Eröffnung der unerschöpflichen Frage nach der Gerechtigkeit; schließlich, und vielleicht vorrangig, gegenseitige Befruchtung dieser beiden Bewegungen.[22]

Wenn wir uns auf den Bereich des Denkens im engeren Sinne beschränken, so wird infolgedessen das Forschen selbst zum Gegenstand der Leidenschaft, wie der Begriff *philosophia* so gut zum Ausdruck bringt: keine ein für alle Mal erworbene und gesicherte Weisheit, sondern Liebe zur Weisheit oder Eros der Weisheit.

Dieser Übergang unterliegt einen dreifachen Bedingung: einer ontologischen, einer gesellschaftlich-geschichtlichen und einer psychischen.

Zunächst ist klar, dass der Erkenntnisprozess zwei auf das Sein selbst bezogene Zustände voraussetzt, von denen seltsamerweise nur einer von der überlieferten Philosophie explizit thematisiert wurde. Damit es zur Erkenntnis kommt, muss zumindest etwas im Sein erkenn*bar* sein, denn offenkundig könnte kein Subjekt, gleich welcher Art, in einer absolut chaotischen Welt je irgendetwas erkennen. Allerdings darf das Sein weder „transparent“ noch überhaupt vollständig erkennbar sein. Ebenso wie die bloße Existenz von Wesen-für-sich uns von einer gewissen Stabilität und Geordnetheit zumindest einer Seinsschicht – seiner primären natürlichen Schicht, mit der das Lebewesen zu tun hat – überzeugt, so hat auch die Geschichte der Erkenntnis gravierende ontologische Implikationen. Sie zeigt uns, dass das Sein nicht so beschaffen ist, dass eine erste Befragung oder ein erstes Erkenntnisbemühen es vollständig erfassen könnten. Wenn man in diese Richtung weiterfragt, stellt man fest, dass diese Tatsachen nur denkbar sind, wenn man von einer Schichtung oder Fragmentierung des Seins ausgeht.[23]

Die gesellschaftlich-geschichtliche Bedingung hängt mit dem Auftauchen offener Gesellschaften zusammen, d.h. solchen, in denen die Infragestellung der bestehenden Institutionen und Bedeutungen möglich ist und der Erkenntnisprozess an sich und als solcher positiv besetzt und bewertet wird. Da der Institution der Gesellschaft nur insofern eine wirkliche Existenz zukommt, als sie von Individuen getragen wird und sich sozusagen in ihnen verkörpert, könnte man ebenso gut sagen, dass das Auftauchen solcher Gesellschaften die Herausbildung von Individuen voraussetzt und zur Folge hat, die in der Lage sind, diesen Prozess des Fragens fortzuführen und zu vertiefen.

Wenn schließlich, wie oben behauptet, das primäre Verlangen der Psyche nicht dem Wissen oder der Erkenntnis, sondern dem Glauben gilt, stellt sich eine grundlegende Frage nach den psychischen Möglichkeitsbedingungen von Erkenntnis. Welche Träger und Gegenstände der Besetzung im Bereich der Erkenntnis können aus rein psychischer Perspektive potentiell einen Sinn haben?

Das psychische Substrat kann hier kurioserweise nur eine narzisstische Leidenschaft sein, die allerdings einen Wandel des libidinös besetzten Selbstbildes voraussetzt. Das Selbst wird nicht länger als Inhaber der Wahrheit besetzt, sondern als Quelle der Schöpfung und ständig erneuertes Schöpfungsvermögen. Oder, was auf das Gleiche hinausläuft: die Besetzung richtet sich auf die Denktätigkeit selbst, als Fähigkeit zur Hervorbringung wirklicher Resultate, die über jedes bestimmte Resultat hinausgeht. Das geht wiederum Hand in Hand mit einem neuen Verständnis von Wahrheit, als philosophischer Idee wie als Objekt der Leidenschaft. Das Wahre ist nicht länger Besitzobjekt („Resultat", wie es dementsprechend bei Hegel heißt[24]) oder passives Schauspiel im Prozess der Ver- und Entbergung des Seins (Heidegger). Das Wahre wird zur stets offenen, stets zur Selbstkorrektur fähigen Schöpfung von Formen des Denkbaren und Inhalten des Denkens, die mit dem Seienden zusammentreffen können. Die Besetzung ist keine Besetzung eines „Objekts", nicht einmal eines „Selbstbildes" im herkömmlichen Sinne mehr, sondern eines „Nichtobjekt/Objekts", Vollzug und Quelle des Wahren. Die Bindung an dieses Wahre ist die Erkenntnisleidenschaft oder das Denken als Eros.

Anmerkungen

*) [„Passion et connaissance", in: Cornelius Castoriadis, *Fait et à faire. Les carrefours du labyrinthe V*, Paris 1996, S. 123-140.] Der Vortrag wurde im Sommer 1991 im Rahmen des Festivals von Spoleto gehalten und [zuerst] in *Diogène* 160 (Oktober-Dezember 1992), S. 78-96, publiziert.

1) Der US-amerikanische Mathematiker Alonzo Church (1903-1995) wies, ähnlich wie Alan Turing, mit seinen Arbeiten nach, dass der Unvollständigkeitssatz Kurt Gödels (formalisierte Systeme enthalten unentscheidbare Propositionen und ihre Widerspruchsfreiheit ist nicht nachweisbar) für jedes echte formale System gilt (Church-Turing-These, 1936). Siehe auch „Die Psychoanalyse: Situation und Grenzen", in diesem Band, S. 201, Anm. 1 [AdH].

2) Vgl. „La découverte de l'imagination" (1978) in *Domaines de l'homme: les Carrefours du labyrinthe II*, Paris 1986, S. 327-363, und neuerdings „Logique, imagination, réflexion (1989) in R. Dorey (Hg.), *L'Inconscient et la Science*, Paris 1991. Wiederabgedruckt unter dem Titel „Imagination, imaginaire, réflexion" in *Fait et à faire*, a.a.O., S. 227-281 [Dt.: „Die Entdeckung der Imagination", in *Das imaginäre Element und die menschliche Schöpfung. Ausgewählte Schriften 3*, Lich 2010, S. 47-86 und „Imagination, Imaginäres, Reflexion", ebd., S. 293-351].

3) Zu diesem Begriff siehe zum Beispiel „La logique des magmas et la question de l'autonomie", in *Domaines de l'homme*, a.a.O., S. 385-418 [Dt.: „Die Logik der Magmen und die Frage der Autonomie", in *Das imaginäre Element und die menschliche Schöpfung*, a.a.O., S. 111-148].

4) Daher das sprichwörtliche: *Noli turbare circulos meos* (*Störe meine Kreise nicht!*) [AdH].

5) Évariste Galois (1811-1832), französischer Mathematiker [AdH].

6) Piera Aulagnier, *Les Destins du plaisir*, Paris 1979, S. 14 und 163f.

7) Vgl. meinen Text „Épilégoménes à une théorie de l'âme que l'on a pu présenter comme science" (1968), in *Les Carrefours du labyrinthe*, Paris 1978, S. 61-63 [Dt.: „Epilegomena zu einer Theorie der Seele, die man als Wissenschaft hat ausgeben können", in *Durchs Labyrinth*, Frankfurt am Main 1981, S. 54-56].

8) Platon, *Verteidigung des Sokrates*, 29c-d, 38a [Vgl. „Des Sokrates Verteidigung [Apologie]", übersetzt von Friedrich Schleiermacher, in Platon, *Sämtliche Werke I*, Heidelberg 1982, S. 5-36, dort S. 21-22, und 31]. In der *Apologie* zieht Sokrates zwei Mal den Fall in Betracht, dass man ihm den Freispruch (oder die Verbannung) anbietet, wenn er schweigt, und er lehnt beide Male ab.

9) *Ethik*, Teil 5, insbesondere Lehrsatz 32 und 33. Vgl. Benedictus de Spinoza, *Die Ethik*. Latein und deutsch. Revidierte Übersetzung von Jakob Stern, Stuttgart 1984, S. 677-679 [AdH].

[10] Und damit auch über Merleau-Pontys „Wahrnehmungsglaube", den er vielmehr bedingt. [Vgl. Merleau-Ponty, *Das Sichtbare und das Unsichtbare*, München 1986, besonders Teil 1 und 2, S. 17-141].

[11] Vgl. meinen Text „Institution de la société et réligion" (1982), in *Domaines de l'homme*, a.a.O., S. 364-384 [dt.: „Institution der Gesellschaft und Religion", in *Das imaginäre Element...*, a.a.O., S. 87-110].

[12] So ist Augustinus (*Bekenntnisse* 12.16) bereit, mit allen möglichen Widersachern zu diskutieren, außer denen, die die Autorität der Heiligen Schrift bestreiten.

[13] Es ist ausgeschlossen, hier die psychoanalytische Sekundärliteratur zu diesem Thema zu behandeln, zumal diese nicht viel Neues erbracht hat. Eine bemerkenswerte Ausnahme stellen die Werke von Piera Aulagnier dar. Siehe, außer dem bereits in Anmerkung 6 zitierten Buch, *La Violence de l'interprétation*, Paris 1975, und *Un interprète en quête de sens*, Paris 1986.

[14] *Gesammelte Werke*, V, S. 95-97; *Standard Edition*, VII, S. 194-197. Genau genommen wurde, wie man weiß (vgl. die *Editor's Note*, S. 126, S.E., VII), der Abschnitt über kindliche Sexualtheorien erst nachträglich in die Ausgabe der *Drei Abhandlungen* von 1915 eingefügt. Das ändert jedoch nichts an der Argumentation des Textes, denn dieser Zusatz ist im Wesentlichen eine Übernahme eines Textes von 1907, *Über infantile Sexualtheorien* (G.W., VII, S. 171-188; S.E., IX, S. 207-226), ergänzt um das Konzept und den *Begriff des Wisstriebs**, von dem es heißt, dass er „weder zu den elementaren Triebkomponenten gerechnet noch ausschließlich der Sexualität untergeordnet werden" könne: „Sein Tun entspricht einerseits einer sublimierten Weise der Bemächtigung, andererseits arbeitet er mit der [libidinösen] Energie der Schaulust", G.W., V, S. 95. Die Frage nach dem Wiss- oder Forschtrieb bei Freud, seiner Beschaffenheit und seinen bevorzugten Gegenständen (mal die Frage: „Woher kommen die Kinder?", mal: „Worin unterscheiden sich die Geschlechter?") sowie die Entwicklung dieser Begriffe in der Geschichte seines Denkens wäre eine ausgiebige Untersuchung wert, die hier nicht geleistet werden kann.

[15] Wörtlich: „... so erscheint uns der 'Trieb' als ein Grenzbegriff zwischen Seelischem und Somatischem", G.W. X, S. 214. Siehe auch „Imagination, Imaginäres, Reflexion", in *Das imaginäre Element und die menschliche Schöpfung*, S. 293-351, dort S. 318 [AdH].

[16] Siehe zum Beispiel G.W., XIII, 269 (*Das Ich und das Es*), XIV, S. 478 (*Unbehagen in der Kultur*), XVI, S. 22 (*Warum Krieg?*) und S. 88 (*Die endliche und die unendliche Analyse*).

[17] Siehe mein Buch *L'Institution imaginaire de la société*, Paris 1975, Kap. VI, insbesondere S. 420-431 [Dt.: *Gesellschaft als imaginäre Institution*, a.a.O., S. 515-528]; „L'état du sujet aujourd'hui", *Le Monde morcelé*, a.a.O:, S. 189-226 [Dt.: „Der Zustand des Subjekts heute", in diesem Band, S. 205-245]; und „Logique, imagination, réflexion", zit. in Anm. 2.

[18] Vgl. *L'Institution imaginaire de la société*, a.a.O., Kap. VI, S. 371-420 [dt.: *Gesellschaft als imaginäre Institution*, a.a.O., S. 455-515].

[19] Vgl. die Rede des Aristophanes in Platon, *Das Gastmahl, Sämtliche Werke* I, a.a.O., S. 657-727, dort S. 680-686 (189c-193e). Darin wird Eros als der Drang der von den Göttern in zwei Hälften geteilten Menschen beschrieben, ihre ursprüngliche Einheit wiederherzustellen [AdH].

[20] Vgl. die in Anm. 17 zitierten Texte. Der Begriff „Sublimierung" taucht bei Freud erstmals in den *Drei Abhandlungen* auf.

[21] In „Formulierungen über die zwei Prinzipien des psychischen Geschehens" spricht Freud davon, „daß der psychische Ruhezustand anfänglich durch die gebieterischen Forderungen der inneren Bedürfnisse gestört" werde. Vgl. G.W. XIII, S. 231 [AdH].

[22] Zweifellos besteht gerade in dieser Verbindung und gegenseitigen Befruchtung von theoretischer Forschung und genuin politischem (instituierendem) Handeln die Einzigartigkeit des Westens, im Gegensatz zu den mehr oder minder weltabgewandten oder zumindest apolitischen Philosophien Asiens und den „demokratischen", aber „geschlossenen" Institutionen mancher archaischen Gesellschaften.

[23] Vgl. meine Texte „Portée ontologique de l'histoire de la science", in *Domaines de l'homme*, a.a.O., S. 419-455, und „Temps et création", in *Le Monde morcelé*, a.a.O., S. 247-278 [dt: „Ontologische Tragweite der Wissenschaftsgeschichte", in *Das imaginäre Element und die menschliche Schöpfung*, a.a.O., S. 149-190, und „Zeit und Schöpfung", ebd., S. 227-262].

[24] „Es ist von dem Absoluten zu sagen, daß es wesentlich *Resultat*, daß es erst am Ende das ist, was es in Wahrheit ist", Georg Wilhelm Friedrich Hegel, *Phänomenologie des Geistes* (Vorrede), Frankfurt am Main 1970, S. 24.

Psychoanalyse und Philosophie*

Eines der Probleme, die sich speziell aus der Themenwahl meines Vortrags ergeben, lautet: Welche Psychoanalyse und welche Philosophie? Der zweite Teil der Frage scheint sich leichter beantworten zu lassen: Philosophieren heißt, zunächst und vor allem, sich ständig zu fragen, was Philosophieren bedeutet und welche Art von Philosophie man betreiben möchte. Eine solche Fragestellung ist der Psychoanalyse allenfalls implizit. Seit Freud bezeichnet man als Psychoanalyse die Untersuchung dessen, was er psychische Realität nannte, insbesondere deren unbewusste Dimension, sowie die gemeinsame Tätigkeit zweier Subjekte zu dem Zweck, durch die Erforschung dieser Realität eine gewisse Veränderung bei einem der beiden Subjekte zu bewirken, was seit Freud das „Ziel der Analyse" heißt.

Um hingegen die ganze Bedeutung der Frage „Welche Psychoanalyse?" zu ermessen, muss man sich die Vielzahl psychoanalytischer „Schulen" vergegenwärtigen, ihre gegenseitige Verunglimpfung (weder hat noch hätte Leibniz jemals seine Spinoza-Lektüre mit den Worten: „Das ist keine Philosophie" kommentiert, während Äußerungen vom Typ: „Das ist keine Psychoanalyse" in der Polemik unter Psychoanalytikern gang und gäbe sind), die inflationäre Zunahme von Interpretationen des Freud'schen Werkes – und mehr noch seine Komplexität und Mehrdeutigkeit –, vor allem aber Freuds unaufhörliche Weiterentwicklung seines Denkens zeit seines Lebens, seine Entdeckung und Erfindung neuer Ideen und Sichtweisen.[1] Um nur ein Beispiel zu nennen: eine der Aussagen, die ich zu seinen wichtigsten zähle, *Ich bin die Brust**, erscheint erstmals 1938, als wenige Zeilen lange Notiz auf einem Zettel.[2]

Es ist folglich eine Tautologie, die gleichwohl hier betont werden muss, dass ich von meiner eigenen Vorstellung von Psychoanalyse und meiner Neukonzeption der psychischen Problematik ausgehe, die sich beide von den gängigen Auffassungen stark unterscheiden.

Einige Worte zu dem, was der Beitrag der Psychoanalyse zur Philosophie, oder überhaupt unserer Art des Denkens, weder ist noch sein kann. Er besteht gewiss nicht in einem Gedanken, der so alt wie die Philosophie und gerade aus Sicht der Psychoanalyse selbst höchst fragwürdig ist, nämlich dem eines Determinismus psychischer Phänomene. Und ebenso wenig in der Entdeckung der „Subjektspaltung". Sicherlich ist die „Entdeckung des Unbewussten" ein bahnbrechendes

Faktum, auf das ich noch kommen werde. Doch ganz unabhängig von ihrer langen und fruchtbaren Vorgeschichte in Philosophie und Wissenschaft[3] gehört die Unterscheidung bewusst/unbewusst (außer, wenn überhaupt, für extreme Cartesianer) zu den Dingen, deren philosophischer Status seit langem gesichert ist. Die „Subjektspaltung" zum Beispiel wird in der Kant'schen Philosophie viel radikaler gedacht als in den „subversiven" Diskursen der letzten Jahrzehnte. Bei Kant ist nämlich der wirkliche Mensch zur Gänze in empirische Bestimmungen eingebunden, die als „Ursachen" seines allgemeinen (praktischen, aber zwangsläufig auch kognitiven) Verhaltens wirken und wirken müssen (*müssen** im Sinne der Unumgänglichkeit des physikalischen Gesetzes). Diesem wirklichen Menschen steht ein transzendentales Ego gegenüber, das sich diesen Bestimmungen entziehen soll (*soll** im Sinne der normativen Forderung). Daran ändert auch die Tatsache nichts, dass sich unter diesen empirischen Bestimmungen womöglich von egoistischen Interessen diktierte Motive befinden (und z.B. ein Lust- und ein Realitätsprinzip), dass diese „Interessen" libidinöser, ökonomischer oder sonstiger Natur sein können, dass sie bewusst oder – ganz oder teilweise – nicht bewusst sind, dass es sogar „Ursachen" gibt, die diese Motive automatisch ins Unbewusste verdrängen. All das würde lediglich den Status der Psychoanalyse als Teilbereich der empirischen Psychologie unterstreichen. Und der Widerspruch, auf den die Kant'sche Position hier stößt – dass das wirkliche Subjekt in wirkliche Bestimmungen eingebunden ist, bei denen weder von Wert noch von Wahrheit, sondern von bloßen Tatsachenverkettungen gesprochen werden kann, während diese Aussage selbst wahr zu sein beansprucht –, unterscheidet sich, außer durch seine Klarheit, nicht von dem Widerspruch, auf den eine naive Psychoanalyse trifft. Ich werde später auf diesen Punkt zurückkommen.

Ebenso wenig ist der Beitrag der Psychoanalyse zur Philosophie in einer Bekräftigung des noch unlängst modischen Schlagworts vom „Tod des Subjekts" (des Menschen, der Geschichte usw.) zu suchen. Wenn die Psychoanalyse etwas zeigt, dann eher, welche Vielzahl von Subjekten in derselben Hülle steckt – und dass es sich dabei jeweils um eine Instanz handelt, die alle wesentlichen Attribute des Subjekts besitzt. Auch dieser Gedanke kann auf ein ehrwürdiges Alter zurückblicken. Es sei an das Platon'sche Bild der Pferde erinnert, welche die Seele jeweils in eine andere Richtung ziehen, während die Vernunftinstanz die Rolle des Wagenlenkers zu spielen versucht, ein Bild, das Freud nahezu wortwörtlich zitiert.[4] Mit der Theorie der psychischen Instanzen beginnt die Ausarbeitung des Gedankens, der sich schließlich von der bloßen Erwähnung zur Analyse der Topik und Dynamik des Seelenlebens entwickelt. Und anstatt den Tod des Subjekts zu beweinen oder zu bejubeln, ist die psychoanalytische Praxis vielmehr um die Einsetzung der Subjektinstanz schlechthin – der reflektierenden und überlegenden Subjektivität – bemüht, oder sollte es wenigstens sein. Der Beitrag der Psychoanalyse besteht also darin, Licht in die Struktur eines jeden Subjekts, gleich welcher Art, zu bringen, mithin eine grundsätzliche Klärung der Organisation des Für-sich vorzunehmen.

Anstatt uns schließlich zu lehren, das grenzenlose Reich des Begehrens zu begründen, macht die Psychoanalyse uns begreiflich, dass ein solches Reich vielmehr in allgemeinem Mord und Totschlag enden würde.

Es folgen, kurz umrissen, die wesentlichen Punkte, hinsichtlich derer, wie ich meine, eine Aufklärung der Psyche, in Anlehnung an die, aber auch in Fortführung der Psychoanalyse, von grundlegender philosophischer Bedeutung ist.

1. Auf Ebene der Ontologie. Die Psyche offenbart uns, gemäß der Art ihrer Aufklärung durch die Psychoanalyse, eine Seinsweise, die, obgleich universell, von der überkommenen Philosophie mehr oder minder ignoriert wurde, aber hier mit eklatanter Deutlichkeit zu Tage tritt.
2. Auf Ebene der philosophischen Anthropologie. Die Psychoanalyse zwingt uns, den Menschen nicht als „rationales" Tier, sondern vor allem als imaginierendes Wesen anzusehen, ausgestattet mit einer radikalen, unmotivierten und entfunktionalisierten Imagination. Sie macht uns ferner den Prozess seiner Sozialisation verständlich und darüber seine tief verwurzelten, mitunter abstrus anmutenden Motivationen sowie die nahezu unzerbrechliche Hülle seiner Heteronomie.
3. Auf Ebene der praktischen Philosophie. Als praktisch-poietische Tätigkeit verdeutlicht die Psychoanalyse den Gedanken der *Praxis* und verweist im Fall des menschlichen Einzelwesens zugleich auf den Weg der Veränderung dieses Wesens und die Autonomie als Ziel dieser Veränderung.

Ontologie

Die Psychoanalyse zwingt uns, eine neue Seinsweise zu denken, oder uns um ihr Denkbarmachen zu bemühen, die durch die Psyche verkörpert und veranschaulicht wird und, einmal am Beispiel dieses besonderen Seins erfasst und erkundet, ihre universelle Tragweite offenbart. Ich habe diese Seinsweise das Magma genannt.[5]

Die überlieferte Ontologie gründet sich größtenteils und in ihrer Hauptströmung auf die Gleichung Sein = Bestimmt-sein. Dieser Begriff bezieht sich nicht nur auf den „Determinismus" der Phänomene (oder der „Dinge" oder der „Ideen"), der davon lediglich abgeleitet ist, sondern auf den Status jedes besonderen Seienden und zugleich den „Sinn" (den Inhalt, das Signifikat) des Begriffs „Sein" als solchen. Das trifft auch dann zu, wenn diese Bestimmtheit als unerreichbarer Grenzfall oder Ideal ausgegeben wird. So zum Beispiel bei Kant: „Der Satz: *alles Existierende ist durchgängig bestimmt*, bedeutet nicht allein, daß von jedem Paare einander entgegengesetzter *gegebenen*, sondern auch von allen *möglichen* Prädikaten ihm immer eines zukomme".[6] Dass Kant diese Forderung für unerfüllbar hält, ist unerheblich: innerhalb ihres Horizonts oder, besser gesagt, aus ihrer drohenden Perspektive ist für ihn alles Existierende oder Seiende definiert. Und das betrifft nicht allein die „wirkliche Existenzweise" der Dinge, sondern die *logische Begreifbarkeit* von allem, was Denkgegenstand sein kann. Parmenides war der Erste, der, abweichend von seinen Vorläufern unter den Vorsokratikern (und im völligen Gegensatz zum Beispiel zu Anaximander und Heraklit), diese Entscheidung traf. Sicherlich werden dieser Forderung Grenzen gezogen, bereits bei Platon (im *Sophisten* und in *Philebus*) und bei Aristoteles (nichts anderes bedeutet in letzter Konsequenz der Materiebegriff). Doch diese Grenzen, oder Einwände, werden zunächst und in erster Linie als Begrenztheiten aufgefasst, die sich vornehmlich unserer menschlichen Unzulänglichkeit verdanken: für einen Gott oder einen „unendlich mächtigen" Geist, wie zugleich Kant und Laplace gesagt hätten, gäbe es nichts Unbestimmtes. Ferner und vor allem werden sie niemals *um ihrer selbst willen* in Betracht gezogen und näher untersucht.

Dieser Ontologie entspricht die Mengen- und Identitätslogik (der Kürze halber: *mengidische* Logik), also die Logik des Identitätsprinzips, des Satzes vom Widerspruch und vom ausgeschlossenen Dritten, die Basislogik von Arithmetik und Mathematik im Allgemeinen, die sich formal und faktisch in der Mengentheorie und ihren zahllosen

Ausläufern niederschlägt. Es handelt sich um eine Logik, die in allem, was wir sagen und tun präsent ist, die *überall dicht* ist, um einen Begriff aus der Topologie zu verwenden. Und sie muss jeweils durch die Gesellschaft instituiert und sanktioniert werden (und wird es faktisch).

Allerdings haben wir es bei der Psyche nicht mit einer Menge bzw. einer Organisation oder Hierarchie von Mengen zu tun. Zwar gibt es auch Mengen, und Bestimmtheit, in der Psyche, doch sind diese weit davon entfernt, ihr Sein zu erschöpfen.

Das ist deutlich erkennbar an der Seinsweise dessen, was das Element des Seelenlebens darstellt („Element" hier in dem Sinne, wie man Erde, Wasser oder Feuer als Elemente bezeichnet): die Vorstellung, vor allem die unbewusste, doch auch schon die bewusste. Wir können nicht sagen, wie viele Elemente (jetzt im Sinne der Mengentheorie oder einfach einer Aufzählung) „in" einer Vorstellung sind. Wir können nicht einmal sagen, was aus einer Vorstellung *eine* Vorstellung macht. Wir können das Grundschema der Teilung nicht auf Vorstellungen anwenden. Es ist zum Beispiel unmöglich, meine Vorstellungen in zwei Klassen zu teilen, deren Schnittmenge leer wäre.

Dass diese Seinsweise sich keineswegs auf die Psyche beschränkt, sondern mindestens die gesamte Menschenwelt umfasst, wird unmittelbar ersichtlich, wenn man die Sprache und ihre Grundsubstanz, nämlich die Bedeutungen, betrachtet. Jede sprachliche Bedeutung *verweist*, ebenso wie jede psychische Vorstellung, auf eine unbestimmte Zahl weiterer Bedeutungen oder Vorstellungen. Und diese Verweise bilden in ihrer stets offenen und unabschließbaren Gesamtheit den „Inhalt" der jeweiligen Vorstellung oder Bedeutung.

Diese Verweisstruktur ist hier grundlegend. Sie äußert sich in der Psyche, im Rahmen einer psychoanalytischen Behandlung, konkret durch den Prozess des freien Assoziierens. Wenn ein Patient einen Traum erzählt, kann niemand vorhersagen, wohin ihn seine Assoziationen führen und wie das geschieht. Dem Anschein zum Trotz war sich Freud dessen sehr wohl bewusst. In Bezug auf die Traumanalyse schrieb er: „In den bestgedeuteten Träumen muß man oft eine Stelle im Dunkeln lassen, weil man bei der Deutung merkt, daß dort *ein Knäuel von Traumgedanken* anhebt, *der sich nicht entwirren will*, aber auch zum Trauminhalt keine weiteren Beiträge geliefert hat. Dies ist dann der Nabel des Traums, die Stelle, an der er dem Unerkannten aufsitzt. Die Traumgedanken, auf die man bei der Deutung gerät, müssen ja ganz allgemein ohne Abschluss bleiben und nach allen Seiten hin in die netzartige Verstrickung unserer Gedankenwelt auslaufen. Aus einer dichteren Stelle dieses Geflechts erhebt sich dann der Traumwunsch wie der Pilz aus seinem Mycelium".[7] Aus der Lektüre dieser Passage und mehrerer anderer geht deutlich hervor, dass, im Gegensatz zu jeder „deterministischen" Deutung Freuds, für diesen a) nicht alle Träume interpretierbar sind, und b) kein Traum vollständig interpretierbar ist. Und wie die zitierte Passage klipp und klar zum Ausdruck bringt, sind es nicht einfach die Widerstände des Patienten, die eine „vollständige" Deutung des Traums verhindern, sondern es ist die Eigenart der psychischen Welt selbst, die sich ihr widersetzt. Über alle anderen Phänomene des unbewussten Seelenlebens lässt sich selbstverständlich das Gleiche sagen.

Um zu verdeutlichen, was ich oben über die Universalität des mengidischen Elements gesagt habe, möchte ich beiläufig anmerken, dass in der Traumdeutung ebenso wie im Traum selbst die Mengen- und Identitätslogik ständig präsent ist – sie ist überall dicht. Die Deutung eines Traums ist ein sonderbares Unterfangen, bei dem man keinen Schritt tun kann, ohne diese Logik anzuwenden, bei dem man aber nichts Wesentliches in Erfahrung brächte, wenn man sich darauf beschränken würde. Dieser Umstand ergibt sich allein schon aus dem Wesen der (bewussten oder unbewussten) Vorstellung an sich. Er ist aber ebenso sehr ein Ausdruck für die Ununterscheidbarkeit (im herkömmlichen Sinne des Wortes) der beiden anderen Vektoren des Seelenlebens, von denen die Vorstellung nicht zu trennen ist: Affekt und Intention oder Wunsch.

Es gäbe sicherlich eine „logische" und triviale Art, diese Vektoren – Vorstellung, Affekt und Wunsch – zu ordnen und auf deterministische Weise zu verbinden. Indem man zum Beispiel eine Vorstellung isoliert, die einen Wunsch „verursachen" würde, dessen Erfüllung einen Lustaffekt hervorriefe. (Und man könnte gegebenenfalls die Reihenfolge der Terme und die Verursachungsrichtung ändern – was aber, ehrlich gesagt, schon gravierende Zweifel am bloßen Gedanken der „Verursachung" in diesem Zusammenhang aufkommen lassen würde.) Das mag im Tierreich und bei manchen Aspekten des bewussten menschlichen Lebens funktionieren. Doch in Bezug auf das Unbewusste haben wir nicht wirklich die Möglichkeit, eine solche Trennung bzw. eine solche einfache lineare Verkettung vorzunehmen. Vorstellung, Affekt und Wunsch sind auf einzigartige Weise verquickt, und abgesehen von trivialen Fällen ist es in der Regel unmöglich, sie klar zu trennen und eine Reihenfolge ihres Erscheinens festzulegen. Man könnte diese Tatsache im Bereich der klinischen Praxis auf exemplarische Weise durch die Verlaufsformen der Depression veranschaulichen; man könnte auch anhand der Musik die Sinnlosigkeit einer Trennung zwischen Vorstellung und Affekt aufzeigen. Aus Platzgründen kann ich darauf hier nicht weiter eingehen.

Insbesondere am Beispiel der Vorstellung lässt sich genauer klären, was im Fall der Psyche diesen magmatischen Zustand unvermeidlich macht. Zunächst signalisiert die unwiderrufliche Ambivalenz unbewusster Affekte das Nebeneinander von Liebes- und Hassgesinnung gegenüber primären psychischen Objekten. Und diese Ambivalenz ist ihrerseits unvermeidliche Folge des erzwungenen Übergangs aus dem Urzustand der – in sich geschlossenen, allmächtigen, allumfassenden – psychischen Monade in den Zustand des sozialisierten Individuums. Doch geht diese Ambivalenz der Affekte selbstverständlich mit einem Nebeneinander gegensätzlicher oder zumindest sehr unterschiedlicher Vorstellungen in Bezug auf dasselbe „Objekt" einher.

Des Weiteren steht die Struktur der Vorstellung selbst zur Diskussion. Die von Freud enthüllten Arbeitsprinzipien des Traums – Verdichtung, Verschiebung, Rücksicht auf Darstellbarkeit – gelten faktisch *immer* auch für Vorstellungen und verdammen sie zur Polysemie. Es genügt, ein paar Augenblicke darüber nachzudenken, um einzusehen, dass die Vorstellung, selbst die bewusste, niemals auch nur annähernd in der Lage sein wird, „klar und deutlich" zu sein, einen „Spiegel der Natur" zu bilden, „die Dinge wiederzugeben, wie sie sind", usw., sondern nur im Zuge der Verdichtung, Verschiebung und Darstellung dessen existieren kann, was an sich prinzipiell undarstellbar ist oder zumindest für die Psyche keine vorab feststehende Gestalt besitzt. In der Vorstellung, so könnte man sagen, steht *immer* etwas für etwas anderes, oder *auch* für etwas anderes – oder kann zumindest für etwas anderes stehen. Dieser Gedanke, den Freud niemals explizit thematisierte (was schwerwiegende, nachteilige Folgen für sein Gesamtkonzept haben sollte), ist bei ihm gleichwohl vorhanden. Er trägt den – zu Unrecht für rätselhaft gehaltenen – Titel *Vorstellungsrepräsentanz des Triebes** (gegenüber und in der Psyche). Es gibt beim Menschen weder einen festen Repräsentanten noch ein „verbindliches" Objekt des Triebes, seine Darstellung ist willkürlich oder zufällig, im Gegensatz zu dem, was bei Tieren geschieht (auch wenn bei manchen Arten in Form der *Prägung* erste Anzeichen einer solchen Entwicklung zu beobachten sind). Diese Unbestimmtheit in Bezug auf das Vorstellungsobjekt des Triebes ist von entscheidender Bedeutung für den Prozess der Menschwerdung.

Schließlich ist das Rätsel der Leib/Seele-, Psyche/Soma-Beziehung zu erwähnen. Die Psychonanalyse hat dieses Rätsel natürlich nicht entdeckt, aber seine Befremdlichkeit erheblich verstärkt. Ich denke, dass das Scheitern sowohl philosophischer als auch wissenschaftlicher Theorien, diese Beziehung zu erklären oder zu „verstehen", daher rührt, dass sie der Mengen- und Identitätslogik verhaftet bleiben: als hätten sie mit zwei getrennten Entitäten zu tun, von denen mal die eine, mal die andere, je nach persönlicher Vorliebe des Theoretikers, „Ursache" bzw. „Wirkung" wäre. Doch wir stellen bereits im Alltag fest, dass eine solche Beziehung im vorliegenden Fall nicht existiert. Die Seele hängt vom Körper ab (Läsionen, Alkohol, Psychopharmaka) und hängt nicht von ihm ab (vorhandene oder fehlende Widerstandskraft gegen Schmerz und Folter, bewusste Wahl des Todes). Der Körper hängt von der Seele ab (willkürliche Bewegungen, psychosomatische Erkrankungen) und hängt nicht von ihr ab (just in diesem Augenblick arbeiten zu meinem Glück, manchmal auch zu meinem Unglück, Hunderte von Milliarden Zellen in mir, ohne dass ich daran das Geringste ändern könnte).

Allem Anschein zum Trotz dementiert also die Psychoanalyse den vermeintlichen Determinismus des Seelenlebens, selbst wenn sie ihn auf Anhieb „bestärkt", indem sie auf eine unendlich viel detailliertere und präzisere Weise als je zuvor eine „Verursachung" qua Vorstellung herausarbeitet. Doch diese „Verursachung" ist von seltsamer Gestalt: nicht nur, dass ihr alles Kategorische (sogar Probabilistische) fehlt, sie kann auch immer erst im Nachhinein festgestellt werden, was ihr alle prognostischen Fähigkeiten nimmt. Und vor allem ist es ein ungeheurer sprachlicher Missgriff, unter diesem Umständen von Verursachung zu sprechen: die Vorstellung kann schon deshalb keine „Ursache" sein, weil sie nicht exakt bestimmbar ist, vom ununterbrochenen Strom der Vorstellungen, Affekte und Wünsche ganz zu schweigen.

Diese Absage an den Determinismus erfolgt bei Freud nicht explizit. Im Gegenteil, er verstand sich zweifellos selbst als „Determinist". Dennoch ist sie zwischen den Zeilen seines Werkes vorhanden. Ich habe das am Beispiel des Traums gezeigt, man könnte es auch am berühmten Problem der „Neurosenwahl" nachweisen, auf das Freud wiederholt zurückkam, ohne je eine „Lösung" zu finden, die ihn befriedigte. Vornehmlich ab Beginn der 1920er Jahre, und insbesondere in den Texten über weibliche Sexualität, beschreibt Freud ausdrücklich mehrere mögliche „Schicksale" für das Mädchen und bekennt am Ende, dass man nicht wissen könne, welcher Faktor für die Entwicklung einer Person bestimmender sei als ein anderer. Er äußert lediglich vage Hypothesen über die „Quantität" oder die „Qualität" der Libido, die selbstredend keinerlei Überprüfung zugänglich sind. Zur gleichen Zeit spricht er in anderen Zusammenhängen von „zeitlichen Modulationen" der Libido. (Eine ähnliche Idee, die der Frequenzmodulation in Nervenleitungen als Informationsträger, hat später von Neumann formuliert.)[8] Häufig werden auch angeborene (aber nicht zwangsläufig vererbte) „konstitutionelle Faktoren" angeführt, um dem auffälligen Phänomen der von Mensch zu Mensch von Geburt an unterschiedlich ausgeprägten Frustrationstoleranz Rechnung zu tragen. Es ist klar, dass damit die Besonderheit jedes menschlichen Subjekts lediglich anerkannt, nicht erklärt wird.

Was dieser Unbestimmtheit im speziellen Fall des Menschen zugrunde liegt, was ihn radikal von allen anderen Lebewesen unterscheidet, ist die radikale Imagination. Ich komme gleich darauf.

Philosophische Anthropologie

Jedes Lebewesen ist ein Für-sich-sein. Das bedeutet zunächst einmal, dass es seine eigene Welt schöpft – eine *Eigenwelt**. Und das wiederum impliziert, dass es eine Seele aufweist (eine Seele „hat" oder ist, was genau sein Lebendig-sein ausmacht). Die Alltagssprache bestätigt das nachdrücklich, indem sie zwischen beseelten und unbeseelten Wesen unterscheidet, und Aristoteles bringt es in seiner Schrift *De Anima* unmissverständlich zum Ausdruck. Obwohl Aristoteles im dritten Buch dieser Abhandlung die Imagination unter dem Begriff der *phantasia* klar als Grundbestimmung der Seele herausarbeitet, ist sie von der gesamten philosophischen Tradition auf den Platz einer „Eigenschaft" (oder „Funktion") der Seele unter vielen verwiesen worden, und zwar einer zumeist sekundären Eigenschaft und einer in der Regel trügerischen Funktion – mit der bemerkenswerten Ausnahme Kants und Fichtes.[9]

Die Imagination ist das Vermögen, werden zu lassen, was in der rein physikalischen Welt nicht vorhanden ist und, zunächst einmal, sich auf seine eigene Weise vorzustellen, für sich darzustellen, was das Lebewesen umgibt und was ihm wichtig ist und zweifellos auch, was sein eigenes Sein ist. Im Fall der „äußeren" Vorstellung – der Wahrnehmung – ist diese Darstellung bedingt, aber nicht verursacht, durch das Sosein der Umwelt und der dort vorfindlichen „Objekte". Zugleich erschafft das Lebewesen das Pendant zu dem, was wir Affekt

– Lust/Unlust – und Intention – Suchen/Meiden – nennen. Das Lebewesen erstrebt etwas, das auf sein „Selbst“ und das, was es als seine „Umwelt“ erschafft, bezogen ist. Der Affekt ist zunächst ein entscheidendes „Signal“ seiner Beziehung zu dieser Umwelt.

Doch diese Beziehung ist im Fall des einfachen Lebewesens in erster Linie *funktional*. Die *Imagination* des Lebewesens steht größtenteils im Dienst instrumenteller Funktionen: Selbsterhaltung und Fortpflanzung. (Die Frage, ob es bei manchen Kategorien von Lebewesen einen *Überschuss* der Imaginationstätigkeit über das rein Funktionale gibt, ist sehr komplex und kann hier nicht behandelt werden. Wie diesbezügliche Forschungen auch ausfallen mögen, sie haben keinen Einfluss auf den Kern meiner Argumentation). Es ist leicht erkennbar, dass Schöpfung einer Eigenwelt und Selbstzweckhaftigkeit sich beim Lebewesen wechselseitig implizieren. Und diese Fesselung an das Funktionale geht einher mit einem anderen Grundzug des Lebewesens: Geschlossenheit, die ein für alle Mal vollzogene Geschlossenheit seiner Eigenwelt. Die Produkte der gattungstypischen Imagination jeder lebenden Art sind unveränderlich und unbegrenzt mit sich selbst identisch.

Indes ist der Bruch, den das Auftauchen des Menschen markiert, mit einer Änderung dieser Imagination verbunden, die fortan zur radikalen, permanent schöpferischen Imagination wird, zum unaufhörlichen Hervortreten eines spontanen und unkontrollierbaren Stroms von Vorstellungen, Affekten und Wünschen in der (bewussten wie unbewussten) Welt der Psyche. Man kann die grundlegenden Merkmale dieses Vorgangs wie folgt zusammenfassen:

- die Prozesse der menschlichen Psyche werden in Bezug auf das biologische Substrat des Menschen entfunktionalisiert – sie sind zumeist a-funktional und oft sogar anti-funktional. Die menschliche Sexualität ist nicht funktional, ebenso wenig wie der Krieg.
- beim Menschen dominiert die Vorstellungslust die Organlust. Diese Dominanz hängt mit dem zusammen, was Freud die magische Allmacht der Gedanken nannte – die in Wahrheit eine tatsächliche Allmacht in der Welt des Unbewussten ist, wo „denken“ und „tun“ gleichbedeutend sind. Wenn ein Wunsch auftaucht, erscheint auch sogleich die Vorstellung, die ihn erfüllt.
- die Imagination (verstanden als ebenso sehr vorstellungs- wie affekt- und wunschbezogen) ist verselbständigt. Wie bereits

> erwähnt, ist Schöpfung beim Lebewesen ein einmaliger Akt und bleibt vorrangig der Funktionalität unterworfen. Beim Menschen hingegen ist der spontane Fluss der Imagination, zumindest in seinen spezifisch menschlichen Aspekten, von biologischer Zwecksetzung entbunden. Das ist die Bedingung der menschlichen Fähigkeit, mit dieser (kognitiven, affektiven, desiderativen) Geschlossenheit, in der das einfache Lebewesen gefangen bleibt, zu brechen.

Es sind diese Attribute der menschlichen Imagination, die die überlieferte Philosophie in der Regel ignoriert, zumindest niemals thematisiert hat, indem sie die Imagination auf die bloße Wiedergabe von bereits „Wahrgenommenem" und die Neuzusammensetzung seiner Elemente beschränkte. Selbst Kant, der es immerhin bis zum Gedanken einer transzendentalen Einbildungskraft bringt (im Sinne von: Bedingung dafür, dass es a priori Wissen von etwas gibt), begrenzt diese auf die Hervorbringung immergleicher Formen, in Abhängigkeit von der Funktionsweise des wissenden und bewussten Egos (bezeichnenderweise spricht er immer von *produktiver**, niemals von *schöpferischer Einbildungskraft**). Es ist diese Verselbständigung der Imagination, ihre Abkoppelung von der Funktionalität, die dem Menschen ermöglicht, vom einfachen Signal zum Zeichen, zum willkürlichen *quid pro quo* der Sprache überzugehen.

Und diese Verselbständigung der Imagination und die Ersetzung der Organlust durch die Vorstellungslust ist ferner Bedingung jener maßgeblichen Bestimmung des Menschen, ohne die keine Menschwerdung hätte stattfinden können: die Sublimierung. Sublimierung ist die Fähigkeit, gesellschaftlich instituierte, nicht wahrnehmbare „Objekte", deren Existenz eine rein gesellschaftliche ist, zu besetzen und daraus Lust (im psychischen Sinne) zu ziehen.

Die Sozialisation und die Existenz einer Gesellschaft „erklären" sich nicht aus der „späten Reife" des Menschen. In einer Schimpansengruppe würde sich nichts ändern, wenn der Reifungsprozess der Jungen zehn oder zwölf, statt ein oder zwei Jahre dauern würde.[10] Die Voraussetzung für das menschliche „Verlangen" nach Gesellschaft ist in der Natur der ursprünglichen psychischen Monade zu suchen, die in sich verschlossen, absolut egozentrisch und allmächtig ist und in der als Uridentität empfundenen Gleichung Ich = Lust = Sinn = alles = Ich lebt. *Ich bin die Brust**. Das ist der prototypische Sinn für den Menschen. Dieser Sinn geht mit seinem Austritt aus dem monadischen

Dasein psychischer Selbstgenügsamkeit für immer verloren, auch wenn er stets bemüht sein wird, ihn in vermittelter Form, über Religion, Philosophie oder Wissenschaft, wiederzufinden. Die Gesellschaft muss ihm ständig einen Ersatz beschaffen – durch die instituierten gesellschaftlichen imaginären Bedeutungen –, der doch nie an das Original heranreicht.

Über seine Sozialisation, seine gesellschaftliche Fabrikation als gesellschaftliches Individuum, erlangt das menschliche Subjekt Zugang zu dem, was wir „Realität" und „Logik" nennen. Diese Sozialisation ist gleichzeitig eine *Geschichte*, Geschichte des Subjekts und Anschluss an eine kollektive Geschichte, was etwas ganz anderes als ein „Lernprozess" ist, wie man uns neuerdings wieder weismachen will. Sie basiert auf zwei psychischen Grundoperationen, Projektion und Introjektion, von denen die Erste stets vorrangig und Voraussetzung der Zweiten ist, die wiederum wesentlich durch die psychische *Besetzung* des Verinnerlichten bedingt wird. Das ist die Rolle des Eros in der *paideia*, die Platon zwar genial erkannt hatte, aber nicht verständlich machen konnte – was uns die Psychoanalyse ermöglicht. Und diese Geschichte bildet in der Abfolge ihrer Phasen den Ursprung der Schichtung, die jede menschliche Psyche aufweist (nichts im mindesten Vergleichbares lässt sich über die Tierpsyche sagen, die keine wirkliche „Geschichte" kennt), wobei die Spuren früherer Stadien mit den aktuellen Phasen koexistieren (ohne je „harmonisch integriert" zu sein), sich auch zu psychischen „Instanzen" verfestigen und im Rahmen eines widersprüchlichen oder inkohärenten, stets konfliktträchtigen Ganzen fortbestehen.

Diese Bestimmungen der menschlichen Psyche haben einen gravierenden Einfluss auf die Struktur der Gesellschaft. Die Gesellschaft ist eine Gesamtheit von Institutionen – doch diese Institutionen bilden einen Zusammenhang, weil sie jeweils ein Magma gesellschaftlicher imaginärer Bedeutungen verkörpern. Eine rein „funktionale" Gesellschaft hat es nie gegeben und wird es nie geben. Die gesellschaftlichen imaginären Bedeutungen organisieren die Eigenwelt der jeweiligen Gesellschaft und verleihen dieser Welt einen „Sinn". Diese Eigenwelt jeder Gesellschaft muss an und für sich zusammenhalten, aber auch die Individuen dieser Gesellschaft mit Sinn versorgen – und dieses absolute Sinnverlangen entstammt der Psyche.

Praktische Philosophie

Bevor wir auf die Frage nach einem potentiellen Beitrag der Psychoanalyse zur praktischen Philosophie zu sprechen kommen, ist ein Umweg vonnöten. Er betrifft den eingangs erwähnten Widerspruch: die psychische Realität, mit der die Psychoanalyse sich beschäftigt, ist reine Faktizität. Ein Wunsch ist ein Wunsch, er ist, als solcher, weder gut noch böse, weder schön noch hässlich, weder wahr noch falsch (oder „wahr" nur insofern, als er einfach *ist*). Wie kann demnach die Psyche in irgendeiner Beziehung zu Wert oder Wahrheit stehen?

In der Kant'schen Philosophie, wie praktisch in der gesamten philosophischen Tradition, erweist sich diese Frage als unlösbarer Widerspruch. Wenn alles, was ich als reales Individuum sage, faktisch determiniert ist (wie es sein muss, weil die Psyche nur als Phänomen existiert, also der Kausalität unterliegt), hat der Wahrheitsbegriff keinerlei Bedeutung mehr. Es gibt unter dieser Annahme ebenso viele hinreichende Gründe, „2 + 2 = 4" wie „Der Mond besteht aus Schimmelkäse" zu sagen. Doch auch die Aussage, dass die psychischen Prozesse größtenteils unbestimmt sind, hilft uns nicht aus der Klemme: die Sätze, die ich dann sage, sind vom Standpunkt der Wahrheit aus reines Zufallsprodukt. Die Unbestimmtheit psychischer Prozesse trägt paradoxerweise nur dann etwas zur Klärung der effektiven Möglichkeit von Wahrheit bei, wenn sie mit ihrem Gegenteil einhergeht: der Verursachung qua Vorstellung. Und wenn wir von Wahrheit oder allgemeiner von Wert sprechen, setzt diese Verursachung Sublimierung voraus, also die Besetzung nicht wahrnehmbarer (wenn man so möchte, idealer) Vorstellungen, oder, psychoanalytisch gesprochen, die Umwandlung des Triebes in ein Streben nach einem sublimierten Objekt. Wir sind zur Wahrheit fähig, weil wir eine Tätigkeit besetzen können, die keinerlei libidinöse Lust im eigentlichen Sinne verschafft, nämlich die Suche nach dem Wahren. Und diese Möglichkeit verweist uns wiederum an das Gesellschaftlich-Geschichtliche: an eine Geschichte, innerhalb derer die Wahrheitsidee erschaffen wurde, und eine Gesellschaft, die es halbwegs verstanden hat, die für traditionelle heteronome Gesellschaften typische Geschlossenheit des Sinns aufzubrechen.

Die Frage der praktischen Philosophie stellt sich im Rahmen der Psychoanalyse als Frage nach dem Ziel und dem Zweck der Behandlung, aber auch ihrer „Mittel" und ihrer „Modalitäten".

Warum unterzieht man Menschen einer Psychoanalyse? Eine Antwort wäre: weil sie leiden. Aber wenn es nur darum ginge, ihr Leid zu lindern, könnte man sich darauf beschränken, ihnen Beruhigungsmittel zu verabreichen – was übrigens auch zunehmend geschieht. Der Zweck des psychoanalytischen Prozesses ist bereits in seinen „Mitteln" und „Modalitäten" enthalten: kein Trost, keine „Psychotherapie", keine Ratschläge oder Eingriffe in die Realität, der Akzent liegt auf den Assoziationen und Träumen des Patienten, damit der unbewusste Strom der Psyche zutage treten kann; deutende Eingriffe des Analytikers sollten allmählich der reflexiven und reflektierten Selbsttätigkeit des Patienten weichen. Warum? Weil das angestrebte Ziel offenkundig der Zugang des Patienten zu seinem Unbewussten ist – es geht darum, ihm Klarheit über seine Geschichte, seine Eigenwelt, sein Begehren zu verschaffen. Diese Klarheit kann nur über die Selbsttätigkeit des Patienten, seine Fähigkeit, sich selbst in Frage zu stellen, die Entfaltung seines Reflexionsvermögens erreicht werden. Das angestrebte Ziel ist freilich auch die Übertragung und Einwirkung dieser Klarheit auf das reale Leben des Patienten – und das erfordert von seiner Seite die Herausbildung, das Hervortreten einer neuen psychischen Instanz, der reflektierenden und überlegenden Subjektivität, die in der Lage wäre, die unbewussten Impulse und Wünsche zu filtern, die Einheit von Phantasma und Realität aufzubrechen und nicht nur die Gedankenwelt, sondern auch die Praxis des Subjekts in Frage zu stellen. Dieses Hervortreten einer reflektierenden und überlegenden, sprich autonomen Subjektivität kann als Ziel des analytischen Prozesses definiert werden (Ziel im doppelten Sinne des Wortes: Zweck und Ende).

Wir können diesen Typus von Subjektivität als formale Norm des Menschen betrachten. Wir können ferner die Tätigkeit des wahren Analytikers als diejenige bestimmen, die auf die Herausbildung der Autonomie des Patienten abzielt, unter „Verwendung" der potentiellen Elemente eben dieser Autonomie – als formales Modell jeder menschlichen *Praxis*. Eine solche Praxis ist definiert als Betätigung einer Autonomie, die auf die Autonomie eines oder mehrerer anderer abzielt – eben das, was der wahre Pädagoge und der wahre Politiker tun oder tun sollten. Hierin liegt auch die Antwort auf die Frage: Wie ist das Einwirken einer Freiheit auf eine andere Freiheit möglich?

Anmerkungen

*) [„Psychanalyse et philosophie", in: Cornelius Castoriadis, *Fait et à faire. Les carrefours du labyrinthe V*, Paris 1996, S. 141-154.] Dieser Texte bildete die Grundlage mehrerer Vorträge, insbesondere in Madrid (November 1993), an der New Yorker New School für Social Research (April 1995) und in Buenos Aires (Mai 1996).

1) Vgl. meine Texte „Epilégomènes à une théorie de l'âme que l'on a pu présenter comme science" (1968) und „La psychanalyse, projet et élucidation" (1977), wiederveröffentlicht in *Les Carrefours du labyrinthe*, Paris 1978 [dt.: „Epilegomena zu einer Theorie der Seele, die man als Wissenschaft hat ausgeben können" und „Die Psychoanalyse als Projekt und Aufklärung", in *Durchs Labyrinth. Seele, Vernunft, Gesellschaft*, Frankfurt am Main 1981].

2) „Ergebnisse, Ideen, Probleme", Notat vom 12. Juli 1938 (in London), in *Gesammelte Werke*, XVII, S. 151.

3) Siehe zum Beispiel Henri F. Ellenberger, *The Discovery of the Unconscious* (1970), New York 1979 [Dt.: *Die Entdeckung des Unbewußten*, Bern 1973].

4) Vgl. Platon, *Phaidros* (246a-247e), in: *Werke, Bd. 5*, hrsgg. v. Gunther Eigler, Darmstadt 1981, S. 71ff, wo Sokrates das Gleichnis von der Seele als Pferdegespann erzählt. Bei Freud entsprechen dem Lenker des Gespanns das Ich, den Pferden das Über-Ich und das Es [AdH].

5) Vgl. zum Beispiel meinen Text „La logique des magmas et la question de l'autonomie" (1981), veröffentlicht in: *Domaines de l'homme. Les carrefours du labyrinthe II*, Paris 1986, in dem Verweise auf frühere Texte zu finden sind [dt.: „Die Logik der Magmen und die Frage der Autonomie, in: *Das imaginäre Element und die menschliche Schöpfung. Ausgewählte Schriften 3*, Lich 2010, S. 111-148.]

6) Immanuel Kant, *Kritik der reinen Vernunft 2*, hgg. von Wilhelm Weischedel, Frankfurt am Main 1974, S. 515.

7) Sigmund Freud, *Die Traumdeutung, Gesammelte Werke*, II-III, S. 530 (Hervorhebung von mir). Siehe auch die Fußnote auf S. 116.

8) Vgl. J. von Neumann, *The Computer and the Brain*, New Haven 1958 [Dt.: *Die Rechenmaschine und das Gehirn*, München 1960]. Die Freud'schen Texte, auf die sich diese Passage bezieht, sind die Folgenden: „Über die Psychogenese eines Falles von weiblicher Homosexualität" (1921), „Einige psychische Folgen des anatomischen Geschlechtsunterschieds" (1925), „Über die weibliche Sexualität" (1931), sowie *Jenseits des Lustprinzips* (1920), *Das Ich und das Es* (1923) und „Das ökonomische Problem des Masochismus" (1924).

9) Vgl. zum Beispiel meine Texte „La découverte de l'imagination" (1978) in *Domaines de l'homme*. a.a.O., und „Logique, imagination, réflexion (1989). Wie-

derabgedruckt unter dem Titel „Imagination, imaginaire, réflexion" in: *Fait et à faire,* a.a.O:, S. 227-281 [dt.: „Die Entdeckung der Imagination", in: *Das imaginäre Element und die menschliche Schöpfung,* a.a.O. S. 47-86 und „Imagination, Imaginäres, Reflexion", ebd., S. 293-351].

10) Er dauert bis zu fünf Jahren bei den Bonobos (*Pan paniscus*), deren Verhalten in mehr als einer Hinsicht faszinierend ist. Vgl. Frans B.M. de Waal, „Bonobo Sex and Society", *Scientific American,* März 1995, S. 58-64. Auch nicht-funktionale (inkl. homosexuelle) Formen von Sexualität sind bei den Bonobos bemerkenswert weit entwickelt: Christiane Mignault, „Les initiatives sexuelles des femelles singes", *La Recherche,* Dezember 1996, S. 70-73.

Die Psychoanalyse: Situation und Grenzen*

1. Der Status der psychoanalytischen Theorie

1.1. Epistemologie

Einer der Gründe dafür, dass die Diskussionen rund um die Psychoanalyse einen Eindruck von Konfusion hinterlassen, wie sie in der modernen Welt wohl ohne Beispiel ist, ist ihr unklarer Status, in der Theorie wie in der Praxis.

Als Theorie wird die Psychoanalyse zumeist danach beurteilt, ob sie eine „erfolgreiche" oder eine „erfolglose" Wissenschaft ist (oder seit neustem sogar, ob sie ein Schwindel ist oder nicht). Hinter dieser Auffassung steht die herrschende szientistische, positivistische, technokratische Ideologie. Wohl und Wehe der Psychoanalyse hinge demnach davon ab, ob sie den Normen und Kriterien der etablierten Wissenschaft gerecht wird, womit die „exakte", vor allem mathematisch-physikalische Wissenschaft gemeint ist. Diese Kriterien sind im Wesentlichen Kumulativität, durchgängige Überprüfbarkeit (was auf die eine oder andere Spielart des Verifikationismus oder Falsifikationismus hinausläuft) und Prognosefähigkeit. Wie leicht zu erkennen ist, sind die letzteren beiden Kriterien mehr oder minder identisch. Dementsprechend die implizite Aufforderung an die psychoanalytische Praxis, sich an die Grundsätze moderner Technologie zu halten. Die Theorie soll zu eindeutigen praktischen Rezepten führen, deren Erfolg (oder Versagen) der Prüfstein ihres theoretischen Geltungsanspruchs ist.

Dieser Vergleich und die aus ihm resultierenden Bewertungen haben weder Hand noch Fuß. Erstens, ohne die fantastischen Erfolge der modernen Wissenschaft (und der entsprechenden Technologie) im Mindesten in Abrede zu stellen, können wir dennoch ihre großen theoretischen Defizite nicht übersehen. Im Gegensatz zur herrschenden Meinung steckt die zeitgenössische Wissenschaft voller Aporien und Rätsel, deren Lösung alles andere als absehbar ist. Um nur die wichtigsten zu nennen: die Mathematik, Rückgrat und verlässlichster Teil der modernen Wissenschaft, plagt sich mit den bekannten Befunden in Sachen Unentscheidbarkeit (Gödel, Turing, Church) herum.[1] Und die Physik ist seit nunmehr siebzig Jahren außerstande, ihre beiden Teilbereiche – Allgemeine Relativitätstheorie und Quantentheorie – in Einklang zu bringen. Beide sind theoretisch unvereinbar, aber zugleich experimentell „bestätigt" und jede weist ihre eigenen Rätsel auf. Die Biologie, der nachgerühmt wird, eine umfassende Erklärung der Evolution bieten zu können, „erklärt" in Wirklichkeit nichts dergleichen. Die Evolution ist ein gewaltiges und unbestreitbares Faktum, aber die neodarwinistische Anschauung (die „moderne Synthese") kann lediglich mit einer Tautologie aufwarten: Überlebensfähigkeit und Verdrängung „weniger Angepasster" sind zwar notwendige, aber mitnichten hinreichende Bedingungen für das Auftreten neuer Arten. Diese neuen Arten verdanken sich (oder entsprechen) zweifellos Genmutationen, doch solche Mutationen sind praktisch Zufall, und nichts an der Theorie erklärt, warum es Abermillionen verschiedener Tier- und Pflanzenarten auf der Erde gibt anstatt Millionen Sorten Bakterien und einen deutlich ausgeprägten Trend in Richtung immer komplexerer Lebensformen.

Kumulativität bezieht sich auf die Ergebnisse, nicht auf die theoretischen Grundlagen. Die Geschichte der Wissenschaft vollzieht sich in kleineren und größeren Sprüngen, eine Tatsache, die der unlängst verstorbene Thomas Kuhn[2] als Erster beschrieben und verdeutlicht hat.

Der heutzutage vorherrschende szientistisch-positivistisch-technokratische Standpunkt beruht auf reiner Metaphysik. Das Sein in seiner Gesamtheit wäre demnach ein durchgängig „rationales" System, eine exakte, zur Gänze von mengentheoretisch-identitätslogischen Beziehungen und Gesetzen bestimmte Struktur. Diese Metaphysik ist das unverzichtbare komplementäre Postulat, das als Unterbau des kapitalistischen Imaginären dient, in dem die gesellschaftliche imaginäre Bedeutung einer grenzenlosen Ausdehnung „rationaler" Kontrolle vorherrscht. Es gibt tatsächlich in allem, was existiert, eine mengentheoretisch-identitätslogische (oder „logisch-mathematische") Dimension, die überall dicht ist. Dieses Faktum hilft uns, die Effektivität und Effizienz des modernen wissenschaftlichen Ansatzes und des damit einhergehenden technischen Zugriffs auf viele Aspekte der Welt besser zu verstehen.[3]

Kurz gesagt, Sein ist Schöpfung/Zerstörung. Und Schöpfung meint vor allem Diskontinuität, Auftauchen des radikal Neuen und Schichtung des Seienden (diese Schichtung entspricht den paradigmatischen Verschiebungen innerhalb des wissenschaftlichen Imaginären, die stattfinden, wenn die theoretische Erklärung von einer Seinsschicht zu einer anderen wechselt). Die menschliche Welt – die psychische wie die gesellschaftlich-geschichtliche – entspricht genau solch einer Schicht in der Gesamtstruktur des Seins und einem Bruch in seiner Geschichte. Die Existenzweise, die Seinsart, die mit dem Auftauchen der menschlichen Welt entsteht, ist zunächst und vor allem die des *Sinns*, weswegen die Forderung, die Psychoanalyse solle „Erklärungen" liefern, und die Klage, dass sie es nicht tue, schlicht und ergreifend sinnlos sind. Erklärungen kann es nur in Bezug auf die mengentheoretisch-identitätslogische Dimension des Seins geben. Nur weil die physikalische Welt, nach allem, was wir wissen, größtenteils in mengentheoretisch-identitätslogischen Beziehungen aufgeht, ist sie einer Erklärung zugänglich.

1.2. Verstehen und Deuten

Eine der Hauptbeschäftigungen der Psychoanalyse ist die Arbeit am Sinn – was sich *Verstehen** und Deuten nennt.

Obwohl es diesbezüglich einen tiefen Widerspruch, oder vielmehr eine *Spaltung**, in seinem Denken gab, war Freud sich dessen sehr wohl bewusst. Nicht umsonst nannte er sein erstes Hauptwerk *Die Traumdeutung**, nicht *Die Traumerklärung**. Er wusste, dass er es mit *zwei Sinnschichten* zu tun hatte – einer manifesten (die zwar *sinnwidrig** wirkt, aber nicht *sinnlos** ist) und einer latenten – zu der die Deutung Zugang verschafft. Um das zu erkennen, brauchte er weder Heidegger noch Gadamer[4]. Er war ein Zeitgenosse Max Webers, des Begründers der *verstehenden Soziologie**, hinter dem Dilthey, Windelband, Rickert[5] stehen und, will man noch weiter zurückgehen, Herder und Hegel. Sie alle wussten, dass die menschliche Welt, wie Rickert es ausdrückte, *„die Zwischenwelt des immanenten Sinnes*"*[6] ist. Doch das bahnbrechend Neue bei Freud war seine Erkenntnis, dass manifester und latenter Sinn zwei verschiedene Dinge sind, sowie seine theoretische Grundentscheidung, dass Versprecher Sinn ergeben, dass Träume, Delirien, Wahnvorstellungen und Halluzinationen Sinn ergeben. Genau das zu begreifen, ist die heutige Vulgärkritik an der Psychoanalyse nicht imstande. Die Gültigkeit dieser Entscheidung ist unabhängig von der Art des Sinns, den er entdeckt zu haben glaubte oder der Richtigkeit der Methoden, die er anwandte, um ihn zu ermitteln. Sie ist auch unabhängig von der Tatsache, dass Freud nicht *expressis verbis* von „hermeneutischem Zirkel"[7] sprach – der im Übrigen nicht von Gadamer & Co. entdeckt wurde, sondern schon bei Nietzsche, Marx und diversen Vertretern des klassischen deutschen Idealismus implizit vorhanden ist, von Protagoras ganz zu schweigen. Denn um nichts anderes geht es bei der Gegenübertragung, weswegen Freud auch auf der Notwendigkeit einer „Läuterung" des Analytikers durch eine Lehranalyse bestand: er war sich vollauf bewusst, welche entscheidende Rolle der Interpret und seine Vorurteile im Deutungsprozess spielen. Freilich kann ein solches Verfahren nicht *allen* Parametern gerecht werden, die für die Einstellung des Interpreten bestimmend sind – etwa seiner Position in einer gesellschaftlich-geschichtlichen Raumzeit oder seiner Geschlechts- und Schichtzugehörigkeit. Die diesbezüglichen „Entdeckungen" gebühren Nietzsche, Marx und Hegel. Wir müssen ihnen Rechnung tragen – und wenn der Freud'sche „Pansexualismus" dem im Wege zu stehen scheint, so sollte das als inhaltliche, nicht als prinzipielle Frage diskutiert werden.

1.3. Die Metapsychologie und die Frage der Aufklärung

Die theoretischen Aufgaben der Psychoanalyse erschöpfen sich nicht im Verstehen – oder Deuten – konkreten psychischen Materials. Sie muss auch in Betracht ziehen, *was* sich als bewusster und unbewusster Sinn manifestiert und warum es zu dieser Spaltung kommt. Das ist Aufgabe der Metapsychologie, der Analyse von Struktur und Funktionsweise dessen, was Freud den psychischen Apparat nannte. Auch hier sind Unterscheidungen zu treffen. Es gibt zunächst die *theoretische Grundentscheidung*: die psychische Welt besteht nicht nur aus Sinn, sondern aus dem Auftauchen – oder wie ich sagen würde, der Schöpfung – von Sinn, auf Grundlage einer bestimmten *Organisation,* d.h. konstanten, permanenten oder dauerhaften Struktur- und Funktionsmerkmalen, gewissen *Bestimmungen* und *Gesetzen*. Und dann gibt es die speziellen Entdeckungen Freuds hinsichtlich der genauen Beschaffenheit dieser Organisation, dieser Funktionsweise und dieser dauerhaften Struktur, sowie des psychischen Apparates und seiner Abläufe.

Hierbei ist erneut eine Besonderheit zu berücksichtigen. Genauso wie wir mit der Entscheidung, dass die physikalische Welt, oder allgemeiner die menschliche Welt, eine Welt des Sinns ist, *ipso facto* die Möglichkeit ausschließen, dass es sich um die Welt der Quarks und Gluonen oder der Zellen handeln könnte, so verwerfen wir mit der Entscheidung, dass es eine Organisation, Struktur und Funktionsweise der Psyche gibt, *ipso facto* den Gedanken, dass diese Organisation eine physikalisch-chemische oder biologische sein könnte. Das ist an sich noch keine „Lösung" des Geist/Gehirn- oder Psyche/Soma-Problems, macht aber mit Sicherheit den Gedanken hinfällig, dass psychischer Sinn und seine Verankerung in dauerhaften Strukturen physikalisch oder biologisch *determiniert* sein könnte.

1.4. Die Rolle des Mengen- und Identitäts-„Logischen" in der psychischen Welt

Wie bereits erwähnt, ist die im engeren Sinne (mengen- und identitäts-) „logische" Dimension im Seienden überall präsent. Um mich einer Metapher aus der Topologie zu bedienen: sie ist überall *dicht*. Was nicht heißt, dass das Seiende völlig in ihr aufgeht. Auch in der psychischen Welt ist die „logische" Dimension überall präsent – ohne sie auch nur ansatzweise auszuschöpfen. Im Gegenteil, soweit wir wissen, ist der „Rest" hier größer als irgendwo sonst. Und das hängt, meiner Meinung nach, mit der viel stärkeren Präsenz des *poietischen* Elements beim Menschen zusammen – was eigentlich nur eine andere Art ist, dasselbe zu sagen.

Nehmen wir zwei Beispiele. Zunächst aus dem Bereich des *Inhalts*. Bei der Traumdeutung verblüfft uns die schiere Menge rein logischer Arbeit, die dabei aufgeboten wird, doch mehr noch die unglaubliche Quantität und Qualität an Logik, die in die Entwicklung und Darstellung des latenten Sinns geflossen ist – in die *Traumarbeit*, nach der Freud'schen Terminologie. Dieser gewaltige Aufwand an Logik geht Hand in Hand mit einer fantastischen poetischen Schöpfung, wie sie in allen, außer den banalsten Träumen vorkommt.

Im Bereich der Metapsychologie sind wir genötigt, auf solche Begriffe wie *Stärke* und *Intensität, Ort, Ökonomie* und *permanente Tendenzen* (z.B. Lustprinzip) zurückzugreifen. Diese Begriffe sind bei zeitgenössischen Psychoanalytikern, besonders in Frankreich, ein wenig in Verruf geraten oder sie wurden herablassend als „Metaphern" behandelt, usw. Doch selbst wenn diese Begriffe, zugegebenermaßen, nicht die gleiche Bedeutung haben wie in anderen Wissensgebieten – sagen wir, der Thermodynamik (und das trotz mancher gefährlicher Formulierungen Freuds[8]) – so kann man sie ebenso wenig als bloße Bilder abtun. Zum Beispiel mögen die Begriffe und Unterscheidungen, die Freud der Topographie entlehnt hat, richtig oder falsch sein. Doch können wir uns der Frage nach dem gleichzeitigen, geordneten Nebeneinander verschiedener Entitäten nicht entziehen, und genau das bedeutet Raum (*topos*). Und ebenso wenig schafft das Rätselhafte seiner „ökonomischen" Formulierungen die offenkundige Tatsache der sehr unterschiedlichen Intensitäten psychischer Besetzungen aus der Welt.

Die Theoriearbeit der Psychoanalyse, ob „konkret", d.h. psychologisch, oder „abstrakt", d.h. metapsychologisch, enthält zwingend eine logische Dimension, und das nicht nur, weil wir nicht anders können, als uns um logisches Denken zu bemühen, sondern auch, weil Logik der Organisation der Psyche immanent ist – worauf im Übrigen diese Organisation selbst hindeutet –, ohne sie, einmal mehr, restlos erfassen zu können, was zum Beispiel die Tatsache beweist, „dass das Unbewusste weder Zeit noch Widerspruch kennt".[9]

2. Der Status der psychoanalytischen Tätigkeit

2.1. Die „Therapie" und ihre Ziele

Geschichtlich betrachtet, begann die psychoanalytische Tätigkeit als eine Form medizinischer Praxis. Freud brauchte ein Vierteljahrhundert, um sich (in *Die Frage der Laienanalyse*[10]) zu der Einsicht durchzuringen, dass ein Medizinstudium für die psychoanalytische Praxis weniger wichtig sei als Kenntnisse auf den Gebieten der Literatur, Ethnologie, Geschichte usw. (ich würde Philosophie und politische Theorie hinzufügen). Ich weiß nicht, wie lange die American Psychoanalytical Association danach noch brauchte, um zu akzeptieren, dass ein Doktortitel in Medizin keine notwendige Voraussetzung für die Ausübung der Psychoanalyse ist.

Heute sind wir am anderen Ende des Spektrums angelangt. Anything goes, es gibt nahezu gleitende Übergänge von der Psychoanalyse zur Wahrsagerei und zur Astrologie über psychoanalytische Beratung, Transaktionsanalyse, Sexologie, Verhaltenstraining, Urschreitherapie – und was Ihnen sonst noch einfällt.

Die Konstante bei all diesen Verfahren, von der orthodoxesten Psychoanalyse bis zu den abwegigsten und unseriösesten Varianten von heute, ist der Gedanke der *Therapie*. Nun hat Therapie immer eine der beiden folgenden Bedeutungen: jemand weicht von einer bestimmten Norm ab und muss wieder „auf Kurs gebracht" werden; oder, jemand leidet und sehnt sich inständig nach Linderung. Beide Gedanken werfen nahezu unlösbare Probleme auf. Es ist unmittelbar ersichtlich, dass sie eng verbunden sind mit den abgründigen Fragen nach Zweck und Ziel der Analyse.

Von Normabweichung zu sprechen, setzt voraus, dass wir wissen, was eine Norm ist und sein *sollte*, und dass wir bereit sind, sie zu verteidigen. Wenn wir einmal Kant beiseite lassen – dessen Normen ohnehin unerreichbar sind –, kann eine Norm entweder eine biologische oder eine gesellschaftliche sein. Trotz der hartnäckigen Bemühungen, eine „normale" Entwicklung oder eine „gesunde" Sexualität zu definieren, macht eine biologische Norm in unserem Bereich keinen Sinn. Ein verbindliches Modell, wie eine „normale" Psyche auszusehen hätte, gibt es nicht und kann es nicht geben. Es genügt, daran zu erinnern, dass Freud in einer seiner letzten Schriften – *Die endliche und die unendliche Analyse* – sich und den Leser fragt, warum man Bisexualität als anormal betrachten sollte und kurzerhand feststellt, er sähe keinen Grund.[11] Andererseits können wir auch nicht unkritisch und umstandslos die Gültigkeit bestehender gesellschaftlicher Normen akzeptieren. Eine gesellschaftliche Norm ist gesellschaftlich instituiert, und es dürfte kaum nötig sein, die diesem Status immanente raumzeitliche Relativität nachzuweisen. Dass Homosexualität in vielen Ländern noch bis vor dreißig Jahren strafbar war, ist bekannt, ebenso wie die Tatsache, dass entsprechend harte Urteile gegen Oscar Wilde und Alan Turing ergingen (Letzterer wurde nach der Entlassung aus dem Gefängnis in den Selbstmord getrieben[12]). Noch heute [1997] werden in Georgia (und vermutlich einer Reihe weiterer US-Bundesstaaten) Anal- und Oralverkehr mit mehrjährigen Haftstrafen geahndet.[13] Ganz generell, und ohne die Kritik hier zu vertiefen, kann die Psychoanalyse in Anbetracht unserer geschichtlichen und ethnologischen Erkenntnisse von keiner Gültigkeit gesellschaftlicher Normen auf dem Gebiet der Sexualität ausgehen – und wenn sie es dennoch tut, wie es über lange Jahrzehnte hinweg der Fall war, muss sie sich mit vollem Recht den Vorwurf der Anpassung [adaptionisme] gefallen lassen, auf den ich noch kommen werde. In diesem Punkt besteht eine notwendige Verbindung zwischen psychoanalytischen und politischen Fragen, wobei *politisch* hier im radikalsten Sinn des Wortes gemeint ist: alles, was mit der Institution der Gesellschaft und ihren Inhalten zu tun hat.

Allerdings befinden wir uns in keiner geringeren Verlegenheit, wenn wir uns dem Gedanken psychischen Leidens zuwenden, wie groß das Mitgefühl auch sein mag, das wir angesichts seiner empfinden. Leiden gehört unvermeidlich zum menschlichen Leben. Doch wie sollen wir die Grenze zwischen „normalem" und „anormalem" Leid ziehen, wenn wir nicht zu Vertretern eines bestimmten Modells psychischer „Gesundheit" werden wollen? Sollen wir dem Therapiewunsch derer nachgeben, die leiden, weil sie von ihren Freud(inn)en verlassen worden sind? Oder die Augen verschließen vor dem Verhalten unserer Zeitgenossen, die jedes Mal, wenn sie vor einer schwierigen Situation stehen, zu Valium, Lorazepam oder ähnlichem Zeug greifen? Und wenn ja, warum dann nicht gleich den Neuropharmakologen das Feld überlassen?

Freud hat einmal Ziel und Zweck der Analyse in scheinbar mustergültiger Weise wie folgt definiert: „Die Fähigkeit zu lieben und zu arbeiten wiederherzustellen".[14] Doch um *was* zu lieben und – noch viel problematischer – *wofür* zu arbeiten? Liegt uns an einer Wiederherstellung unserer Fähigkeit, in einer Fabrik fordistisch-tayloristischen Typs zu arbeiten? Wäre ein sklavisches Sichfügen in bestehende Verhältnisse ein zuverlässiger Indikator psychischer Gesundheit? Arbeit stellt nur insofern einen Wert dar, als sie um ihrer eigenen Ziele willen geschätzt wird – und das ist unbestreitbar eine gesellschaftliche, eine instituierte Wertschätzung. Die Liebe wirft andere Probleme auf, besonders die Unbestimmtheit ihres Inhalts, die Undefinierbarkeit ihres Gegenstandes und ihr mysteriöses Verhältnis zur Zeit.

Doch Freud bezeichnete die Psychoanalyse auch bescheidener als Praxis, die das Ziel habe, neurotisches Elend in gewöhnliches Unglück zu verwandeln. Die Unterscheidung ist, denke ich, jedem verständlich, der auch nur im Mindesten mit dem Seelenleben vertraut ist. Doch auch hier wäre es aussichtslos, auf eine klare Abgrenzung zwischen den beiden Zuständen zu hoffen. In seinem schönen und mutigen Beitrag verrät uns Lawrence Jacobson, was das Problem mit seinen beiden Patienten ist: die Unaufrichtigkeit des Umgangs mit ihrem eigenen Leben. Mir ist dieser Gedanke zutiefst sympathisch. Auch ich persönlich könnte mich niemals mit einer Person anfreunden, von der ich das Gefühl hätte, sie sei unaufrichtig. Doch das Problem liegt eben in dem Wort: „Gefühl". Ich bin mir seiner Bedeutung ebenso sicher wie meiner Fähigkeit zu unterscheiden, wer aufrichtig ist und wer nicht. Aber ich bin absolut außerstande, es in abstrakte Worte zu fassen. Das ist für mich in etwas so, wie der Unterschied zwischen Beethoven und, sagen wir, Saint-Saëns. Die hohlen, ausgestopften Männer T.S. Eliots[15] sind ein absolut legitimes literarisches Studienobjekt – doch wer würde, selbst in diesem Bereich, mit Sicherheit sagen können, ob Madame Bovary aufrichtig war oder nicht? Vielleicht war der einzig aufrichtige Moment ihres Lebens der, in dem sie sich tötete – aber in diesem Fall wäre es nutzlos, davon zu erfahren.

2.2. *Die politische Dimension der Psychoanalyse*

Die Psychoanalyse enthält eine nicht wegzudiskutierende *politische* Dimension. Mit „politisch" ist selbstverständlich nicht das gemeint, was die Herren Clinton und Gingrich von Berufs wegen treiben[16], das Wort bezieht sich vielmehr auf die Fragen und Aktivitäten, die mit der Institution der Gesellschaft zusammenhängen. Auf diesem Wege wird sie unweigerlich in die Kontroversen um politische Ideen und Handlungsweisen hineingezogen. Insofern ist die Psychoanalyse eine *praktische* Tätigkeit, sie gehört zum Bereich der *doxa* (der Meinung), nicht der *epistêmê* (der wissenschaftlichen Erkenntnis).

Das wird jeweils deutlich, wenn man sich die Ziele der Analyse vergegenwärtigt, die zwangsläufig mit einem *gesellschaftlichen* Individuum zu tun haben, seiner Beziehung zu sich selbst, aber ebenso zum Anderen und, über jeden speziellen „Anderen" hinaus, zu den von der Gesellschaftsordnung vorgegebenen Bedingungen. (Das ist offenbar das Problem bei Lawrence Jacobsons beiden Patienten.) Es ist, nebenbei bemerkt, völlig unangemessen, von der Psychoanalyse zu verlangen, sie solle eine „relationale Wende" vollziehen. Zum einen wurde das Verhältnis des Patienten zu seiner Umgebung immer berücksichtigt. Freud sprach unaufhörlich von den Beziehungen seiner Patienten zu den Personen ihres Umfelds. Doch sein Problem war genau das Gleiche wie das der heutigen „Beziehungsanalyse": das Unvermögen, wirklich zu begreifen, dass die Psychoanalyse, über jeden konkreten „Anderen" hinaus, theoretisch wie praktisch das gesamte Netz unpersönlicher und anonymer gesellschaftlicher Institutionen und Bedeutungen zum Gegenstand hat. Und wenn wir über „moralische" oder „ethische" Parameter der Analyse sprechen, müssen wir uns klar werden (im Gegensatz zur gesamten christlichen und dem größten Teil der philosophischen Tradition), das Moral oder Ethik nur eine Dimension der Politik und von ihr allemal untrennbar sind.

Über dieses Thema kann ich selbstverständlich nur dogmatisch meine eigenen Meinungen vortragen. Ich bitte Sie dennoch, im Kopf zu behalten, dass es in diesem Bereich keine apriorische „Begründung" geben kann, sondern nur eine nachträgliche vernünftige Rechtfertigung der eigenen Positionen. Der Gegenstand der Psychoanalyse ist weitgehend identisch mit dem der Politik – es geht um menschliche Autonomie. In Anbetracht der grundlegend gesellschaftlichen Natur des Menschen muss diese Autonomie, diese Freiheit, eine zugleich individuelle und kollektive sein. Ich könnte nicht leben – ich wäre gar nicht erst zu einem menschlichen Wesen geworden –, wenn ich allein wäre. Ich kann die Anderen auch nicht beseitigen. Die Frage ist demnach: Wie kann ich frei sein, wenn ich in einer Gesellschaft leben muss, in der das Gesetz von jemand anderem gemacht wird? Die einzig denkbare Antwort, will man in kein Stirner'sches Delirium verfallen[17], lautet: wenn ich die reale Möglichkeit habe, auf Augenhöhe mit allen anderen an der Entstehung und Einführung des Gesetzes teilzunehmen. Das ist die wahre Bedeutung von Demokratie. Doch es stellt sich auch die Frage: Wie kann ich frei sein, wenn ich von meinem Unbewussten beherrscht werde? Da ich es weder beseitigen noch isolieren kann, lautet die einzige Antwort: Ich kann frei sein, wenn ich eine andere Art von Beziehung zu meinem Unbewussten herstelle, eine Beziehung, bei der ich so weit wie möglich Bescheid weiß, was dort vorgeht, und bei der ich so weit wie möglich in der Lage bin, zu sortieren, was von dort nach außen dringt, in mein bewusstes Tun. Ich nenne das die Herausbildung einer reflektierenden und überlegenden Subjektivität. Es ist, denke ich, nicht schwer nachzuweisen, dass eine autonome Gesellschaft nur möglich ist, wenn sie aus autonomen Individuen besteht. Und autonome Individuen können nur in und dank einer autonomen Gesellschaft existieren. Und zwar, weil nur praktizierte Autonomie wiederum Autonomie entwickelt, und weil eine auf die Förderung individueller Autonomie ausgerichtete Erziehung nur in einer solchen Gesellschaft existieren kann.

2.3. Folgen für die Psychoanalyse. Die Psychoanalyse als praktisch-poietische Tätigkeit

Klar ist, dass Autonomie nicht erzwungen werden kann. Sie kann nicht einmal „gelehrt" werden. Man kann dem Analysanden lediglich helfen, auf seinem Weg zur Autonomie voranzukommen – und das setzt sowohl ein Wissen als auch ein Tun voraus. Wissen zu teilen, ist das Ziel der Interpretation, die dem Subjekt Klarheit über seine verborgenen und verdrängten Motive und Triebe verschaffen kann. Doch diese Interpretation sollte in einer Weise erfolgen, dass sie den Analysanden nach und nach in die Lage versetzt, sie selber vorzunehmen. Die Psychoanalyse ist eine Selbst-Tätigkeit, ein Nachdenken von jemandem über sich selbst; sie ist der Zugang zur Autonomie durch konkretes Praktizieren von Autonomie mit Hilfe eines anderen. Die Tätigkeit dieser Person – deren Grenzen nur danach bestimmt werden können, was zur Förderung der Selbsttätigkeit des Patienten benötigt wird – ist keine Anwendung einer Technik, sondern eine *Praxis*, d.h. das Vorgehen einer Person mit dem Ziel, einer anderen Person zur Entfaltung ihres Autonomiepotentials zu verhelfen. Und insofern der konkrete Inhalt dieses Ziels nicht vorab festgelegt ist oder werden kann, da er auch die Freisetzung der schöpferischen Fähigkeiten der radikalen Imagination auf Seiten des Analysanden beinhaltet, ist diese Tätigkeit Schöpfung – mit anderen Worten, *poiesis*.

Ich definiere die Psychoanalyse folglich als praktisch-poietische Tätigkeit, was auch das Definitionsmerkmal der beiden anderen, laut Freud „unmöglichen Berufe" ist. Die Psychoanalyse ist, wie die Pädagogik und die Politik, das Einwirken einer Autonomie auf eine andere, virtuelle Autonomie, und ihr Ziel ist die Schöpfung zweier neuer Formen: autonome Personen und eine autonome Gesellschaft.

3. Gesellschaftlich-geschichtliche Situation der Psychoanalyse

3.1. Das Umfeld, in dem Freud tätig war

Es ist nicht nötig, daran zu erinnern, welchen Beschränkungen und Bedingungen das Freud'sche Werk aufgrund des kulturellen Klimas und der herrschenden Ideologie seiner Zeit unterlag. Freud begann als szientistischer Positivist – damals wie heute die herrschende Ideologie – und ist es immer geblieben. Doch war seine Haltung in dieser Hinsicht nicht eindeutig (und wurde es vielleicht immer weniger); er verlor nie aus den Augen, dass die Psychoanalyse mit Sinn zu tun hatte, nicht mit Molekülen und chemischen Potenzialen. Er war tief durchdrungen von der patriarchalen Kultur seines Milieus und seiner Zeit – die immerhin schon mehrere Jahrtausende menschlicher Geschichte umfasst –, was bekanntlich zahlreiche Spuren in seinem Werk hinterlassen hat. Er hat es nie gewagt, die grundlegende Bedeutung der radikalen Imagination für das Seelenleben aufzudecken oder auch nur zu benennen. Eine der lächerlichsten und tragischsten Possen der Geistesgeschichte – die an dergleichen keinen Mangel hat – ist sein anfänglicher Glaube an die „Realität" des traumatischen Ereignisses, gefolgt von seiner allmählichen, aber widerwilligen Einsicht in den phantasmatischen, sprich imaginären, Charakter dieses „Ereignisses", die ihm achtzig Jahre später den Vorwurf eintrug, er habe seine ursprüngliche Entdeckung, dass kleine Kinder von Erwachsenen verführt werden, bewusst vertuscht. In einer nochmaligen Kehrtwendung wurde er jüngst beschuldigt, der Therapie- und Justizbranche in den Vereinigten Staaten ein wissenschaftliches Deckmäntelchen für ihre aus der Luft gegriffenen Verführungsgeschichten verschafft zu haben. Doch der meiner Meinung nach schädlichste Einfluss des gesellschaftlich-geschichtlichen Kontextes auf die psychoanalytische Theorie war deren komplettes Desinteresse an der entscheidenden Rolle, die die Gesellschaft, die Institutionen und die gesellschaftlichen imaginären Bedeutungen bei der Genese des Individuums spielen. Damit einhergehend wurde der zum Scheitern verurteilte Versuch unternommen, die Gesellschaft aus der Psyche „abzuleiten". Die gravierenden Mängel der Psychoanalyse, in der Theorie wie in der Praxis, sind auf diese Tatsachen zurückzuführen. Die Gesellschaft wurde als eine „Realität" betrachtet, in dem Sinne, wie die Schwerkraft eine „Realität" ist – anstatt zu erkennen, dass die maßgebliche Realität in diesem Fall die Gesellschaft ist (und das trotz einer prägnanten Äußerung in *Totem und Tabu*, die von nachfolgenden Psychoanalytikergenerationen zum Glück übersehen wurde). Aus diesem Grund verflüchtigte sich auch der zweifellos vorhandene politische Radikalismus Freuds im Laufe der Jahre und mündete schließlich in die zweideutigen, ja widersprüchlichen Positionen von *Unbehagen in der Kultur* und *Zukunft einer Illusion*.

All das beseitigt oder vermindert mitnichten die Bedeutung Freuds oder den Wahrheitsgehalt dessen, was ich den harten Kern der psychoanalytischen Theorie nennen würde, auf den ich nun zu sprechen komme. Sich auf diese oder andere, weniger wichtige Kritikpunkte zu beschränken und darüber die bahnbrechenden Entdeckungen und Erkenntnisse Freuds zu vergessen oder auszublenden, liefe auf einen umgekehrten Talmudismus oder besser: Stalinismus oder Schdanowismus[18] hinaus. Eine solche Haltung würde nämlich implizieren, dass man den Freud'schen Text wie die Thora oder *Das Kapital* behandelt: kein einziges Wort darin darf falsch sein und wenn man dennoch Punkte fände, die zu korrigieren wären, sollte man besser gleich das Ganze auf den Müllhaufen der Geschichte werfen oder den Verfasser auf den Friedhof der *dead white males* verfrachten, zu anderen anrüchigen Gestalten wie Platon, Aristoteles, Spinoza, Kant usw.

3.2. Nach Freud

Bekanntlich orientierte sich schon zu Lebzeiten Freuds, aber erst recht nach seinem Tod, die Hauptströmung der psychoanalytischen Theorie und Praxis, in Amerika wie in Europa, eindeutig in Richtung

Anpassung, trotz einiger gut gemeinter, aber unglücklicher Versuche (ich denke an Wilhelm Reich), Psychoanalyse mit Sozialkritik zu verbinden. Das ist einer der wesentlichen Gründe für die gegenwärtige „Krise" – soziologisch gesehen eine wirkliche Krise –, die sich auf vielfältige Weise äußert:

- zunächst und vor allem in der nahezu unumstrittenen Dominanz des Reduktionismus, sei es in einem traditionell biologistischen Sinne oder über Versuche, die Psyche auf die mehr oder minder ausgeklügelte Version eines Supercomputers zu reduzieren;
- in der inflationären Zunahme von parapsychoanalytischen Methoden aller Art, wie die oben erwähnten;
- in der pauschalen und unkritischen Ablehnung der Psychoanalyse durch Gruppierungen unterschiedlicher Observanz (Feministinnen, „Anti-Abendländer" usw.) und direkt damit verbunden in der unglaublichen Anfälligkeit der gegenwärtigen Epoche für alle möglichen kulturellen Modeerscheinungen: Hermeneutik, Konstruktivismus, Postmoderne, Dekonstruktivismus, usw.

Was in diesen Phänomenen ganz generell zum Ausdruck kommt, ist die enorme ideologische Regression der Jetztzeit, die sich in praktisch allen humanwissenschaftlichen Disziplinen zeigt (Ökonomie, Politologie, Soziologie usw.). Einen nicht unwesentlichen Beitrag zu dieser Regression leistet die Theorienekrose – oder Echolalie[19] – der Mainstream-Psychoanalyse, mit ihrer Unfähigkeit, sich den Problemen unserer Zeit zu stellen.

3.3. Der harte Kern

Bevor ich zum Schluss komme, will ich kurz die Gedanken auflisten, die meiner Meinung nach zum harten Kern der psychoanalytischen Theorie und Praxis gehören:

- der Bereich der Psyche ist der des Sinns und muss als solcher betrachtet werden;
- die menschliche Psyche unterliegt einen unaufhebbaren strukturellen Spaltung, und zwar mindestens zwischen einer bewussten und einer unbewussten Ebene;
- auf der Ebene des Unbewussten herrscht uneingeschränkt die „Allmacht des Denkens";

- das Lustprinzip spielt eine wesentliche Rolle, sowohl im bewussten als auch im unbewussten Seelenleben;
- die menschliche Sexualität wird maßgeblich von der Imagination beherrscht und die kindliche Sexualität ist ein zentraler psychischer Entwicklungsfaktor;
- Projektion und Introjektion sind die Kanäle, über welche die individuelle Psyche mit der „Außenwelt" in Verbindung tritt;
- was wir menschliches Individuum nennen, ist größtenteils ein Produkt der Gesellschaft.

Das ist natürlich weder ein Glaubensbekenntnis noch in irgendeiner Weise ausreichend, um eine psychoanalytische Theorie zu begründen. Insbesondere die Funktionsweise der menschlichen Imagination und der Sozialisationsprozess würden lange Erläuterungen erfordern. Allerdings sollte man den Kritikern der Psychoanalyse die Frage stellen, ob sie diese Prämissen bestreiten. Denn wenn sie tun, steht zu befürchten, dass eine Diskussion mit ihnen wenig nutzbringend wäre.

4. Die Natur der menschlichen Psyche und die Grenzen der Psychoanalyse

4.1. Theoretische und praktische Grenzen

In der menschlichen Existenz vermischen sich Psychisches und Gesellschaftliches auf untrennbare Weise. Ein nichtsozialisierter Mensch existiert nicht und wäre auch nicht existenzfähig. Das ist keine „äußerliche", sondern eine grundlegende Bedingung: sie wirkt sich in gravierender Weise auf die Organisation und den Inhalt des Seelenlebens aus. Es genügt nicht, diese Tatsache zur Kenntnis zu nehmen; man muss auch erkennen, welche Grenzen sie der Praxis wie der Theorie der Psychoanalyse setzt.

Wir können in praktischer Hinsicht Menschen helfen, auf ihre Autonomie hinzuarbeiten. Aber wir können, als Psychoanalytiker, nicht die gesellschaftlich-geschichtlichen Faktoren, Institutionen und Bedeutungen abschaffen oder verändern, die diese Arbeit in oft entscheidender Weise behindern und durchkreuzen.

Wir müssen, in der Praxis wie in der Theorie, eingestehen, dass uns Phänomene wie die Psychose vor nahezu unlösbare Probleme stellen. Die Interpretation – d.h. das Verstehen – stößt auf die Mauern einer hermetisch geschlossenen psychotischen Welt. Ihre möglichen

Auswirkungen werden begrenzt durch die spezifische Eigenart der Übertragung beim Psychotiker, wenn und insofern diese Übertragung stattfindet.

Theoretisch und ganz generell stößt das Bemühen, Licht in die Welt der Psyche zu bringen, auf eine Reihe von Aporien. Zum Beispiel: Was sind nicht-*messbare* psychische Kräfte? Und wir können nicht einen Augenblick lang die Abgründe der Körper/Seele- (oder Gehirn/Geist-)Problematik außer Acht lassen, mit der wir nahezu täglich konfrontiert sind, *auch* in unserer Praxis: in Form psychosomatischer Erkrankungen, über die Auswirkungen der Interpretation auf den körperlichen Zustand des Analysanden usw.

4.2. Die letzte Grenze

Die Psyche ist kein gut funktionierender, rationaler Mechanismus. Sie ist in erster Linie radikale Imagination, ein ständig fließender Strom von Vorstellungen, Affekten und Wünschen. Als solche ist sie schöpferisch, das heißt, dass dieser Strom und seine Produkte zumeist unbestimmt sind. Das ist – wenn es auch nicht thematisiert wird – bereits in den Freud'schen Schriften vollkommen offensichtlich. In der *Traumdeutung* heißt es klipp und klar: Nicht alle Träume sind interpretierbar und kein Traum ist es je in vollem Umfang. Freud sagt nicht, warum das so ist, aber sein Text liefert eine Teilantwort: die Traumvorstellungen sind *überdeterminiert*. Doch sind sie, offenkundig, auch *unter*determiniert. Es gibt deshalb keine Eins-zu-eins-Entsprechung zwischen den Bildern des „manifesten Trauminhalts“ und den diversen Traumgedanken, von denen Freud sagt, dass sie ins Unbekannte auslaufen.[20] In einem radikaleren und allgemeineren Sinne geht aus dem „Triebe“-Text von 1915[21] hervor, dass der Gedanke der Überdeterminierung an sich unzureichend ist. In diesem Text spricht Freud von der *Vorstellungsrepräsentanz des Triebes**. Nun gibt es beim Menschen offenkundig keine „normale“, mit einem Trieb fest verbundene Vorstellung. Diese Rolle kann eine Brust ebenso gut übernehmen wie ein hochhackiger Schuh.

Diese Kreativität der menschlichen Imagination ist die Wurzel der schlimmsten psychischen und politischen Probleme. Die Menschen schöpfen ihre eigene Welt, ihre Eigenwelt, die sich von derjenigen anderer Säugetiere unterscheidet. Doch jeder einzelne Mensch schöpft innerhalb dieser Gattungsgrenzen noch einmal eine eigene Welt für sich. Das heißt aber nicht anderes, als dass diese Welt „solipsistisch“, egozentrisch, selbstbezogen ist, nicht nur in „moralischer", sondern in ontologischer und epistemologischer Hinsicht. Die menschliche Psyche ist in ihren Tiefenschichten, im Unbewussten, amoralisch, aber auch asozial und weltlos. Das bedeutet auch, dass sie als solche, aus sich heraus, radikal lebensunfähig ist. Leben kann sie nur, insofern sie von der Gesellschaft und ihren Institutionen gewaltsam aus ihrer Eigenwelt herausgerissen wird, ein Prozess, der jedoch eine hohen Preis verlangt. Die Psyche muss aufgeben – oder besser, begraben –, was für sie Sinn darstellt, im Tausch gegen die Möglichkeit, die Quasi-Notwendigkeit, zu verinnerlichen und zu besetzen, was die Gesellschaft ihr als Sinn anbietet: die gesellschaftlichen imaginären Bedeutungen. Das bedeutet aber auch, dass der Psyche fortan eine unwiderrufliche *Negativität* innewohnt, eine Opposition gegen die Gesellschaft, gegen die Anderen, gegen die Realität, selbst gegen die ihr aufgezwungene gesellschaftliche Maske, d.h. gegen sich selbst als gesellschaftliches Wesen. Daher die Unabänderlichkeit des *Hasses*, was den psychischen Kern angeht, sowie aggressiv-destruktiver Tendenzen und/oder eines tief verwurzelten Masochismus. Bisher haben die gesellschaftlichen Institutionen dieses Problem dadurch bewältigt, dass sie inner- oder außergesellschaftliche Ventile schufen, wie z.B. Konkurrenz und Krieg. Künftig müssen andere, menschlichere Wege gefunden werden, um diese Funktion zu erfüllen. Allerdings dürfen wir niemals von der Idee eines „von Natur aus guten" Menschen ausgehen, der lediglich durch die verderblichen Einflüsse der Gesellschaft korrumpiert würde. Das ist eine verhängnisvolle Illusion, die von Anarchisten, Feministinnen, vielen heutigen Radikalen und manchen Psychotherapeuten geteilt wird. Wir sollten für eine Änderung der Gesellschaft kämpfen, für wahrhaft demokratische Institutionen, für die Verdrängung von Produktion und Ökonomie aus der zentralen und dominanten Stellung, die sie in der heutigen Welt einnehmen, für eine auf Autonomie und nicht bloß auf den Erwerb beruflicher Kompetenzen ausgerichtete Erziehung. Doch wir müssen der Realität ins Gesicht sehen, und zwar vor allem der psychischen Realität: eine menschlichere Gesellschaft ist möglich und wünschenswert, aber dass die Menschen Engel werden, ist weder das eine noch das andere.

Juli-September 1997

Anmerkungen

*) [„La psychanalyse: situation et limites", in: *Figures du pensable. Les carrefours du labyrinthe VI*, Paris 1999, S. 221-237.] Der Text wurde von Cornelius Castoriadis auf Englisch verfasst als Beitrag zur Konferenz *Building Bridges: A Conference on Psychoanalysis and Culture*, organisiert vom William Alanson White Institute (New York) im November 1997 und dort von Joel Whitebook vorgetragen [am 26. Dezember 1997 starb Castoriadis]. Dieser Text spricht implizit oder explizit einige Fragen an, die durch die Beiträge von Lawrence Jacobson und Philip Cushman, zweier Teilnehmer der Konferenz, aufgeworfen wurden. Französische Übersetzung von Myrto Gondicas. Zwischentitel von den französischen Herausgebern [Anmerkung der französischen Herausgeber].

1) Der österreichisch-amerikanische Mathematiker Kurt Gödel (1906-1978) stellte durch seinen Nachweis, dass ein nicht-triviales formalisiertes System notwendig unentscheidbare Propositionen enthält und es in einem solchen System unmöglich ist, dessen Widerspruchsfreiheit zu beweisen („Über formal untscheidbare Sätze der Principia Mathematica und verwandter Systeme", 1931), „die Idee einer strengen Logik selber, und zwar genau dort, wo diese allein fruchtbar zu sein schien", grundsätzlich in Frage (vgl. Cornelius Castoriadis, „Moderne Wissenschaft und philosophische Fragestellungen", in: *Durchs Labyrinth. Seele, Vernunft, Gesellschaft*, Frankfurt am Main 1978, insbes. S. 132ff., hier: S. 134). Die ganze Tragweite des „Unvollständigkeitssatzes" wurde durch die Arbeiten des US-amerikanischen Mathematikers Alonzo Church (1903-1995) sowie des britischen Mathematikers Alan Turing (1912-1954) offenbar, die u.a. zeigten, dass der Satz für jedes echte formale System gilt (Church-Turing-These, 1936) [AdH].

2) Thomas S. Kuhn (1922-1996), Wissenschaftshistoriker, Hauptwerk: *Die Struktur wissenschaftlicher Revolutionen*, Frankfurt am Main 1973 (Original 1962) [AdH].

3) Heideggers Jereminaden über die westliche Logokratie, die „Seinsvergessenheit" und die Technisierung der Welt bieten nicht den geringsten Erklärungsansatz, warum diese Expansion und diese Dominanz so überaus „erfolgreich" sind: Wie wären sie überhaupt möglich, wenn es nicht „etwas" im Sein selbst gäbe, mit dem sie zusammenträfen? Die einzige Möglichkeit, aus Heidegger'scher Perspektive Licht in die Sache zu bringen, bestünde in der Behauptung, dass es dem *Dasein** gelingt, dem Seienden *logos* „aufzuzwingen" - also etwas, das keinerlei Beziehung zu ihm hat, und somit das Seiende letztlich „vergewaltigt". In diesem Fall würde sich Heidegger allerdings, seiner ganzen Rhetorik zum Trotz, als unbewusster Anhänger des Glaubens an die menschliche „Allmacht" entpuppen. Das Gleiche gilt selbstverständlich, *mutatis*

mutandis, für die Postmoderne und den dekonstruktivistischen Relativismus, selbst in seiner schlichtesten, „pragmatistischen" Form, wie bei Richard Rorty. Doch der Dekonstruktivismus ist dermaßen von Widersprüchen durchzogen – dem *anything goes*-Denken, das auf praktisch-politischem Gebiet besonders eklatant hervortritt –, dass eine Diskussion mit Dekonstruktivisten schier unmöglich ist, vorausgesetzt, sie würde sich überhaupt lohnen.

4) Hans-Georg Gadamer (1900-2002), deutscher Philosoph, Hauptvertreter der philosophischen Hermeneutik; Hauptwerk: *Wahrheit und Methode* (1960) [AdH].

5) Wilhelm Dilthey (1833-1911) (*Einleitung in die Geisteswissenschaften*, 1883; *Der Aufbau der geschichtlichen Welt in den Geisteswissenschaften*, 1910), Wilhelm Windelband (1848-1915), Heinrich Rickert (1863-1936) (*Die Grenzen der naturwissenschaftlichen Begriffsbildung*, 1896), deutsche Philosophen, die mit ihren Arbeiten auf unterschiedliche Weise zur Grundlegung einer verstehenden, „idiographischen" Geisteswissenschaft und deren erkenntnistheoretischer Abgrenzung gegen die „nomothetischen" Naturwissenschaften beitrugen [AdH].

6) Vgl. Heinrich Rickert, *System der Philosophie, Teil 1: Allgemeine Grundlegung der Philosophie*, Tübingen 1921, S. 259ff. [AdH].

7) Das explizit von Dilthey herausgehobene Problem jeder Interpretation: Das Verstehen des Einzelnen erschließt das Ganze (den Zusammenhang), das Verstehen des Ganzen erschließt das Verständnis des Einzelnen, also ergibt sich ein Zirkel [AdH].

8) Vgl. seinen Gebrauch der Begriffe Topographie, Erhaltungsprinzip usw.

9) „Es gibt in diesem System [dem Unbewussten] keine Negation, keinen Zweifel, keine Grade von Sicherheit". Und: „Die Vorgänge des Systems *Ubw* sind zeitlos, d.h. … haben überhaupt keine Beziehung zur Zeit" („Das Unbewusste", G.W. X, S. 285-286) [AdH].

10) „Die Frage der Laienanalyse", G.W. XIV, S. 207-296 [AdH].

11) „Die endliche und die unendliche Analyse", G.W. XVI, S. 57-99, dort S. 89/90 [AdH].

12) Oscar Wilde wurde 1895 wegen seiner homosexuellen Beziehungen zu zwei Jahren Zuchthaus mit schwerer Zwangsarbeit verurteilt. Durch das Urteil gesellschaftlich und die Haft gesundheitlich ruiniert, starb Wilde drei Jahre nach seiner Entlassung mittellos in Paris. Alan Turing wurde zwar zu einer Gefängnisstrafe verurteilt, nahm aber das Angebot an, sich als Alternative zur Haft in psychiatrische Behandlung zu begeben. Die körperlichen und seelischen Folgen dieser Behandlung werden allgemein als Grund für seinen (mutmaßlichen) Selbstmord angesehen [AdH].

13) Vgl. „Getan und zu tun", in: Cornelius Castoriadis, *Philosophie, Demokratie, Poiesis. Ausgewählte Schriften 4*, Lich 2011, S. 183-269. Dort (S. 248) nennt Casto-

riadis nähere Einzelheiten zu dem Fall, auf den er hier anspielt. Die entsprechende Gesetzgebung in Georgia wurde 1998 geändert [AdH].

14) Freud bestimmt an mehreren Stellen seines Werks die Herstellung von Arbeits- und Genussfähigkeit als Ziel der Therapie und „nervöse Gesundheit" entsprechend als „ein genügendes Maß von Genuß- und Leistungsfähigkeit" (Sigmund Freud, *Vorlesungen zur Einführung in die Psychoanalyse*, G.W. XI, S. 476) [AdH].

15) „We are the hollow men / We are the stuffed men", Anfangszeilen von T.S. Eliots Gedicht „The hollow Men" (1925), in ders., *Gesammelte Gedichte*, Frankfurt am Main 1972, S. 130-137 [AdH].

16) Bill Clinton (geb. 1946), von 1993 bis 2001 Präsident der USA; Newt Gingrich (geb. 1943), von 1995 bis 1999 republikanischer Sprecher des US-amerikanischen Repräsentantenhauses [AdH].

17) Anspielung auf Max Stirners (1806-1853) Buch *Der Einzige und sein Eigentum* (1844) [AdH].

18) Andrei Alexandrowitsch Schdanow (1896-1948), bolschewistischer Politiker und enger Vertrauter Stalins, der eine führende Rolle im stalinistischen Repressionsapparat, in den 1940er Jahren insbesondere auch bei der Verfolgung in Ungnade gefallener Künstler spielte [AdH].

19) Nekrose: pathologische Form des Absterbens von Zellen; Echolalie: zwanghaftes Wiederholen von Wörtern und Sätzen [AdH].

20) Vgl. *Die Traumdeutung*, G.W., II-III, S. 530, bzw. in diesem Band, „Psychoanalyse und Philosophie", S. 173f. [AdH].

21) Gemeint ist „Triebe und Triebschicksale", Sigmund Freud, *Gesammelte Werke*, X, S. 209-232 [AdH].

Der Zustand des Subjekts heute*

Die Moden kommen und gehen, und jede ist wie die andere. Die Vergoldung vergeht, das Leder besteht.[1] Noch unlängst feierte man den Tod des Menschen und die Seinsverfehlung des Subjekts. Wenn man der aktuellen Presse glauben möchte, waren diese Meldungen etwas voreilig. Das Subjekt, ein echtes Stehaufmännchen, weilt anscheinend wieder unter uns.

All dieses Gerede über den Tod des Menschen und das Ende des Subjekts war allerdings nie etwas anderes als pseudotheoretische Tarnung für eine Flucht aus der Verantwortung – von Seiten des Psychoanalytikers, des Denkers, des Bürgers. Desgleichen verbergen die lärmenden Verlautbarungen von heute über die Rückkehr des Subjekts, wie der vermeintliche „Individualismus", der sie begleitet, nur den voranschreitenden Zerfall unter einer weiteren seiner Formen.

Das Subjekt ist nicht zurück, weil es nie fort war. Er war immer da – wenngleich nicht als Substanz, sondern als Frage und als Entwurf. Für die Psychoanalyse ist die Frage des Subjekts die Frage der Psyche – der Psyche als solcher und der sozialisierten Psyche, derjenigen also, die sich einem Sozialisationsprozess unterzogen hat und noch immer ständig unterziehen muss. So verstanden ist die Frage des Subjekts die Frage nach dem Menschen in seinen zahllosen Besonderheiten und Allgemeinheiten.

Ich werde diese Frage hier selbstverständlich von der Freud'schen Lehre aus angehen, dem Zugang, den sie eröffnet hat und den Aporien, zu denen sie führt. Was die Pluralität „psychischer Personen" angeht – in einem sie umfassenden Übersubjekt versammelte „Instanzen" –, so ist zu fragen, ob sich nicht mit Hilfe der verschiedenen Freud'schen Topiken und ihrer späteren Weiterentwicklungen ein Subjektbegriff formulieren lässt, der sie alle einbezieht und dabei nicht bloß formal, das heißt, mehr oder minder leer ist? Wir werden sehen, dass ein solcher Begriff existiert und zwar in einem gewissermaßen *vor*psychischen Sinne, denn er gilt bereits für das Lebewesen an sich. Diese erste Fragestellung führt unmittelbar zu einer zweiten: Worin besteht also – sofern es sie überhaupt gibt – die *Einheit* des Menschen, über seine körperliche Identität und seine als bloßer chronologischer Behälter verstandene „Geschichte" hinaus? Diese zweifellos mehr als rätselhafte Einheit wird sich als etwas genau genommen *jenseits des Psychischen* Befindliches erweisen – jenseits dessen, was eine „sich selbst überlassene" Psyche jemals hervorbringen würde. Sie ist etwas *zu Leistendes*, etwas, das in einer Analyse, wie sie sein sollte, *zustandekommt*. Sie ist Entwurf in einem allgemeinen Sinne und im Besonderen der Entwurf oder, wie man so sagt, das Ziel der Analyse – vorausgesetzt, dass wir richtig verstehen, um welche Einheit, um welche Art von Einheit es sich handelt.

Frage des Subjekts: *Wer* kommt zur Analyse? *Wer* erzählt einen Traum? *Wer* begeht einen Lapsus, hat einen Ausbruch, einen wahnhaften Schub? Und *wer* sitzt hinter (oder vor) ihm, in einem Sessel? Und warum meint Letzterer, wenn man ihn fragt, wer er ist, normalerweise antworten zu können: Ich bin der und der, Psychoanalytiker?

Haben diese Fragen einen Sinn? Ein Abiturient könnte versuchen, uns mit dem Argument in Verlegenheit zu bringen, dass die Existenz von Personalpronomen und/oder Verben der ersten Person Singular in den Grammatiken indoeuropäischer Sprachen (beileibe nicht in allen Sprachen!) noch lange nicht heißen muss, dass diesen Worten eine irgendwie geartete Realität entspricht. (Ein ähnlicher Einwand lässt sich in Bezug auf das Verb *sein* und die Ontologie erheben und wurde auch erhoben.) Mit demselben Argument könnte man beweisen, dass die Imagination, der Blutkreislauf, der Andromedanebel oder die Hilberträume nicht existieren. Doch damit nicht genug: eine Sprache, in der man, egal, welche grammatische Form die *Antwort* annimmt, die *Frage*: *Wer* hat dies getan? *Wer* hat das gesagt?, nicht stellen kann, ist undenkbar. Eine menschliche Sprache ist stets die Sprache einer Gesellschaft; und es ist keine Gesellschaft denkbar, die nicht die Möglichkeit schafft, Worte und Taten *jemandem zuzuschreiben*.

In dieser Form bezieht sich die *Wer*-Frage auf jenen Subjektivitätsmodus, den wir gesellschaftliches Individuum nennen (siehe unten). Doch für die Psychoanalyse stellt sich die Subjektfrage, die *Wer*-Frage ganz unmittelbar, sobald der Analytiker sich nicht damit begnügt, sich in seinen Sessel zurückzulehnen, sondern zu interpretieren beginnt. (Ich spreche hier nicht von einem Analytiker, der absolutes und totales Stillschweigen bewahrt. Für einen solchen ist diese Frage, wie fast alle anderen auch, offensichtlich per definitionem unentscheidbar.) Allerdings ist es unmöglich, eine Interpretation zu formulieren und sie dem Patienten mitzuteilen, ohne sich die *beiden* folgenden Fragen zu stellen: *Von wem* spricht diese Interpretation? Und: *An wen* wendet sie sich? In beiden Fällen betrifft das „Wer" nicht den Bürger oder die Bürgerin, das auf der Couch liegende gesellschaftliche Individuum, sondern jemanden Unsichtbares. Das, woraus die Interpretation *Sinn zu machen* versucht, ergibt nur Sinn als Tat (Wunsch, Gedanke, Affekt) einer Person, die der sichtbare Analysand nicht ist und in der er sich auf Anhieb nicht wiedererkennt. (Patient N.N. empfindet große Abscheu beim Gedanken, an der Brust seiner Mutter zu saugen – was gleichwohl der Wunsch seines Traums der vorhergehenden Nacht zu sein scheint.) Und *der, für den* die Interpretation Sinn zu machen versucht (derjenige, dessen Taten sie Sinn verleiht), ist auf Anhieb ebenfalls nicht der sichtbare Analysand, zumindest nicht die Person „vor Beginn der Analyse". Vielmehr handelt es sich um jemanden, der im *Entstehen* begriffen ist, dem der qua Interpretation vorgeschlagene Sinn dabei hilft, sich zu erschaffen und der sich nur insofern erschafft, als er dem, was die Interpretation ihm vorschlägt, Sinn entnehmen kann. Die für den Analytiker unumgängliche Frage: *Wer* hört die Interpretation? – mitsamt allen Veränderungen der Interpretation und des Interpretationsstils im Verlauf der Behandlung, also der gesamten Behandlungsdynamik –, hat nur einen Sinn, wenn man jeweils eine bestimmte Sicht des Subjekts und seines Zustands voraussetzt, nämlich nicht als Substrat oder immaterielle Substanz, sondern als sich abzeichnende Fähigkeit, Sinn zu erfassen und etwas für sich daraus zu machen: einen *reflektierten* Sinn zu erfassen (die Interpretation liefert keine „unmittelbare" Bedeutung) und durch Reflexion etwas für sich daraus zu machen (und sei es nur, weil die Übernahme einer Interpretation, die sich einzig auf den aus der Übertragungssituation resultierenden „Glauben" gründet, nur Ausdruck einer fortdauernden Entfremdung des Subjekts wäre). Um diese Begriffe: Erfassung eines reflektierten Sinns, Reflexion des vorgelegten oder angebotenen Sinns, dreht sich im Wesentlichen die Problematik des Subjekts als psychoanalytisches Projekt.

Man könnte sich allerdings – die Versuchung liegt nahe, wenn man manche psychoanalytischen Texte jüngeren Datums liest – die Behandlung als Zusammenschalten zweier Tondbandgeräte vorstellen, deren eines, das die Stelle des Analytikers einnähme, ständig „stumm" (kaputt?) wäre. Doch in diesem Fall müsste man auf jegliches Interpretationshandeln des Analytikers verzichten, denn alle unsere Interpretationshandlungen setzen nicht nur ein Einwirken auf das „Subjekt" und eine Reaktion von dessen Seite voraus – was z.B. auf einen chirurgischen Eingriff ebenso zuträfe –, sondern auch und vor allem, dass dieses Aktions-/Reaktions-Muster durch *Sinn* vermittelt wird und dieser Sinn nicht in unserem Worten enthalten ist wie die Arznei in der Tablette. Noch die einfachste Interpretation wird vom Patienten auf eigene Verantwortung entschlüsselt, die Hauptsache ist, was *er* daraus macht: in der *Annahme* (oder Ablehnung) der Interpretation offenbart sich das *Subjekt* als unbestimmbare Sinnquelle, als (virtuelles) Reflexions- und (Re)aktionsvermögen. Würde man den letzten Satz dahingehend abändern, dass man sagt: nicht, was er macht, sondern was Es macht, bliebe die Frage gleichwohl unbeantwortet. Denn wir werden und können dieses Es nicht stets auf dieselbe Weise verstehen, angefangen mit dem, was Es in uns bewirkt und wozu Es uns veranlasst, in der Analyse, meine ich, aber woanders nicht minder. Wenn nach einer Interpretation – ich sage nicht unbedingt: *wegen* einer Interpretation – irgendein Ausbruch des Patienten erfolgt, dann kommen wir nicht umhin, uns zu fragen, inwiefern diese Interpretation nicht mit zu diesem Ausbruch beigetragen hat, inwiefern wir nicht besser daran getan hätten, sie für uns zu behalten oder einen Schritt vorauszudenken.

Wir fragen *uns*: reflexive Form des Verbes. Der Begriff *reflexiv* verweist uns erneut auf einen der Pole der Subjektfrage. Wir fragen uns, weil wir es *hätten* tun oder lassen *können*: wir nehmen uns in die Pflicht, wir entziehen uns nicht der Verantwortung für den weiteren Fortgang der Behandlung. Wir billigen uns also, als Analytiker, den Status einer Instanz zu, die *reflektieren* und *agieren* kann, die *entscheiden* kann, ob sie so oder anders interveniert, interpretiert oder davon Abstand nimmt, auf einen Versprecher hinweist oder die Assoziationen fließen lässt. Allerdings haben wir keinerlei Berechtigung, anderen, insbesondere den Analysanden, diesen Status zu verweigern – und eben diesen Status umfasst der Subjektbegriff.

„Status" heißt hier nicht „Realität" oder „Substanz", sondern „Frage" und „Entwurf". „Frage" deshalb, weil Reflexion impliziert, dass der Prozess des Fragenstellens unabschließbar ist. Entwurf, weil eine Behandlung auf die wirkliche Veränderung von jemandem abzielt, die weder vorhersehbar noch vorab definierbar und dennoch nicht beliebig ist.[2]

In der psychoanalytischen Literatur der letzten Jahre stößt man häufig auf den Ausdruck „das Subjekt des Unbewussten". Hat dieser Ausdruck einen Sinn? Wir alle wissen, dass der Gegenstand der Analyse die Erforschung der unbewussten Psyche im engeren Sinne ist, dass sie von der Annahme ausgeht, dass sich alles Wesentliche dort abspielt, und dass ihr eigentliches Ziel (wie immer es explizit formuliert wird) darin besteht, dem Analysanden bei der Veränderung „seiner" Beziehung zu „seinem" Unbewussten zu helfen. Doch ist auch bekannt, dass die Psychoanalyse diesem Unbewussten sozusagen niemals persönlich begegnet; allenfalls erhascht sie über einen Traum, einen Versprecher, eine Fehlleistung einige flüchtige Eindrükke von ihm. Sie trifft immer auf einen Menschen aus Fleisch und Blut, der spricht – und zwar keine Sprache im Allgemeinen, sondern eine je besondere Sprache –, der einen Beruf hat (oder auch nicht), einen Familienstand, Ideen, Verhaltensweisen, Orientierungen und Desorientierungen. Kurzum, wir sind stets mit einer menschlichen Realität konfrontiert, innerhalb derer die gesellschaftliche Realität (die gesellschaftliche Dimension dieser Realität) die psychische Realität nahezu vollkommen verdeckt. Und in erster Annäherung präsentiert sich das „Subjekt" als jene sonderbare Totalität, die zugleich eine und keine ist, paradoxes Gebilde aus einem biologischen Körper, einem gesellschaftlichen Wesen (dem gesellschaftlich definierten Individuum), einer mehr oder minder bewussten „Person" und schließlich einer unbewussten Psyche (einer psychischen Realität und einem psychischen Apparat), das Ganze in höchstem Maße heterogen und dennoch absolut unauflöslich. So präsentiert sich uns das Phänomen Mensch, mit diesem nebulösen Etwas müssen wir uns auseinandersetzen, wenn wir die Subjektfrage denken.

Die Frage wird im Übrigen noch komplizierter, wenn wir auf eine zweite Ebene wechseln. Denn was uns an diesem vielschichtigen Phantom am meisten interessiert, ist die psychische Realität. Diese wiederum wurde von Freud nicht als *ein* „Subjekt" betrachtet, sondern als eine *Mehrzahl* von Subjekten. Er sprach von einer Vielzahl „psychischer Personen", von „innerpsychischen" Konflikten zwischen gegensätzlichen „Instanzen"[3]: das sind sicherlich metaphorische Ausdrücke, über die sich schon so mancher Schlaumeier lustig gemacht hat. Die rechts- und verwaltungstechnische Metapher „Instanzen" verweist zugleich auf Hierarchie und mögliche Kompetenzstreitigkeiten; die der verschiedenen Personen auf das alte platonische Bild vom Wagen, dessen Pferde in verschiedene Richtungen ziehen.[4] Die Tatsache, dass es sich um Metaphern handelt, beseitigt jedoch nicht die Merkmale des Objekts, auf die sich die Metapher bezieht.

Tatsächlich erscheinen sowohl im Freud'schen Werk als auch in dem seiner Nachfolger die „Instanzen" – oder was ihren Platz einnimmt – als Gebilde, die auf eigene Rechnung „handeln" und ihre eigenen Ziele verfolgen. Das vielleicht höchste, wenn auch unauffälligste dieser Ziele ist: in seinem eigenen Seinszustand zu verharren (das Nonplusultra des Widerstands!). Die Besonderheit, das Fürsichsein jeder dieser Instanzen impliziert die Existenz einer jeweiligen Eigenwelt mit spezifischen Objekten, Verbindungs- und Bewertungsweisen. Die Freud'sche Psyche entpuppt sich somit als halbwegs geordnetes und zusammenhängendes Konglomerat psychischer Subsphären, die je eigene Ziele verfolgen und sich im Zuge dessen als fähig erweisen, praktisch und theoretisch „unfehlbare" „Überlegungen" und „Berechnungen" anzustellen (erinnern wir uns der Freud'schen Arithmologie: „unmöglich, … sich eine Zahl nach freiem Belieben einfallen zu lassen"[5]), und deren jede ihre „Objekte" „kennt" und sie auf ihre Weise „bearbeitet" (man denke z.B. an das Freud'sche Überich, seine „Bestrebungen", seinen „Stil" und seine „Vorgehensweisen").

Ich werde weiter unten zu zeigen versuchen, dass diese Art der Darstellung nichts eigentlich „Metaphorisches" hat. Die genannten Kategorien – Zielsetzung, Berechnung, Selbsterhaltung, Eigenwelt – werden hier in völlig begründeter Weise verwendet, sie entsprechen ganz und gar der Seinsweise der fraglichen Entitäten. Die Verwirrung rührte vielmehr daher, dass die fraglichen Kategorien nichts der Psyche – den psychischen „Instanzen" oder „Personen" – *Spezifisches* sind, sondern eine viel weitere Region beherrschen: sie gelten überall dort, wo es ein *Für-sich* gibt. Zugleich sind sie völlig unzureichend, um das zu beschreiben, was man als *Subjektivität* oder Subjekt im engeren Sinne bezeichnen könnte. Das *Für-sich* – oder einfach das *Selbst*, das *self* – existiert auch außerhalb der Psyche: „vor" ebenso wie „jenseits" von ihr. Nicht das Selbst oder das Für-sich als solches charakterisiert die Psyche. Umgekehrt ergibt das Psychische als solches noch keine wirkliche Subjektivität in dem hier zu definierenden Sinne.

Tatsächlich haben wir es mit einer Vielfalt von Regionen und sogar Ebenen des Seins zu tun, die allesamt dem *Für-sich* angehören und deren unzureichende Unterscheidung in diesem Zusammenhang für Verwirrung sorgt. Zum besseren Verständnis des Folgenden empfiehlt es sich also, mit einer Kurzbeschreibung des Für-sich zu beginnen:

1. Für sich ist das *Lebewesen* als solches (und zwar mindestens ab der Zelle). Es ist leicht begreiflich, dass man versucht sein könnte, den tätigen Kern eines jeglichen Lebewesens als subjektiv zu bezeichnen.
2. Für sich ist das *Psychische*, sowohl in der Einzahl als auch in der Mehrzahl, nämlich durch seine diversen „Instanzen" hindurch oder „für" jede der „psychischen Personen".
3. Für sich ist das *gesellschaftliche Individuum*, mit anderen Worten, das gesellschaftlich erzeugte oder produzierte Individuum,

bzw. das Produkt der gesellschaftlichen Verwandlung des Psychischen – Sprache und Familie sind bereits Aspekte der Gesellschaft –, eine Verwandlung, die ausgehend von jeder einzelnen Soma-Psyche-Einheit ein gesellschaftliches Wesen entstehen lässt, das hinsichtlich seiner Geschlechts- und Berufsrolle, seiner Stellung und seiner Zugehörigkeiten, seiner Motivationen, Ideen und Werte definiert und instruiert ist.

4. Für sich ist die jeweils als solche bestehende *Gesellschaft.* Umgangssprachliche Formulierungen wie: „Rom hat den Mittelmeerraum erobert" oder „Deutschland hat Frankreich den Krieg erklärt", sind, obwohl eigentlich falsch, keine reinen Metaphern. Ich spreche hier nicht von irgendwelchen Hypersubjekten – Kollektivbewusstsein, kollektives Unbewusstes oder Volksgeist –, sondern der offenkundigen Tatsache, dass jede Gesellschaft wesentliche Attribute des Für-sich besitzt: Selbsterhaltungszweck, Selbstzentriertheit, Aufbau einer Eigenwelt.

In diesen vier Regionen haben wir mit dem *schlechthin Realen* zu tun. Aber wir treffen nicht auf das, was uns in der Psychoanalyse vor allem interessiert: das eigentlich *menschliche Subjekt,* das zugleich Medium, Mittel und Zweck (Ziel) der Behandlung ist. Dieses Subjekt ist nicht schlechthin real, es ist nicht einfach vorhanden, es ist zu erschaffen und erschafft sich selbst aufgrund bestimmter Bedingungen und unter bestimmten Umständen. Das Ziel der Analyse ist, dieses Subjekt werden zu lassen. Es ist für jeden Menschen eine (abstrakte) Möglichkeit, aber keine zwangsläufige Entwicklung: es ist *geschichtliche Schöpfung* und Schöpfung, deren Geschichte man verfolgen kann. Dieses Subjekt, die menschliche *Subjektivität,* steht im Zeichen von *Reflexivität* (nicht zu verwechseln mit bloßem „Denken") und dem *Willen* oder der Fähigkeit zu überlegtem Handeln, im starken Sinne des Wortes.

Dementsprechend sollten wir einen Platz für eine Gesellschaft reservieren, die jenseits der Individuen nicht bloß „für sich", sondern in der Lage wäre, *über sich zu reflektieren* und *durchdachte Entscheidungen zu treffen* – eine Gesellschaft, die autonom genannt zu werden verdient. Was uns zu dieser Bezeichnung berechtigt, ja verpflichtet, ist die Tatsache, dass im Laufe der Geschichte Gesellschaften auftauchten, die in der Lage waren bzw. sind, eine solche Reflexion über ihr eigenes Gesetz zu initiieren, dieses Gesetz in Frage zu stellen und in gewissem Umfang zu beschließen, es nach Maßgabe dieser Reflexion zu verändern.[6]

Es ist ausgeschlossen, hier auch nur oberflächlich auf den gesamten Fragenkomplex einzugehen, den diese sechs Erscheinungsbereiche des Für-sich und ihre Wechselbeziehungen aufwerfen. Ich werde mich im Wesentlichen darauf konzentrieren, zwei Punkte zu erörtern, die mir für die psychoanalytische Theorie und Praxis von besonderer Relevanz zu sein scheinen. Zunächst die erstaunlichen Ähnlichkeiten und die abgrundtiefen Unterschiede, die das Lebewesen und das Psychische vereinen und trennen. Ferner die Frage des menschlichen Subjekts im eigentlichen Sinne, als Reflexion und Wille, der man im Problembereich der Psychoanalyse begegnet.

Doch zuvor, und weil ich eingangs die Moden des letzten Vierteljahrhunderts erwähnte, sei angemerkt, dass mithilfe der oben getroffenen Unterscheidungen die Argumentationsstruktur der Geistesgrößen dieser Jahre bloßgelegt werden kann. Man versuchte nämlich, das menschliche Subjekt in zwei Modalitäten aufzuspalten, die zwar mit ihm verbunden sind, aber dennoch am Kern der Sache vorbeigehen. Entweder man betrachtet das Für-sich als rein selbstzentrierten und auf Selbsterhaltung abzielenden Prozess, der jedoch „blind" ist für alles, was über die mit diesen beiden Zielen zusammenhängenden instrumentellen Erfordernisse hinausgeht, also scheinbar umfassend „mechanisierbar" ist, dann wäre der Mensch ebenso wenig ein „Subjekt" wie das Immunsystem, das bekanntlich einen sehr ausgeprägten Hang zur Selbstheit [soi-ité] aufweist. Man landet dann beim „subjektlosen Prozess" (grandiose Entdeckung: Und was, wenn nicht ein „subjektloser Prozess", ist eine Galaxie?) in der Tradition von Lévi-Strauss/Althusser/Foucault. Oder aber, man lässt das menschliche Subjekt gänzlich in der Dimension des gesellschaftlichen Individuums, insbesondere in der Sprache, aufgehen. Demzufolge heißt es dann, es sei in der Sprache (und dem ganzen Gesellschaftsklimbim) gefangen, verloren, entfremdet, es spreche nicht, sondern werde gesprochen (oder – warum nicht? – schreibe nicht, sondern werde geschrieben) – nur, um „hinter seinem Rücken" ein „Subjekt des Unbewussten" zu installieren, das sich natürlich in Luft auflöst, sobald das erste Wort fällt. Das ist die Linie Lacan/Barthes/Derrida.

Das Lebewesen

Das erste, das archetypische Für-sich ist das Lebewesen. Alle folgenden Aussagen setzen die Kategorien des Lebewesens voraus, die auf den verschiedenen Ebenen des Für-sich erhalten bleiben – nicht als positive Attribute, sondern als Rahmen relevanter Fragen. Für-sich bedeutet, Selbstzweck zu sein. Egal, ob sich dieser als Für-sich des einzelnen Lebewesens, als Selbsterhaltungstrieb, oder als Für-sich der Gattung, als Fortpflanzungstrieb, äußert: es ist allemal Selbstzweckhaftigkeit [autofinalité] (allerdings mit den Einschränkungen, die bereits der Übergang vom ersten zum zweiten Fall markiert). Mit der Selbstzweckhaftigkeit geht eine Eigenwelt einher. Diese Eigenwelt bildet sich jeweils in und aus einer Reihe verschiedenartiger Verschränkungen und Überschneidungen heraus – die Eigenwelt dieses speziellen Hundes „hat teil" an der Eigenwelt der Gattung Hund, die Eigenwelt dieser speziellen Zelle dieses Hundes ist einfach die Voraussetzung für die Eigenwelt des Hundes, ohne explizit an ihr „teilzuhaben". Doch mit solchen Verschränkungen können wir uns jetzt nicht aufhalten.

Was heißt Eigenwelt? Es gibt – und zwar zumindest ab dem Zellstadium – jeweils zwangsläufig Darstellung, Vorstellung und In-Bezug-setzen des Vorgestellten. Sicherlich „gibt es" etwas „außerhalb", gibt es X. Aber X ist keine Information, wie schon der Name besagt. Es „informiert" lediglich darüber: dass „es gibt". Es ist bloßer *Anstoß** (wir kommen darauf zurück). Sobald man mehr darüber sagen könnte, würde man bereits „subjektive" Bestimmungen ins Spiel bringen – und letztlich ist selbst dieser inhalts- und bedeutungsleere Grenzfall von Bestimmung namens „es gibt" nicht der Frage enthoben: *Für wen* gibt es? Die Natur enthält keine „Informationen", die darauf warten, gesammelt zu werden. Das X wird nur etwas, wenn es vom betreffenden Für-sich: Zelle, Immunsystem, Hund, Mensch usw., *geformt* (informiert) *wird*. Information wird von einem „Subjekt" geschöpft und selbstverständlich auf *seine* Weise.

Die so erschaffene Information ist nicht „punktuell" und kann es auch nie werden: „Informationselemente" (oder *bits*) sind Abstraktionen eines Theoretikers. Eine wirkliche Information ist stets eine *Darstellung* – also stets eine *Verbildlichung* [*mise en image*], und ein Bild kann niemals ein Atom sein, sondern ist immer auch schon *Verbindung* [*mise en relation*]; sie bildet eine unauflösliche Einheit von „Elementen" (und zwar in unbestimmter Zahl) und der Art ihrer Zusammengehörigkeit. Diese Verbindung kann sich über eine unbestimmte Zahl von Ebenen erstrecken, nach oben und nach unten, worauf wir hier allerdings nicht weiter eingehen müssen. Wir können diese Funktion des Lebewesens als kognitive Funktion bezeichnen, vorausgesetzt, wir machen uns klar, dass sie die beiden Dimensionen, das *Verbildlichen* und das *Verbinden*, untrennbar miteinander verknüpft. Wenn wir es sprachlich nicht so genau nehmen, können wir diese Dimensionen das Ästhetische und das Noetische oder das Sinnliche und das Logische nennen. Das sprachlich Ungenaue besteht darin, dass, wie erwähnt, das Verbildlichen und das Verbinden ineinander verschränkt sind. Es gibt stets eine „logische" Organisation des Bildes, ebenso wie einen bildlichen Träger jeder logischen Funktion. Die „Inszenierung" [*mise en scène*] – um die Terminologie Piera Aulagniers zu benutzen – enthält bereits Sinn, und die „Sinngebung" [*mise en sens*] kann nicht auf eine „Vergegenwärtigung" dieses Sinns verzichten – die eine „Bühne" [*scène*] erfordert.

Verbildlichung und Verbindung richten sich jeweils und in gewissem Umfang nach „Regeln" – sie müssen eine gewisse *Regelmäßigkeit* aufweisen, ohne die das Lebewesen schlichtweg nicht überleben könnte. Wir brauchen uns hier mit dem genauen Inhalt dieser Regeln nicht zu befassen, außer, um daran zu erinnern, dass sie (zumindest teilweise) der Selbstzweckhaftigkeit des Lebewesens gehorchen müssen – wenn nicht bereits z.B. den Erfordernissen seiner Selbsterhaltung. Daraus resultieren zwei weitere Wesensbestimmungen des lebendigen Für-sich. Das Dargestellte muss auf die eine oder andere Weise, positiv oder negativ, *bewertet* werden, es ist von einem Wert *affiziert* (gut oder schlecht, Nahrung oder Gift, usw.), wird also Träger (oder Korrelat) eines positiven oder negativen (äußerstenfalls neutralen) *Affekts*. Diese Bewertung – oder dieser Affekt – steuert fortan die *Intention* (den „Wunsch") und führt eventuell zu einer entsprechenden Handlung (Annäherung oder Abwendung). Wir haben hier die drei Merkmale des *Für-sich*, die erstmals im fünften vorchristlichen Jahrhundert in Griechenland unterschieden wurden.[7] Überall dort, wo es ein Für-sich gibt, werden auch Vorstellung oder Bild, Affekt und Intention anzutreffen sein, in antiker Terminologie: das Logisch-Noetische, das Thymische und das Orektische. Das gilt für eine Bakterie ebenso wie für ein Individuum oder eine Gesellschaft.

Es ist nicht schwer nachzuvollziehen, dass diese beiden Bestimmungen, d.h. Selbstzweckhaftigkeit auf der einen, Aufbau einer Eigenwelt auf der anderen Seite, sich wechselseitig bedingen. Wenn irgendein Wesen sich als solches erhalten soll – numerisch (dieser Hund) oder generisch (die Hunde) –, muss es in einer Umgebung agieren und auf diese reagieren, muss es positiv bewerten, was seine Erhaltung begünstigt, und negativ, was ihr abträglich ist; und zu diesem Zweck muss es *Kenntnis haben* (*be aware of...*) von dieser Umgebung, und sei es in einem noch so vagen Sinne. Damit die Teile, die Elemente dieser Umgebung für dieses Wesen existieren, müssen sie ihm präsent, ergo von ihm vorgestellt werden. Nun kann eine solche Vorstellung weder „objektiv" noch „transparent" sein – das wäre ein Widerspruch in sich. Sie kann weder „objektiv" sein, weil sie Vorstellung von und für „jemanden" ist, also mindestens auf dessen Zielsetzungen „abgestimmt" sein muss; noch kann sie „transparent" sein, weil die Seinsweise dieses Jemand am Zustandekommen dieser Vorstellung beteiligt ist. So kann, um nur den allerauffälligsten Aspekt zu erwähnen, diese Darstellung/Vorstellung nur extrem *selektiv* sein. Dem jeweils „Wahrgenommenen" steht eine unendlich viel größere Menge an „Nicht-Wahrgenommenem" jeglicher Art gegenüber: die Selektion verfährt nicht nur quantitativ, sondern zwangsläufig auch qualitativ. Manche Schichten des Seienden können „erfasst/erzeugt" werden, andere nicht, je nach Beschaffenheit des Seienden und des Darstellungs-/Vorstellungs-Apparats des Lebewesens, der nur determiniert sein kann. „Determiniert" ist hier gleichbedeutend mit *beschränkt* oder, wenn man so will, spezifisch. (Deshalb ist auch der allwissende Gott der rationalen Theologen eine irrationale Idee; er müsste nämlich auf allen nur möglichen Ebenen der Erscheinungswelt alles „wahrnehmen", was alle inneren und äußeren *Sensorien* jemals registrieren könnten; bloßes „Denken" würde selbstredend nicht ausreichen, denn man kann nicht durch „Denken" den spezifischen Schmerz von jemandem nachvollziehen, der sich gerade einer Operation unterzogen oder einen geliebten Menschen verloren hat.) Diese spezifische Selektivität entspricht selbstverständlich auch den Zielen des Für-sich, das dieses spezifische Lebewesen jeweils ist, und die davon abhängen, was es bereits ist. Das Selbsterhaltungsziel eines Baumes führt nicht zur selben Art selektiver Umgebungswahrnehmung wie das Fortpflanzungsziel eines Säugetiers. Es wird jeweils etwas anderes selektiert und zum Zweck der Darstellung/Vorstellung je anders verarbeitet. Das führt zu verschiedenen „Wahrnehmungs-/Verarbeitungs"-Apparaten – und das Spezifische dieser Apparate wird durch das jeweils „Zuhandene" (François Jacobs „bricolage"[8]) mitbestimmt: das Lebewesen erschafft sein System zur Erfassung, Verarbeitung und „Interpretation" von Umgebungselementen nicht in vollkommener Freiheit. Dennoch, zum überwiegenden Teil erzeugt, oder besser schöpft, jedes lebende Für-sich *seine Welt* (ich nenne *Welt,* im Gegensatz zu Umgebung, was mit und mittels dieser Schöpfung erscheint). Ganz offenkundig stützt sich die Erzeugung/Schöpfung dieser Welt jeweils auf ein bestimmtes So-sein des Seienden – oder *lehnt sich* an dieses *an**, um einen Freud'schen Begriff zu verwenden. Über dieses So-sein lässt sich rein gar nichts sagen – *außer*, dass es so beschaffen sein muss, dass es eben die fortdauernde Existenz der Lebewesen in ihrer unendlichen Vielfalt gewährleistet.

Dennoch sprechen wir darüber – aber wie tun wir das? Im vorliegenden Fall tun wir es als Metabeobachter, die in der Lage sind, zugleich das Lebewesen und das, was außerhalb seiner vorgeht, zu beobachten und festzustellen, dass ein Element X *unserer* Welt bei einem bestimmten Lebewesen ein Element X' *unserer* Welt auslöst, das *wir* „Reaktion Y" dieses *Lebewesens* nennen. Wir würden dann, wenn wir nachlässig wären, sagen, dass dieses Element X dem fraglichen Lebewesen die Information Y liefert. Doch das wäre ein schrecklicher sprachlicher Missgriff. Was diesem X „an sich" entspricht, ist keine Information noch liefert es eine Information; das einzige, was wir von ihm sagen können, ist, dass es einen *Anstoß** (um Fichtes Begriff aufzugreifen) bewirkt, der das Formgebungs- (Verbildlichungs-/Einbildungs-, Darstellungs- und Verbindungs-)Vermögen des Lebewesens in Gang setzt. Erst nach diesem umfangreichen Verarbeitungsprozess wird dieses unbeschreibliche Korrelat von X zur „Information". Gleichzeitig gilt, dass dieses „jenseits von X", dem wir keinerlei Form zuschreiben können (da jede Form „subjektiv" wäre), *nicht absolut formlos sein kann*: der *Anstoß* kann nicht, an sich, absolut unbestimmt und vollkommen undifferenziert sein, denn wenn dem so wäre, würden wir Gemälde hören und Düfte sehen können.[9]

Das sind also die Ausgangspunkte unser Erörterung des Lebewesens als Für-sich. Wir wollen die drei Hauptgedanken noch einmal zusammenfassen: das Lebewesen ist Für-sich, insofern es Selbstzweckhaftigkeit ist, seine eigene Welt schöpft und diese Welt eine Welt der Vorstellungen, Affekte und Intentionen ist. Ohne hier ins Detail gehen zu können, müssen bestimmte Fragen, die das Lebewesen und seine Seinsweise aufwerfen, zumindest erwähnt werden. An diesen Fragen, die sich auf der Grenze zwischen „wissenschaftlicher" Erforschung des Lebewesens und Philosophie befinden, wird sich hoffentlich die Relevanz dessen erweisen, was oben über die Psychoanalyse ausgesagt wurde.

Zunächst einmal existiert das Lebewesen jeweils in einem und durch einen Zustand der *Geschlossenheit*. Das Lebewesen ist gewissermaßen eine geschlossene Kugel. Wir gelangen nicht in das Lebewesen hinein, wir können ihm Schläge oder „Anstöße" versetzen, aber es führt kein Weg hinein: was wir auch anstellen, es wird *auf seine Weise* reagieren. Die Ähnlichkeit mit der psychoanalytischen Situation – und menschlichen Beziehungen generell – springt ins Auge. Man erhält nicht nach Belieben Zugang zu jemandem. Man erhält überhaupt keinen Zugang. Eine Interpretation – oder ein Schweigen – wird von jemandem gehört. Er selbst hört sie: Er hat dafür seine Hörvorrichtungen, ebenso wie die Zelle ihre Wahrnehmungs-/Stoffwechselvorrichtungen.

Zweitens – was paradox erscheinen mag und in der Tat paradox ist, aber zugleich auch eine Konsequenz aus dem ersten Punkt und eine Antwort auf diesen –, wenn man zum Kern der Sache kommt, kann man das Lebewesen nur noch von innen heraus denken. Sicherlich sind „wissenschaftliche" Kausalerklärungen über weite Strecken wichtig und unentbehrlich, doch am Ende fehlt immer etwas: Alle Verkettungen, die wir wissenschaftlich als reine Äußerlichkeiten beschreiben, ihr Nebeneinander und ihre Überlappungen, werden uns nur verständlich, weil sie von dieser Zielrichtung, die ins Nirgendwo führt, diesem Sein ohne Daseinsgrund, diesem speziellen Lebewesen abhängig sind. Das trifft auf das einzelne Lebewesen ebenso zu wie auf die Gattung – und äußert sich auf geradezu komische Weise in den Schriften der Neodarwinisten: kaum ist das Postulat formuliert, dass alles mechanistisch-zufällig sei, erfolgen die Beschreibungen in strikt finalistischen Begriffen. Die Arten haben sich entwickelt (als hätten sie es getan), *um* sich der Umwelt anzupassen, diese oder jene Anpassungsstrategie sei erfolgreich gewesen, während andere versagt hätten, usw. (Man hat nie davon gehört, dass eine Galaxie bei irgendetwas versagt hätte.) Doch die Aussage, dass diese oder jene Anpassungsstrategie versagt habe, zeigt doch, dass man den Prozess der Mutation, Selektion usw. nicht in seiner Gesamtheit *denken* kann, ohne den „Standpunkt" einer Art einzunehmen, der es „ums Überleben geht". (Es kommt hier nicht auf die sprachliche Metapher an, sondern auf die Kategorie, die das Verstehen ermöglicht.) Dementsprechend, und wenn wir die Literatur zur Empathie und ihrer Kritik einmal beiseite lassen, gibt es keine Psychoanalyse, die nicht den „Standpunkt" des Patienten einbezieht, ist keine Interpretation möglich, die nicht „die Dinge von innen betrachtet".

Am Ende stehen wir vor dem höchsten Paradox: Geschlossenheit und Innerlichkeit gehen Hand in Hand mit einer gewissen Art von Allgemeinheit und Teilhabe. Es gibt nicht eine Zelle, es gibt unzählige. Es gibt nicht eine Platane, sondern viele Platanen – und die *eine*

Platane könnte nicht existieren, wenn es die *vielen* nicht gäbe. Doch der Geschlossenheit und Innerlichkeit steht nicht nur eine Gattungsallgemeinheit gegenüber. Jedes einzelne Entität hat teil an Entitäten anderer Ebenen, ist in diese integriert – oder besteht selbst aus einer Zusammensetzung solcher Entitäten. Eine Platane kann nicht ohne Wald existieren, ein Wald nicht ohne Vögel, diese nicht ohne Würmer, usw. Es gibt keinen einzelnen Zwangsneurotiker, aber umgekehrt sind die Zwangsneurotiker als Kollektiv auch nicht bloße Exemplare der Entität „Zwangsneurose".

Das Psychische

Was sind die Besonderheiten des Psychischen im Vergleich zum Lebewesen? Oder fragen wir zunächst einmal: Was versteht man unter dem Psychischen? Bekanntlich schrieb Aristoteles Tieren und Pflanzen einerseits, den Göttern andererseits eine Seele – *psyché* – zu.[10] Wir haben es das Für-sich genannt. Worum es mir hier geht, ist die menschliche Psyche und ihre Besonderheiten. Besonderheiten in Bezug worauf? Wir werden im Laufe dieser Diskussion zum Vergleich heranziehen, was wir über „höhere" Tiere wissen – oder zu wissen glauben –, sagen wir, seit dem Auftauchen der Kloakentiere vor etwa 150 Millionen Jahren. Was können wir über die Unterschiede zwischen dem „Psychismus" von Ameisenigeln und der menschliche Psyche sagen oder vielmehr vermuten. Der Unterschied besteht selbstverständlich nicht in der Sexualität an sich. Das Besondere am Menschen ist nicht die Sexualität, sondern die *Deformation* der Sexualität, was etwas völlig anderes ist.

Diese Besonderheit ist zunächst einmal *transversal* oder *horizontal*: ich meine damit, dass ihre Merkmale für alle psychischen „Instanzen" gelten.

Das erste dieser Merkmale ist die *Entfunktionalisierung* der psychischen Prozesse in Bezug auf das biologische Substrat (die biologische Komponente) des Menschen. Kurzes Nachdenken genügt, um zu erkennen, dass diese Entfunktionalisierung selbst für das Freud'sche Ich gilt, der vermeintlichen Vermittlungsinstanz zwischen Mensch und Realität: in den meisten Fällen von Selbstmord hat das Ich aktiven Anteil. Sicherlich kann man diese Entfunktionalisierung auch als Voraussetzung für eine Funktionalität anderer Art betrachten: die psychischen „Instanzen", jeweils für sich genommen, und die Psyche als Ganze wären demnach biologisch nichtfunktional, um aus einer anderen, nämlich ihrer eigenen, Perspektive „funktional" werden zu können. So entspräche es beispielsweise der „Funktionalität", das eigene „Selbstbild" aufrechtzuerhalten, dass man sich gegebenenfalls umbringt. Doch wie das Beispiel zeigt, wäre das eine missbräuchliche Verwendung des Begriffs „Funktionalität". Jede Instanz arbeitet an der Aufrechterhaltung *ihrer* Welt und *ihr* Bild der betreffenden Person ist zentraler Bestandteil dieser Welt.

Dass die Aufrechterhaltung dieses Bildes im Allgemeinen einen höheren Stellenwert hat als die Selbsterhaltung der „realen Person" ist unter anderem eine Konsequenz aus dem zweiten transversalen Merkmal der menschlichen Psyche: der *Dominanz der Vorstellungslust über die Organlust*. Daraus ergibt sich, was Freud die magische Allmacht des Denkens nannte und was man zutreffender die *reale* Allmacht des unbewussten Denkens nennen sollte. Real, weil es dem Unbewussten nicht darum geht, die „äußere Realität" zu verändern (von der es nichts weiß), sondern darum, die Vorstellung zu verändern, um sie „angenehm" zu gestalten. Eine solche Vorstellung ist aber prinzipiell immer gestaltbar; wenn und sofern das nicht geschieht, muss eine andere psychische Instanz diesen Vorgang blockieren.

Diesen beiden Merkmalen vorausgesetzt, aber nicht mit diesen identisch, ist ein drittes, das zweifellos wie kein anderes die menschliche Psyche charakterisiert: *die Verselbständigung der Imagination.*[11] Wir sprechen hier natürlich von der radikalen Imagination: nicht von der Fähigkeit, „Bilder" (oder sich selbst) in einem „Spiegel" zu sehen, sondern von der Fähigkeit, Nicht-Seiendes zu setzen, Nicht-Vorhandenes in etwas zu erkennen. Streng genommen muss, wie bereits erwähnt, dieser Vorgang – das *Verbildlichen* – überall dort vorausgesetzt werden, wo es ein Für-sich gibt, also angefangen mit dem Lebewesen im Allgemeinen. Das Lebewesen lässt ein Bild (eine „Wahrnehmung") entstehen, wo X ist (und sogar, wo gar nichts ist, z.B. Schatten). Aber es tut dies ein für alle Mal, immer „auf die gleiche Weise" und in Abhängigkeit von der Funktionalität. Für die menschliche Psyche existiert ein uneingeschränkter und unkontrollierbarer Vorstellungsstrom, eine Vorstellungsspontaneität, die keinem angebbaren Zweck unterworfen ist, ein Aufbrechen der strikten Entsprechung von Bild und X oder der festen Abfolge der Bilder. Es sind offensichtlich diese Eigenschaften der radikalen Imagination, an die sich das menschliche Sprachvermögen psychisch anlehnt: Letzteres setzt die Fähigkeit des *quid pro quo* voraus, also etwas anstelle von etwas anderem „sehen" zu können, z.B. einen *Affen* in den drei Phonemen und fünf Buchstaben dieses Wortes, aber auch, nicht immer *dasselbe* zu sehen, also den Ausdruck „Was für eine Affenhitze!" verstehen zu können oder aber den Affen in *monkey* zu sehen, wenn man Englisch spricht.

Ich werde nur einige wenige Worte über das vierte Merkmal verlieren, das ich für wesentlich halte und das bisher meines Wissens von der Fachwelt übersehen wurde: die *Verselbständigung des Affektes* im menschlichen Seelenleben. Auf seine Existenz hinzuweisen, erscheint mir aus psychoanalytischer Sicht von größter Bedeutung. Wir haben uns an den Gedanken gewöhnt, dass der Affekt von der Vorstellung oder einer gewissen Beziehung zwischen Wunsch und Vorstellung abhängig ist. Würden wir stattdessen bereitwilliger, um nicht zu sagen, naiver, auf die Befunde der klinischen Praxis und zugleich unserer Selbstbeobachtung hören, könnten wir uns leicht davon überzeugen, dass Affekt und Vorstellung gleichzeitig zueinander in Beziehung stehen *und* voneinander unabhängig sind. Das ist von großer Bedeutung sowohl für die Grenzen der Interpretation (der Macht der Interpretation) als auch für die Rolle des Analytikers. Dieser Umstand lässt sich am Beispiel von Depressionszuständen am besten veranschaulichen. Wenn man mit Depressiven zu tun hat, stellt sich zumeist unweigerlich die Frage: Neigt die betreffende Person zu Depressionen, weil sie alles schwarz sieht, oder sieht sie alles schwarz, weil sie depressiv ist? Wir erkennen an solchen Zuständen, dass in dem Maße, wie die Vorstellung über den Affekt bestimmt, die Interpretation gelingen kann. Doch insofern die Vorstellung vom Affekt abhängt, funktioniert die Interpretation nicht, und der Analytiker kann nicht die Rolle des Interpreten spielen, sondern nur die des affektiven Beistands und Rückhalts – in den Grenzen dessen, was sein Beruf zulässt. Ich denke, dass diese Dualität existiert, dass keine dieser beiden Wurzeln depressiver Zustände auf die andere zurückführbar ist und dass sich diese Zustände deshalb so häufig gegen eine Behandlung sperren.

Dass es eine gleichzeitige *Entfunktionalisierung und Verselbständigung des Wunsches* gibt, ist offenkundig und anerkannt (wenn auch in anderen Begriffen). Hier genügt der schlichte Hinweis, dass sie von der Verselbständigung der Vorstellung (Imagination) und des Affektes nicht zu trennen ist.

Durch diese Welt der menschlichen Psyche – die durch Entfunktionalisierung, Dominanz der Vorstellungslust über die Organlust und relative Verselbständigung der Imagination, des Affektes und des Wunsches charakterisiert ist – treiben übrig gebliebene Trümmerteile der *funktionalen* Einrichtung der tierischen „Psyche" – und zwar auf der mengidischen Logik[12] beruhende Mechanismen, die zudem von den verschiedenen Instanzen des „psychischen Apparats" ständig benutzt werden. Offensichtlich ist nicht das Vorhandensein solcher Mechanismen das für die Psyche charakteristische Moment – sondern ihre „Zersetzung", ihre Verwendung für widersprüchliche und unzusammenhängende Ziele. Der Mensch ist nicht zuerst und von Beginn an ein *zoon logos echon*, ein *logos* besitzendes Lebewesen, sondern ein Lebewesen, dessen *logos* zerstückelt wurde, während die Einzelteile im Dienst verfeindeter Herrn stehen.

Die Besonderheit des menschlichen Psyche liegt andererseits in ihrer vertikalen Dimension, d.h. ihrer *Schichtung*. Wir brauchen hier nicht in die Diskussion bestimmter Konzeptionen dieser Schichtung einzusteigen; ob es sich um die erste oder die zweite Freud'sche Topik, um Klein'sche oder andere „Positionen" handelt – die von Piera Aulagnier zum Beispiel, mit ihrer Gliederung in originäre, primäre und sekundäre Schicht, oder auch meine eigene, ausgehend von einer in sich geschlossenen psychischen Monade, die während einer triadischen Phase aufgebrochen wird, dann eine ödipale Phase durchläuft und schließlich, mittels diverser Sublimierungsprozesse, zum gesellschaftlichen Individuum führt[13] –, wir haben stets mit einer Psyche zu tun, die sich durch eine Vielfalt von „Instanzen" auszeichnet, was etwas ganz anderes ist als eine funktionale Entfaltung im Hinblick auf eine bessere Arbeitsteilung. Von *Schichtung* zu sprechen, ist insofern berechtigt, als manche dieser Instanzen – oder dieser Prozesse (ich setze bei all dem, was ich hier sage, keinerlei irgendwie geartete Substantialität voraus) – der „Oberfläche" viel näher sind als andere und diese Aufteilung in „Oberfläche" und „Tiefe" zum Wesen der Sache selbst gehört (sie beruht auf keiner „optischen Täuschung" usw.: kurz gesagt, es gibt ein dynamisches Unbewusstes[14]).

Gerade diese Schichtung stellt, ebenso wie die Entfunktionalisierung, ein maßgebliches Unterscheidungskriterium zwischen der menschlichen und der „Tierpsyche" dar. Ein Tier ist streng genommen nicht „geschichtet": es hat keine psychische *Geschichte*, keine innerpsychischen Konflikte. (Dass man diese gegebenenfalls *auf experimentellem Wege* erzeugen könnte, bestätigt nur meine These.) Doch beim Menschen sind innerpsychische Konflikte solche zwischen „Instanzen" und die bloße Existenz sowie die je konkrete Ausformung dieser Instanzen ist das Resultat einer *Geschichte*. Dass sich in und infolge dieser Geschichte Instanzen (oder Prozessarten) bilden, die später nicht „überwunden" oder „harmonisch integriert" werden, sondern innerhalb eines widersprüchlichen und sogar unzusammenhängenden Ganzen fortbestehen, gerade das unterscheidet die zeitliche Entwicklung der menschlichen Psyche radikal von jedem „Lernprozess".[15] Freilich gibt es menschliches Lernen – ebenso wie es „Logik" gibt: beides gehört zum tierischen Erbe des Menschen. (Das Erstaunliche beim Menschen ist nicht, dass er lernt, sondern dass er es nicht tut.)

Im Verlauf dieser Geschichte werden die früheren nicht durch die späteren Etappen aufgehoben, vielmehr koexistieren sie miteinander auf jede nur erdenkliche Weise: So entsteht das ganze Spektrum unterschiedlicher „Typen" der menschlichen Psyche, das wir aus der psychoanalytischen Nosologie und Charakterologie kennen. Doch worauf es uns hier ankommt, ist die Bestimmung dessen, was jeder „Instanz" – oder jeder Prozessart – ihr spezifisches *Für-sich* verleiht. Wir beobachten nämlich jeweils Prozesse, die selbstbezogen und Schöpfungen einer Welt sind. Es gibt für jede „Instanz" oder jeden Prozess neue und spezifische *Objekte*, spezifische Bewertungen und Affekte, spezifische Gelüste. Ferner haben wir jeweils einen neuen und spezifischen Typ von Bedeutung – nämlich die Einfügung von „Vorstellungen" in neue Beziehungstypen, in andere Äquivalenz- und Zugehörigkeitsmatrizen. (Der Wald für das Bewusste und der Wald für das Unbewusste.) Es entfaltet sich jeweils eine Art des Vorstellens, eine Art des Wünschens, eine Art des Affiziertwerdens. Zum Beispiel gibt es eine Affektfärbung, die anal und nichts als anal ist. Daraus folgt auch ein Festhalten an der Geschlossenheit jeder dieser Instanzen, genau wie beim Lebewesen: jede kennt ihre Welt und will nichts anderes wissen, jede verfolgt ihre Ziele und widersetzt sich allen anderen Zielen. Doch gleichzeitig kommt es im psychischen Apparat zu einem gewissen *Bruch* dieser Geschlossenheit: die verschiedenen Instanzen stehen in keinem Verhältnis purer Äußerlichkeit zueinander und daraus resultiert unter anderem die Möglichkeitsbedingung einer psychoanalytischen Behandlung. Dazu später mehr.

Wir wissen, dass die Vielfalt der Psyche massiv an neurophysiologische Reife- (und tierische Lern-)Stadien angelehnt ist, die uns hier nicht interessieren. Sie ist aber auch in entscheidendem Maße durch den Sozialisationsprozess mitbestimmt, in ihrer je spezifischen Zusammensetzung ebenso wie in der bloßen Tatsache ihrer Entfaltung. Und diese seltsame Vielfalt ist kein System, sondern das, was ich ein *Magma* nenne, ein Koexistenzmodus *sui generis* mit einer „Organisation", die Fragmente zahlreicher logischer Organisationen enthält, aber auf keine logische Organisation reduzierbar ist.[16]

Das gesellschaftliche Individuum

Ich erwähnte eben den Sozialisationsprozess, was uns geradewegs zur dritten Region des Für-sich bringt, dem gesellschaftlichen Individuum. Aus Gründen, die mir wirklich schleierhaft sind, mag keiner in der Psychoanalyse diesen Begriff, ebenso wenig wie den der Sozialisation. Dabei ist ständig von der Mutter die Rede. Doch was ist die Mutter? Die Mutter ist eine Person, die spricht. Selbst wenn sie taubstumm ist, spricht sie. Und sie spricht deshalb, weil sie ein gesellschaftliches Individuum ist, deshalb spricht sie die Sprache einer bestimmten Gesellschaft und ist Trägerin der dieser Gesellschaft eigenen imaginären Bedeutungen. Die Mutter ist dem Neugeborenen gegenüber die erste und massive Repräsentantin der Gesellschaft. Und da diese Gesellschaft, egal welche, auf unzählige Arten und Weisen an der menschlichen Geschichte teilhat, ist die Mutter dem Neugeborenen gegenüber das aktive Sprachrohr tausender vergangener Generationen. Dieser Sozialisationsprozess beginnt mit dem ersten Lebenstag – wenn nicht schon früher – und endet erst mit dem Tod, selbst wenn wir glauben, die entscheidenden Etappen seien die allerersten. Er führt zum gesellschaftlichen Individuum, einem sprechenden Wesen, das eine Identität und einen Sozialstatus besitzt, sich halbwegs an gewisse Regeln hält, bestimmte Ziele verfolgt, bestimmte Werte akzeptiert, nach Motivationen und Routinen handelt, die hinreichend stabil sind, um sein Verhalten für andere Individuen die meiste Zeit – und in einer den Bedürfnissen der Praxis genügenden Weise – vorhersehbar zu machen. Voraussetzung des ganzen Prozesses ist das *Sublimierungsvermögen* der Psyche, das ich anderswo besprochen habe.[17]

Das Resultat des Prozesses ist ein Individuum, das angemessen *funktioniert*: das die meiste Zeit über angemessen in Bezug auf sich selbst funktioniert (wir müssen die Menschheitsgeschichte im Blick haben, nicht nur unsere Patienten), vor allem aber, vom Standpunkt der Gesellschaft aus angemessen funktioniert. Letzteren Aspekt hat Balzac vortrefflich erfasst, als er zu Beginn eines seiner Romane die Ankunft des Helden in Paris beschreibt. Diese Beschreibung liefert ihm den Vorwand für eine kurze, aber grandiose Charakterisierung des Wesens der Großstadt, in diesem Fall Paris, die in eine der scharfsinnigsten Definitionen des Verhältnisses von Individuum und

Gesellschaft mündet: „Man kommt dieser Welt zu jeder Stunde recht, man fehlt ihr niemals".[18] So ist die Gesellschaft. Ob Sie Alexander der Große, Landru, de Gaulle, Jack the Ripper, Marilyn Monroe, eine Prostituierte aus der Rue Saint-Denis, ein Autist, ein Geistesgestörter, ein unvergleichliches Genie, ein Heiliger oder ein Krimineller sind, es ist immer ein Platz für Sie in der Gesellschaft, Sie kommen ihr immer recht. Und drei Minuten (eher drei Millisekunden) nach Ihrem Ableben glättet sich die Wasseroberfläche wieder, das Loch ist verschwunden, die Gesellschaft macht weiter, Sie fehlen ihr nicht. Von diesem Standpunkt aus – dem der Gesellschaft – funktioniert die Sozialisation immer. Wenn etwas schiefläuft, dann liegt es an der „Person" – und das ist eine andere Geschichte.

Dieser kurze, über Balzac vermittelte Hinweis auf die Selbstzweckhaftigkeit von *Gesellschaft* ist alles, was ich an dieser Stelle über diese vierte Ebene des Für-sich werde sagen können.

Mit dem gesellschaftlichen Individuum taucht die Frage wieder auf, die ich einleitend stellte: Worin besteht die Einheit des einzelnen Menschen? Doch dieses Mal in Zusammenhang mit einer Antwort. Diese Einheit/Identität des Individuums ist die Einheit/Identität seiner einmaligen gesellschaftlichen Definition, was natürlich seinen Namen einschließt (X, Sohn von Y und Z, wohnhaft in Y, von Beruf M, Alter t, verheiratet mit...). Diese Einheit/Identität ist zunächst sicherlich eine identifikatorische; vor allem jedoch ist sie eine *Anrechnungs-/Zuordnungseinheit*, ohne die eine funktionierende Gesellschaft nicht möglich wäre (Wer hat was gesagt oder getan? Wer soll das und das bekommen?). Als solche scheint sie ein gesellschaftliches Artefakt zu sein – und ist es in der Tat zu großen Teilen –, als Einheit, die Vielfalt kaschiert, als Identität, die die Widersprüche der Psyche zudeckt. Ein beträchtlicher Teil der 60er/70er-Jahre-Rhetorik über das Subjekt als bloßen Spracheffekt oder über seine Seinsverfehlung stellte eigentlich nur dieses gesellschaftliche Individuum in Frage, genauer gesagt, die (reichlich naive) Annahme, dass dieses Individuum eine „substantielle Realität" verkörpert oder „Authentizität" besitzt, was immer diese Begriffe bedeuten mögen.

Das menschliche Subjekt

Ich komme nun zum Kern meiner Überlegungen, dem menschlichen Subjekt. Selbstverständlich geht es nicht darum, es „abzuleiten" oder zu „erzeugen". Wir beginnen mit dem in unserer Kultur verbreiteten vagen „Allgemeinverständnis" dessen, was ein Subjekt ist, ohne die Begriffe aus dem Auge zu verlieren, die ich eingangs genannt habe, nämlich Reflexivität und Willen (oder Befähigung zu überlegtem Handeln).

Auf dem Gebiet der Psychoanalyse begegnen wir „Instanzen", die in erster Näherung Anspruch auf den Titel „Subjekt" im oben gemeinten Sinne erheben können. Und zwar das Bewusste der ersten Freud'schen Topik (selbstverständlich unter Einschluss des Vorbewussten) oder das bewusste Ich der zweiten Topik. Beiläufig sei erwähnt, dass dieses Bewusste oder bewusste Ich allerdings in hohem Maße das Gemeinschaftsprodukt zweier wechselseitig irreduzibler und gleichzeitig untrennbarer Faktoren ist: einerseits der Psyche oder vielmehr des Auftauchens der verschiedenen psychischen Instanzen (zu deren „Reihe" das Bewusste gehört); andererseits des Gesellschaftlichen, das ständig – als Mutter, Familie, Sprache, Gegenstände, Gruppe usw. – auf die Bildung des Bewussten Einfluss nimmt.

Ich sage, dass das Freud'sche Bewusste Anspruch auf den Titel „Subjekt" erheben kann, aber nur in erster Näherung. Der positive Teil dieser Aussage versteht sich wahrscheinlich von selbst; der negative oder einschränkende Teil bedarf hingegen der Erläuterung.

Das „Bewusste" als solches kann leicht mit bloßem „logischen Denken" oder gar mit „Rechnen" verwechselt werden, was in keiner Weise das Moment der Reflexivität beinhaltet. Schon Hobbes definierte die menschliche Vernunft als *reckoning*, als Rechnen[19] (*computer*, würde Edgar Morin sagen[20]), und Leibniz bestätigte ihn darin in seiner *Ars Combinatoria*. Aus Gründen, die sich rasch herausstellen werden, sollten wir diese Verwechslung heute mehr denn je vermeiden. Freud war in dieser Sache notgedrungen ziemlich gespalten. Bekanntlich benutzte er in Bezug auf das Unbewusste das Wort „Denken": unbewusste Gedanken, zielgerichtete unbewusste Gedanken (oder Vorstellungen) usw. Doch das „Bewusste" selbst erscheint bei Freud überwiegend als Rechner, der versucht, Kompromisse zwischen den unbewussten Instanzen auszuhandeln und sich selbst mit einem Minimum an Unannehmlichkeiten aus der Affäre zu ziehen. Wir bemerken hier den Widerwillen Freuds, den Bereich der „höheren Geistestätigkeiten", wie die traditionelle Philosophie und Psychologie sie genannt hätten, als solchen zu untersuchen, eine Weigerung, die vielleicht für die klaffende Lücke verantwortlich ist, die er an der Stelle der Sublimierung hinterlassen hat. Doch erkennen wir gleichzeitig die Tiefe seines Blicks: das Rechnen und Denken ist kein Spezifikum des Wachbewusstseins, es existiert überall im Bereich des Psychischen und, so können wir heute hinzufügen, überall, wo ein Für-sich ist, und ganz gewiss überall, wo es Lebewesen gibt.[21]

Doch wenn dieses Rechnen und Denken kein Spezifikum der wachen Subjektivität ist, kann man dann Letzterer ein *immanentes* Merkmal zuschreiben (außer in einem banalen Sinne als „das Nichtverdrängte")?

Wir kommen nicht umhin, jedem beliebigen lebendigen Gebilde, egal welchen Komplexitätsgrades, ein gewisses Maß an Rechnen und Denken zuzubilligen. Ebenso wenig können wir vermeiden, ihm ein anderes wichtiges Merkmal zuzugestehen, das die Selbstzweckhaftigkeit impliziert: *Selbstbezüglichkeit*. Insofern reicht das „Wissen, dass man weiß" nicht aus, um das menschliche Subjekt, genauer gesagt, die Fähigkeit des menschlichen Subjekts zur *Reflexivität*, zu charakterisieren. Wenn man das Immunsystem betrachtet, so sind dort natürlich das *reckoning*, das Rechnen und Kalkulieren allenthalben anzutreffen; doch Selbstbezüglichkeit nicht minder. Das Immunsystem ist nichts, wenn nicht die permanente (wenngleich, wie man weiß, unzuverlässige) Fähigkeit, zwischen *Selbst* und *Nichtselbst* zu unterscheiden (und entsprechend zu agieren). Allgemeiner gesprochen, wenn ein beliebiges System über die Eigenschaft der Selbstzweckhaftigkeit verfügt, ist Selbstbezüglichkeit darin zwangsläufig enthalten: das System muss seinen Wunschzustand bewahren (oder erreichen) und sich zu diesem Zweck „aktiv" auf sich selbst beziehen. Daraus folgt, dass dieses System über eine irgendwie geartete „Kenntnis seines eigenen Zustands" verfügen muss, was einfach über eine Reihe von „Zustandsanzeigern" (einschließlich „Abweichungsmeldern" und „Reaktions-/Korrekturauslösern") bewerkstelligt werden kann, ohne dass es zu irgendeinem Moment innerhalb des Systems eine Vorstellung des Systems als solchem gäbe bzw. eine „Instanz" oder einen „Prozess", der diese Vorstellung hätte oder verkörpern würde. (Auf ähnliche Weise meint Douglas Hofstadter in *Gödel, Escher, Bach* und *Einsicht ins Ich* die Frage des „Bewusstseins" oder des „Ichs" beseitigen zu können.)

Das menschliche Bewusste ist offensichtlich mit Selbstbezüglichkeit versehen, was ein diffuses Wissen, dass man weiß, impliziert. Doch das kann bloße „Begleiterscheinung" sein – und ist es zumeist auch: die grüne Lampe als Indikator, dass der Kreislauf der „Zustandsanzeiger" gut funktioniert. Bei der Reflexivität haben wir es mit etwas anderem zu tun: der *Möglichkeit, dass die Eigentätigkeit des „Subjekts" zum „Objekt" wird, die Ausformung des Selbst* als *nichtgegen-*

ständliches Objekt oder als *Objekt durch bloße Setzung und nicht von Natur aus.* Und insofern man für sich selbst ein Objekt qua Setzung und nicht von Natur aus sein kann, wird der *Andere* im eigentlichen Sinne des Wortes möglich.

Ich sprach in Bezug auf das einfache Bewusste von „Begleiterscheinung"; die Reflexion hingegen beinhaltet die Möglichkeit der *Spaltung* und des *internen Gegensatzes* – bereits bei Platon ist vom „Dialog der Seele mit sich selbst" die Rede: ein Dialog setzt zwei mögliche Standpunkte voraus – folglich auch die Möglichkeit, sich selbst *in Frage zu stellen.*

Das einfache unbewusste Denken Freuds kennt weder Frage noch Widerspruch, allenfalls Hindernisse. Es funktioniert nach vorgegebenen Regeln; wenn es auf unmögliche Anforderungen stößt, spielt es verrückt oder gerät ins Stocken. (Derartige Störungen umfassen, was Bateson als *double bind* bezeichnet hat; es gibt keinen Grund, sie nicht zu den pathogenen Faktoren der psychischen Entwicklung zu zählen. Man sollte sich allerdings ihre offenkundige Verwandtschaft mit Verfahren zur experimentellen Erzeugung von Neurosen bei Tieren vor Augen halten.) Als Denken des mengen- und identitätslogischen Typs (*reckoning* usw.) *muss* es seinen Axiomen, Schlussregeln usw. gegenüber blind sein. Das einfache Bewusste ist nicht blind gegenüber dem, was es tut, aber es ist im Allgemeinen mehr als blind in Bezug auf das *Warum* seines Tuns; ferner denkt es etwas, ohne sich zu fragen, warum es gerade das denkt, statt des Gegenteils oder etwas anderem. Nun zeigen uns die Geschichte und die Psychoanalyse gleichermaßen, dass die Möglichkeit einer solchen Befragung, jenseits dessen, was das jeweils instituierte System zulässt, eine Möglichkeit, die wir als beim Menschen stets vorhandene unterstellen müssen, nur *höchst selten verwirklicht* wird, ob bei den diversen Gesellschaften in der Geschichte oder bei den Individuen unserer eigenen Gesellschaft. Nur über eine *geschichtliche Schöpfung* verwandelt sich diese Möglichkeit in konkrete Realität; in diesem Sinne handelt es sich eindeutig um eine Selbstschöpfung der menschlichen Subjektivität als Reflexivität. Ich kann mich hier nicht über die Voraussetzungen und Begleitumstände dieser geschichtlichen Schöpfung auslassen.[22] Ich beschränke mich, um an die psychoanalytische Relevanz der obigen Überlegungen zu erinnern, auf den Hinweis, dass die Möglichkeit, *sich selbst als* Vorstellungstätigkeit vorzustellen und sich als solche in Frage zu stellen, keine philosophische Spitzfindigkeit ist; sie entspricht vielmehr dem *Minimum* dessen, was wir jedem Patienten stillschweigend abverlangen, wenn wir versuchen, ihn zu der Einsicht zu bringen, dass X nicht

Y ist, während es sich für *seine* Vorstellungstätigkeit aber durchaus so verhält und dass es dafür womöglich Gründe gibt.

Die absolute Möglichkeitsbedingung für Reflexivität ist die Imagination (oder Phantasiebildung). Weil der Mensch Imagination (nichtfunktionale Imagination) ist, kann er etwas als „Entität" ausgeben, was keine ist: seinen eigenen Denkprozess. Weil er über eine ungehemmte Imagination verfügt, kann er reflektieren; ansonsten würde er sich aufs Rechnen und „Räsonieren" beschränken. Reflexivität setzt voraus, dass es der Imagination möglich ist, als seiend zu setzen, was nicht ist, Y in X zu sehen und vor allem, doppelt zu sehen, *sich* doppelt zu sehen, *sich* als sich und als anderen zu sehen. Ich stelle mich mir vor, ich stelle mich mir als Vorstellungstätigkeit vor, oder: *ich verhalte mich zu mir selbst als aktives Tun*. Selbstverständlich besteht hier auch die Möglichkeit von „Trug" und „Täuschung": so kann ich mich etwa als „Ding" oder als („materielle" oder „immaterielle") „Substanz" verstehen oder meine Denktätigkeit und ihre Resultate „konkretisieren" (verdinglichen, objektivieren) – und folglich auch Stimmen hören.

Klar ist, dass die Psychoanalyse diese Reflexivität beim Analytiker als faktisch und beim Patienten als virtuell vorhanden voraussetzt, dass sie diese beim Patienten als sich verwirklichende Virtualität verwendet, mit dem Ziel, sie in ihm so irreversibel wie möglich zu verankern (was keineswegs bedeutet, das Ziel der Analyse sei die Herrschaft des Bewussten über das Unbewusste, Verstehen sei gleichbedeutend mit Heilen, usw.). Doch die Psychoanalyse setzt auch die Fähigkeit zu überlegtem Handeln voraus, zunächst beim Analytiker (der entscheidet, ob er einen Patienten in Behandlung nimmt, ob er redet oder schweigt, usw.) und dann beim Patienten (der zumindest in der Lage sein muss, regelmäßig zu seinen Sitzungen zu kommen – auch das eine Fähigkeit, die die Analyse bei ihm so irreversibel wie möglich zu verankern versucht).

Ich spreche von der Fähigkeit zu überlegtem Handeln. Wenn mir die Gefahr von Missverständnissen, aber auch von allergischen Reaktionen seitens vieler Psychoanalytiker nicht ausmachen würde, könnte ich ebenso gut von Willen sprechen. Darunter verstehe ich nicht einmal zwangsläufig, was eine motorische Geste steuert oder auslöst – oder eine solche Geste verhindert. Es liegt bereits überlegtes Handeln, oder ein Wille, vor, wenn ich meine Aufmerksamkeit kontinuierlich und systematisch auf einen Denkgegenstand richte: der Gegenstand dieser Fähigkeit, überlegt zu handeln, oder des Willens, kann ein bloßer Zustand der Vorstellung sein, eine Ausrichtung des

Vorstellungsstroms. Was man gemeinhin Denken nennt (im Sinne von „theoretischem" Denken zum Beispiel) ist ein Mixtum, bei dem die Anteile bewussten und nichtbewussten Handelns ebenso wenig zu trennen sind wie die Anteile überlegten und spontanen Handelns.

Die Fähigkeit zu überlegtem Handeln unterscheidet sich von der Möglichkeit, etwas zu tun, was dem Diktat rein logischer Berechnung, dem *reckoning*, unterworfen ist (zu dem auch ein Tier, selbst eine Bakterie, fähig ist). Ich bezeichne als Fähigkeit zu überlegtem Handeln, oder Willen, die Möglichkeit des Menschen, die Resultate seines Reflexionsprozesses (jenseits dessen, was aus der simplen Tierlogik resultiert) in die Regelmechanismen seiner Taten einfließen zu lassen. Anders formuliert: Wille oder überlegtes Handeln ist die reflexive Dimension dessen, was wir als imaginierende, sprich schöpferische Wesen sind, bzw. die reflexive *und* praktische Dimension unserer Imagination als Quelle der Schöpfung.

Ich habe bereits über das Verhältnis von Imagination und Reflexivität gesprochen; eine ebenso tiefreichende Beziehung besteht zwischen Imagination und Willen. Man muss sich etwas anderes als das Bestehende vorstellen können, um zum Wollen imstande zu sein; und man muss etwas anderes wollen als das Bestehende, um die Imagination zu befreien. Die analytische Praxis und die Alltagserfahrung zeigen immer wieder: wenn man nicht etwas anderes als das Bestehende will, wird die Imagination blockiert oder verdrängt und verkörpert lediglich die ewige Wiederholung des Bestehenden. Und wenn man sich nichts anderes als das Bestehende vorstellen kann, ist jede „Entscheidung" nur eine Wahl aus vorhandenen – aus dem früheren Leben oder dem instituierten System übernommenen – Alternativen, die stets auf die Resultate einer Berechnung oder Schlussfolgerung zurückgeführt werden kann.

Welcher Zusammenhang besteht nun zwischen dem oben Gesagten und der Freud'schen Lehre? Und was sind die metapsychologischen Voraussetzungen der Reflexivität und der Fähigkeit zu überlegtem Handeln?

Ich sehe vier solcher Voraussetzungen, von denen zwei zur metapsychologischen Forschung gehören, während die beiden anderen den Bereich der Psychoanalyse im engeren Sinne überschreiten. Diese Voraussetzungen sind: 1) Sublimierung; 2) die Existenz eines Quantums freier Energie oder eines bedeutenden Potentials zur Energieumwandlung auf Seiten der bewussten Instanz; 3) die Labilität der Besetzungen in diesem Bereich; 4) die Fähigkeit, bis dahin besetzte

Objekte aufgrund von Reflexion in Frage zu stellen. Ich werde diese Punkte, soweit nötig, kurz erläutern.

Die erste metapsychologische Voraussetzung der beiden genannten Möglichkeiten [Reflexivität und Fähigkeit zu überlegtem Handeln], deren Aktualisierung die eigentlich menschliche Subjektivität definiert, ist das Sublimierungsvermögen der Psyche. Ich kann nur beiläufig meine maßlose Verwunderung schildern angesichts mancher Andeutungen jüngeren Datums, denen zufolge der Sublimierungsbegriff mit der Freud'schen Lehre schwerlich in Einklang zu bringen sei – sowie ganz generell angesichts der Unschlüssigkeit, Verlegenheit und Unbestimmtheit dessen, was gemeinhin zu diesem Thema geäußert wird.

Zweifelsohne ist die Frage von Freud in einem chaotischen Zustand hinterlassen worden, was jedoch weder eine Erklärung noch eine Rechtfertigung ist. Um ihre wahre Bedeutung zu ermessen, braucht man sich nur die folgende banale, aber offenkundige Tatsache zu vergegenwärtigen, über die sich niemand Gedanken zu machen scheint: Sprechen ist bereits Sublimieren. Das „Subjekt" der Sprache ist kein „Triebsubjekt".[23] Sobald der Sprechapparat eine Tätigkeit besetzt, die (im Allgemeinen) keinerlei Organlust verschafft, liegt eine sublimierte Tätigkeit vor. Sprechen ist eine sublimierte Tätigkeit, weil es, erstens, keinerlei Organlust verschafft; zweitens und vor allem, weil es sich in und mittels einer außerpsychischen Schöpfung konkretisiert, die über die Möglichkeiten der einzelnen Psyche hinausgeht, nämlich der Institution der Sprache; drittens und letztens, weil es stets potentiell beinhaltet, dass man sich an andere, *reale* Angehörige der Gesellschaft wendet (ich lasse den psychotischen Wahn außer Acht, obgleich...).

Wir können nichts von der menschlichen Psyche (und ebenso wenig von der Gesellschaft) verstehen, wenn wir uns weigern, zur Kenntnis zu nehmen, dass all diesen Besonderheiten die Ersetzung der Organlust durch die Vorstellungslust zugrunde liegt. Diese massive, mit der Menschheit gleichursprüngliche *Umkehrung*, die wir hier nicht weiter untersuchen können, macht Sublimierung überhaupt erst möglich. Sicherlich nimmt die Ersetzung der Organ- durch die Vorstellungslust zunächst die Form der Phantasiebildung oder, wie Freud sagte, der halluzinierten Lust an. Doch bereits am Fall der halluzinierten Lust ist zu erkennen, dass die Psyche die Möglichkeit wahrnimmt, sich durch etwas Befriedigung zu verschaffen, was keinen Organstatus mehr hat. In der eigentlichen Phantasiebildung hängt die Szenerie nur noch von den tropischen Wandlungen des Vorstellungsstroms ab. Diese Wandlungen sind unbestimmt und unbestimmbar, haben jedenfalls keine „inhaltliche“ Beziehung zur sexuellen (oder triebfixierten) Natürlichkeit eines vermeintlichen Ursprungsobjekts. Der Stiefel als Fetischobjekt ist eine Herausforderung für jede naive Sexualtheorie, insofern er die Allmacht der Phantasiebildung bezeugt (und sei es nur, weil die Menschen während des größten Teils ihrer Geschichte barfuß gelaufen sind). Freudianisch gesprochen, könnte man sagen, dass diese Ersetzung der Organ- durch die Vorstellungslust einem Wechsel des „Triebziels“ gleichkommt. Doch die hier vorliegende, allgemeinere und umfassendere Beschreibung erstreckt sich auch auf die Phantasiebildung. Eine Unterscheidung zwischen beiden wird weiter unten erfolgen.

Auf entsprechende, um nicht zu sagen, auf fast identische, jedenfalls untrennbar damit verbundene Weise erfordert Sublimierung die Umwandlung eines Quantums psychischer Energie, von Energie, die sich auf „motorische Entladung“ richtet, in Energie, die sich auf die Vorstellung oder den Vorstellungsstrom selbst konzentriert. Auch das ist ein Wesenszug der Phantasiebildung (der radikalen Imagination), den die Sublimierung teilt – was insofern nicht verwundern kann, als sie gewissermaßen deren Ableger ist.

Drittens jedoch – und hierin liegt der Unterschied zwischen Sublimierung und Phantasiebildung – besteht und gilt das (mit der fraglichen Energie besetzte) „Objekt“ der Sublimierung nur in und dank seiner fast stets realen, bisweilen auch virtuellen gesellschaftlichen Institution.[24] Das heißt so viel wie, dass die Sublimierung die Besetzung von Vorstellungen (oder Vorstellungszuständen) ist, deren Referent kein „Privatobjekt“ mehr ist, sondern ein nichtprivates, öffentliches, d.h. *gesellschaftliches* Objekt. Und diese gesellschaftlichen Objekte sind *unsichtbar* – bzw. haben Geltung über ihre *unsichtbaren Attribute*: anders ausgedrückt, sie haben Geltung aufgrund ihrer Gestaltung oder Prägung durch gesellschaftliche imaginäre Bedeutungen. Beim Tier hingegen ist die Verkettung von Vorstellung und Motorik a) prinzipiell konstant (zu ihrer Veränderung ist ein „Lernprozess“ erforderlich; die Tierimagination ist repetitiv) b) funktional; c) stets auf einen „realen“ Referenten bezogen.

An dieser Stelle ist ein Exkurs vonnöten. In allem, was hier gesagt wird – sowie im gesamten psychoanalytischen Werk Freuds[25] –, ist *„Verursachung“ qua Vorstellung* absolut vorausgesetzt. Mit anderen Worten, wir gehen davon aus, dass Veränderungen der Vorstellung oder des

Vorstellungszustands im Allgemeinen zu motorischen Entladungen, zu dauerhaften Veränderungen in den Besetzungen, also der Verteilung psychischer Energie usw. führen können. Nicht nur, dass dieser Gedanke durch die massivsten und elementarsten Formen des gewöhnlichen Augenscheins bestätigt wird, ohne ihn würde die psychoanalytische Tätigkeit unverständlich und unmöglich. Diese Feststellung liefert jedoch keinerlei Argument zugunsten eines „freien Willens" im traditionellen Sinne, da die Vorstellungen in diesem Fall nur Glieder oder Verbindungen in „kausalen" Prozessen sind, die selbst exakt bestimmt werden können. De facto *sind sie es nicht*: so verhält es sich mit dem Vorstellungsstrom, zu dem ich mich andernorts geäußert habe.[26] Wollte man jedoch die deterministische Argumentation weiterverfolgen, so ließe sich sagen, dass die Bestimmungen ebenfalls nicht punktuell zu sein brauchen: es kann sehr wohl sein, dass sie auf den Gesamtzustand der Vorstellung, der jeweils die „Beziehungen zur Außenwelt" regelt (und von ihnen abhängt), bezogen sind – und als solche in keinem Sinne des Wortes lokalisierbar wären. Selbstverständlich würde ein strenger Epiphänomenalist argumentieren, dass diese Glieder und Verbindungen überflüssig oder, schlimmer noch, „subjektive Täuschungen" (?) wären und dass man jeweils von einer genau definierten, „materiellen" (neurophysiologischen) Gesamtkonfiguration, als „Ursache", zu einer anderen solchen Konfiguration, als „Wirkung", überginge. Dieser Sichtweise könnten wir zunächst bescheinigen, dass sie selbst einer subjektiven Täuschung unterliegt; ferner, dass sie den Plan zu einem Forschungsprogramm enthält, das nicht umsetzbar wäre oder bestenfalls den Aufbau eines unglaublich umständlichen Apparats erfordern würde, um auch nur die einfachsten Fakten zu verstehen; und schließlich, dass sie nicht in der Lage wäre, selbst diese „Fakten" zu erfassen. Ein Wort in einem Telegramm löst einen Weltkrieg aus. Wenn Vorstellungen Verbindungen sind, ist die Kette kausaler Bestimmungen nicht förmlich durchbrochen (dass man hier vielleicht ein extremes Missverhältnis zwischen „Ursachen" und „Wirkungen" wahrnimmt, ist eine andere Sache). Dennoch liegt auf der Hand, dass es absurd wäre, den Ausbruch des Ersten Weltkriegs unter dem Aspekt von elektrischem Strom, der durch Telegrafendrähte fließt, oder der Nervensysteme Wilhelms II., des Zaren, Sir Edward Greys, Poincarés und Vivianis zu beschreiben, schon weil sich diese Beschreibung keinen spezifischen Begriff ihres Gegenstandes machen kann.

Die zweite Voraussetzung ist die Existenz eines Quantums freier Energie oder eines bedeutenden Potentials zur Energieumwandlung auf Seiten der bewussten Instanz. Man könnte versucht sein zu postulieren, dass die Erlangung von Reflexivität sowie der Fähigkeit zu überlegtem Handeln die Existenz eines Quantums freier (unspezifischer, ungebundener, freibeweglicher usw.) Energie erfordert. Und man könnte versucht sein, die gleiche Anforderung für das gesamte (menschliche und sogar tierische) Seelenleben zu formulieren, angesichts solch grundlegender Fakten wie der Entwicklung der Psyche, ihres Lern- und Anpassungsvermögens usw. Allerdings könnte man das Ganze auch unter die Rubrik: Dequalifizierung/Requalifizierung (kurz, Umwandlung) psychischer Energie stellen. Da sich jedoch der Ausdruck psychische Energie, obwohl sicherlich alles andere als rein metaphorisch[27], einstweilen noch auf nichts bezieht, was wirklich unterscheidbar und beschreibbar wäre, erscheinen beide Bezeichnungen als gleichbedeutend. Wir wissen, dass es Besetzungen unterschiedlicher Intensitäten gibt – und dass diese Intensitäten veränderlich sind. Wir haben aber keine Ahnung, ob und gegebenenfalls wie sich diese Intensitäten miteinander „vergleichen“ lassen – außer auf die qualitativ gröbste Weise und *in Bezug auf ein und dasselbe Individuum* –, geschweige denn, wie sie sich „summieren“ lassen. Wir können nicht einmal Fragen erörtern wie: Sind die offenkundigen „Energieunterschiede“ zwischen Individuen angeboren oder resultieren sie aus Blockaden, deren Ursachen in der Einzelfallgeschichte zu suchen sind?

Ob man nun von der Existenz eines Quantums „freier Energie“ oder des Potentials zur Energieumwandlung ausgeht[28], klar ist, dass jedes Mal, wenn der psychische Apparat etwas anderes tut, als sich um seine Homöostase zu kümmern, eine Dequalifizierung/Requalifizierung von Energie vorliegt und dass dieser Prozess eine entscheidende Rolle in der Geschichte und bei der Entstehung des Menschen spielt. Und er geht mit dem Auftauchen neuer Objekte einher. Es überrascht uns nicht, wenngleich zu Unrecht und aus reiner Routine, wenn diese neuen Objekte und die entsprechenden Energieumwandlungen den üblichen psychischen Entwicklungsverlauf nehmen – wenn zum Beispiel das Kind seinen Genitalapparat besetzt „anstelle“ des Anus/Kots. Es sollte uns allerdings überraschen und zum Nachdenken bringen, wenn die Psyche neue Objekte besetzt, die „unsichtbar“ sind: zum Beispiel bei geschichtlichen Übergängen wie dem vom Heidentum zum Christentum oder vom Katholizismus zum Protestantismus. Außerdem sehe ich nicht ein, wie man bestreiten könnte – vor allem, wenn man Psychoanalytiker ist –, dass das Auftauchen einer neuen

Vorstellung (und ein Komplex oder Verbund von Vorstellungen fällt unter dieselbe Rubrik) im Falle konträrer Besetzungen den Ausschlag in die oder andere Richtung geben kann.

Mit den beiden letzten Voraussetzungen verlassen wir den metapsychologischen Bereich im eigentlichen Sinne und betreten ein Gebiet, auf dem das Zusammenspiel mit der gesellschaftlichen Institution von ausschlaggebender Bedeutung ist. Aus diesem Grund, sowie aus Platzgründen, werde ich mich diesbezüglich sehr kurz halten.[29] Die Entstehung von Reflexivität sowie der Fähigkeit zu überlegtem Handeln erfordert, drittens, eine weitgehende (und relative) *Labilität* der Besetzungen. Diese Labilität ist weder mit irgendeiner Form von Flüchtigkeit zu verwechseln noch mit dem, was Freud die „Ersetzbarkeit" des Triebobjekts nannte. Sie ist einfach das Gegenteil von *Starrheit*. Eine solche Starrheit *sublimierter* Besetzungen ist charakteristisch für nahezu die Gesamtheit menschlicher Gesellschaften – und aus psychoanalytischer Sicht vielleicht die beste Beschreibung ihrer *Heteronomie*. Die Besetzung von Jahwe, Christus, Allah durch einen Gläubigen, des Führers durch ein NSDAP-Mitglied, des Generalsekretärs durch ein KPdSU-Mitglied, der Erblichkeit von Intelligenz durch einen Wissenschaftler (die ihn zur Fälschung von Forschungsdaten verleitet), ist nicht labil. Die Besetzung eines Bürgers, der die Stichhaltigkeit des Gesetzes, dem er einstweilen gehorcht, diskutieren kann und will, oder die eines kritischen Wissenschaftlers, ist es hingegen schon. Doch das hängt nicht vom einzelnen Individuum ab, und zwar in mindestens doppelter Hinsicht nicht. Zunächst ist es niemals der Einzelne, der über dem Portal zur Gesellschaft den Spruch anbringt: *Das Gesetz haben wir gemacht*, anstelle von: *Gott hat uns das Gesetz gegeben*. Ferner hat er sich nicht selbst dazu erzogen, keine höchste Autorität anzuerkennen, die es nicht nötig hätte, für ihre Taten und ihre Existenz Rechenschaft abzulegen und Gründe anzugeben. Andere, *die bereits in diesem Geiste erzogen waren*, haben ihm diese Haltung beigebracht.

Vierte und letzte Voraussetzung (der Unterschied zur vorherigen ist ein äußerst feiner, man könnte Erstere als die „objektive" und Letztere als die „subjektive" Seite bezeichnen): Man muss die effektive Fähigkeit haben, mittels Reflexion bislang besetzte Objekte (und wenn es letztlich bloße Denkregeln wären) in Frage zu stellen und aus den Ergebnissen dieser Reflexion Schlussfolgerungen zu ziehen. Das heißt so viel wie, dass man die Fähigkeit braucht, instituierte Objekte in Frage zu stellen. Auch das betrifft, so „subjektiv" es auch sei, die Art und Weise sowie den Inhalt der gesellschaftlichen Institution dieser

Objekte. Es ist *psychisch unvorstellbar*, sagen zu können: „Das Gesetz ist ungerecht“, wenn Gott der Gesetzgeber und Gerechtigkeit nur einer/eines seiner Namen/Attribute ist. (Das Gleiche gilt für den Zaren.)

Die obigen Ausführungen verfolgten den Zweck, dem, was ich seit 1965 als *Autonomie* des menschlichen „Subjekts“ definiere, einen genaueren Inhalt zu geben.[30] Die Herstellung einer anderen Beziehung zwischen Bewusstem und Unbewusstem kann noch präziser gefasst werden: sie muss, auf Seiten der bewussten Instanz, Reflexivität und die Fähigkeit zu überlegtem Handeln enthalten. Unnötig hinzuzufügen, dass dies keinerlei „Machtübernahme“ des Bewussten bzw. Assimilierung oder Austrocknung des Unbewussten impliziert: Das Gegenteil ist der Fall und zwar aus offensichtlichen Gründen. (*Wer* hat am meisten Angst davor, seine monströsesten Wünsche zu erkennen? Ein heteronomes Wesen.) Ebenso unnötig hinzuzufügen, als Antwort auf eine Rhetorik, die in Frankreich drei Jahrzehnte lang in Mode war, dass Autonomie nicht nur nichts mit einer irgendwie gearteten „Anpassung“ an die bestehenden Zustände zu tun hat, sondern deren Gegenteil ist, weil sie gerade die Fähigkeit bezeichnet, diese Ordnung in Frage zu stellen. Und diese bestehende Ordnung ist so fest in einer Sublimierung verwurzelt, die auf die instituierten Bedeutungen Rücksicht nimmt, dass sie wenig bedroht wäre von einer Explosion *per definitionem* unartikulierter und unartikulierbarer „Wünsche“ oder von der Geistererscheinung eines „Subjekts des Unbewussten“ auf der Bühne der Gesellschaft.[31]

Wir sprechen wohlgemerkt von den *Möglichkeiten* des Menschen, nicht davon, dass diese immer, überwiegend, automatisch usw. verwirklicht würden. Wir wissen ganz genau, dass das Gegenteil zutrifft. Wir wissen aber auch, dass diese Möglichkeiten aktualisierbar sind, dass sie von manchen Gesellschaften und manchen Menschen aktualisiert wurden, dass Denken, Psychoanalysieren, Sagen, was wir sagen, diese Aktualisierung voraussetzt.

Im Zusammenhang mit der Fähigkeit zu überlegtem Handeln habe ich auch den Begriff „Willen“ benutzt – unter Vorbehalt. Alleiniger Grund für diesen Vorbehalt ist die fast durchweg selektive und tendenziöse (doppelt einseitige) Lektüre dessen, was Freud zu diesem Thema geschrieben hat. Der Wille, wie ich ihn hier vom metapsychologischen Standpunkt aus verstehe, ist die Existenz eines Quantums freier Energie oder des Potentials zur Umwandlung bedeutender Energiemengen in Abstimmung mit der Reflexivität. Allerdings wimmelt es im Freud'schen Werk von Anfang bis Ende von Formulierungen, die betonen, dass die Prozesse, mittels derer Energie im Ich „konzentriert“ wird, parallel zur Entwicklung des Individuums verlaufen. Freud wendet sich gegen die Absurdität eines „freien Willens“, der wie ein Blitz aus heiterem Himmel die ganze Vorgeschichte des Individuums auslöschen würde. Doch kann man von einer Verursachung qua Vorstellung nicht Abschied nehmen, ohne sein ganzes Werk zunichtezumachen. Wenn man den dritten Punkt von „Eine Schwierigkeit der Psychoanalyse“ noch einmal aufmerksam liest, wird man feststellen, dass Freud keineswegs behauptet: das Ich kann nichts tun.[32] Er sagt vielmehr: das Ich (in diesem Fall das kranke, neurotische Ich) hat sich unter den Bedingungen und Umständen, denen es ausgesetzt ist, zu viel zugemutet; doch man kann ihm helfen, seine Ziele zu korrigieren und die Mittel, über die es verfügt, zu erweitern. Eine Erweiterung der dem Ich verfügbaren Mittel besteht nun zugleich darin, Energien zu reaktivieren, sie dem Reflexionsprozess zuzuleiten und das Einwirken „reflektierter“ Vorstellungen auf die psychische Energie zu erleichtern.[33] Alle diese Aussagen konvergieren in dem Punkt, dass es um die Herstellung bzw. Wiederherstellung von *Bahnungen** [*frayages*] geht („Routen“, Passagen, Pfaden – *facilitations* meinten manche englischen Übersetzer schreiben zu können), ein Begriff, den heutige Neurophysiologen sicher nicht weit von sich weisen würden. Durch solche Bahnungen wird, wie wir wissen, der Mensch zu dem, was er ist: die gesamten Reifungs-, Entwicklungs- und Bildungsprozesse sind Herstellung von Bahnungen, egal, ob man diesen Begriff in einem „materiellen“, neurophysiologischen, oder einem psychologischen Sinne auffasst. Diese Bahnungen sind geschichtlich in beiden Bedeutungen des Wortes: sie begründen zunächst die Geschichte der betreffenden Person, hängen aber auch (über Erziehung im weitesten Sinne) von der Geschichte des Kollektivs ab, dem diese Person angehört. Und was ist die Analyse anderes als ein Bemühen, beim Analysanden neue Bahnungen entstehen zu lassen, und insbesondere auf eine Besetzung seines Reflexionsvermögens, eine Reaktivierung seiner Energie hinzuwirken und schließlich eine Fähigkeit zur Koordination seiner „Energieverwendung“ mit seiner Reflexion auszubilden?

Diese Überlegungen werden die Verfechter einer „reinen Freiheit“ unter den Philosophen ebenso wenig zufriedenstellen wie manche Psychoanalytiker. Erstere seien nur daran erinnert, dass Aristoteles die Tugend als *hexis proairêtikê* definierte, sprich, als entscheidungsabhängigen und entscheidungsbegründenden *habitus*. Er wusste sehr wohl, wovon er sprach. Alle Antinomien in dieser Sache, die echten und die vermeintlichen, sind bereits in diesem Ausdruck enthalten. Autonomie ist keine Gewohnheit – das wäre ein Widerspruch in sich – sondern sie entsteht in Ausübung ihrer selbst, was in gewisser Weise voraussetzt, dass sie ihre eigene Existenz vorwegnimmt. Vielleicht ist das Bild, das Platon in Bezug auf wahres Wissen verwendete, zu ihrer Charakterisierung noch am wenigsten ungeeignet: die Flamme, die aus sich selbst emporwächst.[34]

Ich werde abschließend versuchen, die beiden eingangs gestellten Fragen summarisch zu beantworten.

Erstens ist es unmöglich, einen umfassenden Subjektbegriff zu formulieren. Wir sind also gezwungen, zu differenzieren. Wir müssen für den Anfang und auf einer ersten Ebene von einem *Für-sich* – einem *Selbst*, einem *self* – des Lebewesens als solchem ausgehen, das bereits wesentliche Merkmale dessen ausbildet, was später alle „subjektiven" Entitäten auf allen Ebenen charakterisieren wird. Diese Entitäten sind, auf je verschiedenen Ebenen, die Psyche und die psychischen „Instanzen", das gesellschaftliche Individuum, die Gesellschaft. Jede von ihnen weist entscheidende Besonderheiten auf. Speziell die „psychischen Instanzen" Freuds – oder entsprechende Entitäten in anderen Beschreibungen der psychischen „Topographie" – sind, zweifelsohne, jeweils ein Für-sich, doch die anderen Merkmale, die sie durch ihr bloßes Sein ausbilden, reißen einen Abgrund zwischen sich und dem einfachen Lebewesen auf. Das Gleiche gilt für das gesellschaftliche Individuum oder die Entität „Gesellschaft".

Insbesondere hinsichtlich des gesellschaftlichen Individuums ist die Verwirrung groß, was die Unterscheidung zwischen ihm als psychischem Wesen und dem Subjekt oder der menschlichen Subjektivität im eigentlichen Sinne angeht. Das gesellschaftliche Individuum, die „gesellschaftlich funktionale" Ebene des Menschen, weist natürlich alle Merkmale eines *Für-sich* auf; es wird von der Gesellschaft (über die Familie, die Sprache, die Erziehung usw.) aus dem Material der Psyche hergestellt, ist aber von den anderen psychischen Instanzen durch die Verdrängungsschranke „getrennt". Nahezu deckungsgleich mit dem „Bewussten" der ersten Freud'schen Topik, ist es zum „Denken" und zum „Wollen" – im Sinne einer bewussten Aktivierung motorischer Mechanismen – in der Lage, aber jeweils nur im Rahmen des Instituierten.[35] In aller Regel jedoch (wenn man die Menschheitsgeschichte im Überblick betrachtet) ist es nicht imstande, diese Rahmenbedingungen und folglich sich selbst in Frage zu stellen. Es verfügt also über keine

Reflexivität im engeren und eigentlichen Sinne des Wortes und dementsprechend auch nicht über die Fähigkeit zu überlegtem Handeln im oben definierten Verständnis – den beiden Kennzeichen dessen, was als *menschliche Subjektivität* zu bezeichnen wäre. Über Letztere ist zu sagen, dass sie als relativ junge geschichtliche Schöpfung (der Bruch, dem sie ihre Entstehung verdankt, vollzog sich im alten Griechenland) in jedem Menschen virtuell angelegt ist, ohne sich zwangsläufig herausbilden zu müssen. Die jüngere und jüngste Geschichte liefert eine Vielzahl abschreckender Beispiele dafür, wie noch die letzten Reste an Reflexivität und eigenem Willen, die Menschen besitzen können, von der gesellschaftlichen (politischen) Institution zunichte gemacht werden. In dem Maße, wie er sich zur Subjektivität entwickelt, kann der Mensch sich selbst in Frage stellen und sich (wenn auch nur zum Teil) als Ursprung seiner vergangenen Geschichte betrachten. Ferner kann er eine zukünftige Geschichte und sich selbst als Mitgestalter dieser Geschichte wollen. Von der Fähigkeit, dergleichen aus eigener Kraft zu vollbringen, ist bloßes „Bewusstsein", wie ich noch einmal betonen möchte, weit entfernt: man kann sich problemlos ein Bewusstsein vorstellen, das bloßer Zuschauer bleibt und sich damit begnügt, die Prozesse, die im individuellen Leben ablaufen, einfach nur zu registrieren. Beispiele, aus der klinischen oder sonstigen Praxis, sind reichlich vorhanden. Ohne eine solche Subjektivität – ohne den (bereits in den Umsetzung befindlichen) *Entwurf* zu einer solchen Subjektivität – würde nicht nur jedes Streben nach Wissen und Wahrheit hinfällig, sondern jede Ethik verschwände, weil jede Verantwortung sich in Luft auflöste. Die Psychoanalyse würde dadurch als Theorie zu einer Spielart der Sophistik und als Praxis zu einer Form zynischer Geldschneiderei.

Auf meine zweite Frage: Gibt es eine *Einheit* des einzelnen Menschen, über seine körperliche Identität und den chronologischen Behälter seiner „Geschichte", seine Chronik, hinaus?, ist die Antwort zwar kurz und provisorisch, aber dennoch komplex. Es gibt sicherlich eine gewisse Einheit jeder Einzelpsyche, zumindest als gemeinsamer Ursprung und unvermeidliche Zusammengehörigkeit von Kräften, die sich im gleichen Operationsgebiet einen lang anhaltenden Krieg liefern. Es gibt die auf ihre Weise mehr oder minder stabile Einheit des von der Gesellschaft produzierten Individuums. Und es gibt, darüber hinaus, eine Einheit, die wir uns als anzustrebendes Ziel setzen sollten: die Einheit zwischen reflektierter Selbstvorstellung und überlegt vorgenommenen Handlungen. Einheit heißt selbstverständlich nicht Unveränderlichkeit im Zeitverlauf.

Ich möchte meinen Vortrag mit zwei Bildern beenden. Das *Für-sich* ist eine geschlossene Kugel – genau das bedeutet Geschlossenheit – mit annähernd konstantem Durchmesser. Und es ergibt sich, dass diese Kugel jeweils auf irgendeine, unbestimmt-vieldimensionale Art auf eine unbestimmte Vielzahl anderer Kugeln „abgestimmt" ist. Die *menschliche Subjektivität* ist eine pseudo-geschlossene Kugel, die sich selbst ausdehnen, die mit anderen, gleichartigen Pseudokugeln interagieren und die Bedingungen, oder Gesetze, ihrer Geschlossenheit immer wieder in Frage stellen kann.

Selbstausdehnung bedeutet, dass die menschliche Welt, die der menschlichen Subjektivität zugängliche Welt, nicht ein für alle Mal gegeben ist; sie ist zugleich dehnbar und veränderbar (nach „außen" und nach „innen"). Wir haben bereits über diese Möglichkeit gesprochen, über ihre Verwurzelung in der radikalen Imagination der Psyche und ihre Wechselbeziehung zur Institution der Gesellschaft.

Echte Interaktion mit anderen Subjektivitäten bezeichnet etwas bislang Einmaliges auf der Welt: die Überwindung wechselseitiger Äußerlichkeit. (Wir versuchen, wenigstens, uns das einfache Lebewesen als unglaublich feine und komplexe Abstimmung wechselseitiger Äußerlichkeiten vorzustellen.) Es geht um diese Überwindung wechselseitiger Äußerlichkeit, wenn wir versuchen, die Dimension des Sinns als unsichtbare sowohl zu verstehen als auch zu erreichen. Sollte jemand uns sagen, dass Menschen einander immer äußerlich sind; dass wir uns aufeinander einstellen wie eigens für diesen Zweck gebaute Tonbänder; dass ich so tue, als würde ich mit Ihnen sprechen und Sie so tun, als würden Sie mir zuhören und glauben, dass meine Äußerungen einen Sinn ergeben; dass lieben heißt, etwas, das man nicht hat, jemandem geben zu wollen, der es nicht will, usw. – würden wir natürlich zunächst einmal antworten, dass unser Verständnis dessen, was Sinn ergibt, uns verbietet, so zu tun, als würden wir uns mit einem Tonband unterhalten und dass wir es folglich in seiner Ecke sich selbst und seinen Geräuschen überlassen müssten. Doch unter uns würden wir hinzufügen, dass dieser Jemand nicht nur philosophische Belanglosigkeiten wiederkäut, von denen wir berechtigterweise hoffen durften, sie seien seit 2500 Jahren ad acta gelegt, sondern dass er auch keine Ahnung hat von den Grundvoraussetzungen der psychoanalytischen Theorie. Denn im Bereich der Letzteren würde der Gedanke, dass es unter Menschen nie zu einer Überwindung wechselseitiger Äußerlichkeit kommt, implizieren, dass in der Entwicklung des Seelenlebens niemals eine wirkliche Introjektion stattfände: jede

Introjektion wäre von vorn bis hinten ein „introprojektives" Konstrukt; alles, was das Kind von seiner Mutter introjizierte, würde *ausschließlich* von ihm selbst herrühren, die Mutter hätte mit all dem nichts zu schaffen, sie wäre reine Projektion, die das Kind sich illusorisch wiedereinverleiben würde. Wir wissen aber, dass dies nur die Hälfte der Wahrheit ist: das Kind verändert, was man ihm gibt oder was es findet, indem es ihm einen Sinn verleiht – doch ist dieser nicht unabhängig von dem Sinn dessen, was man ihm gegeben hat. Es gibt kein Baby, das den Unterschied zwischen einem liebevollen und einem hasserfüllten Blick nicht erkennt. Und unter dieser Voraussetzung lernt man auch *sprechen*, nämlich akzeptieren, dass die *Bedeutung* eines Wortes die ist, die die *Anderen* ihm geben.

Schlussendlich, und das ist der schwierigste Punkt, vollzieht sich jede neuerliche Infragestellung der Gesetze und Bedingungen der Geschlossenheit von Subjektivität selbst noch in einem Zustand der Geschlossenheit, in der geschlossenen Kugel anderer Gesetze und Bedingungen – von welch unermesslicher Ausdehnung diese Kugel auch sein mag. Subjekt und autonomes Subjekt zu sein, heißt immer noch, jemand und nicht alle oder irgendwer oder irgendwas zu sein. Es heißt immer noch, und in erster Linie, bestimmte Objekte zu besetzen und *seine eigene* Identität zu besetzen – die Vorstellung seiner selbst als autonomes Subjekt. Das ist der Grund, weshalb Sokrates den Tod akzeptiert – und das ist der Grund, weshalb er *sich* durch sein Sterben auch rettet. Er rettet sich um seiner selbst willen; er rettet sein Bild, als triumphale Rückkehr der Selbstzweckhaftigkeit im Verschwinden ihres „Subjekts". Aber er rettet auch etwas für uns: ein ebenso triumphales Bekenntnis zur Sublimierung, als Wurzel und bleibende Voraussetzung des geschichtlichen Lebens, das sich von so vielen Freitoden nährt.

Anmerkungen

*) [„L'État du sujet aujourd'hui", in: Cornelius Castoriadis, *Le Monde morcelé. Les carrefours du labyrinthe III*, Paris 1990, S. 189-225.] Vortrag, der am 15. Mai 1986 im Rahmen der „Confrontations critiques" der Quatrième groupe OPLF gehalten und in *Topiques* 38 (November 1986), S. 7-39, publiziert wurde. Ich habe für die Publikation manche Passagen, besonders die über Metapsychologie, die während des mündlichen Referats abgekürzt werden mussten, in vollem Umfang rekonstruiert. [Zur OPLF (Organisation psychanalytique de langue française) siehe auch „Der Weltaufbau in der Psychose", in diesem Band, S. 146, Anm. 1.]

1) Vgl. Hans Christian Andersen, „Das alte Haus", in *Sämtliche Märchen und Geschichten. Erster Band*, Leipzig/Weimar 1990, S. 373 [AdH].

2) Deshalb kann man eine Behandlung auch als praktisch-poietische Tätigkeit definieren. Vgl. „Epilégomènes à une théorie de l'âme que l'on a pu présenter comme science" (1968), wiederabgedruckt in *Les Carrefours du labyrinthe*, Paris 1978, S. 38-39 [dt.: „Epilegomena zu einer Theorie der Seele, die man als Wissenschaft hat ausgeben können", in *Durchs Labyrinth*, Frankfurt am Main 1981, S. 35-36].

3) Es ist überflüssig, diesen Punkt mit Zitaten zu belegen. Dennoch verdient die folgende Bemerkung Freuds von 1897 zitiert zu werden: „*Mehrheit der psychischen Personen.* Die Tatsache der Identifizierung gestattet vielleicht sie *wörtlich* zu nehmen" (Hervorhebung im Original). Vgl. Sigmund Freud, *Briefe an Wilhelm Fließ 1887-1904*, Frankfurt am Main 1986, S. 256 (Manuskript L, Beilage zum Brief vom 2. Mai 1897).

4) Gemeint ist der platonische Mythos vom Seelengespann in „Phaidros" (246a ff.), Platon, *Sämtliche Werke II*, Heidelberg 1982, S. 435ff. [AdH].

5) S. Freud, *Zur Psychopathologie des Alltagslebens*, G.W. IV, S. 268 [AdH].

6) Vgl. zu diesem Thema zuletzt „La *polis* grecque et la création de la démocratie", in *Domaines de l'homme*, Paris 1986, S. 261-306 [dt.: „Die griechische *polis* und die Schöpfung der Demokratie", in: Cornelius Castoriadis, *Philosophie, Demokratie, Poiesis. Ausgewählte Schriften 4*, Lich 2011, S. 17-68].

7) Thukydides, *Der Peloponnesische Krieg*, II, 43, 1 (Gefallenenrede). In Bezug auf die Toten, die in dieser Rede geehrt werden, benennt Thukydides Affekt, Denken und Wunsch als positive Eigenschaften. Seine primäre „Quelle" ist offensichtlich die griechische Sprache; die Unterscheidung muss schon vorher in „hippokratischen" und/oder „sophistischen" Kreisen vorgenommen worden sein.

8) Der Biologe und Genforscher François Jacob (geb. 1920) hat die biochemische Evolution als „molekulare Bastelei" (*bricolage*) beschrieben (z.B. in: *Die Maus, die Fliege und der Mensch*, Berlin 1998, S. 106ff.) [AdH].

[9] Siehe zuletzt „Portée ontologique de l'histoire de la science", in *Domaines de l'homme*, a.a.O., S. 421-432 [dt.: „Ontologische Tragweite der Wissenschaftsgeschichte", in *Das imaginäre Element und die menschliche Schöpfung*, Lich 2010, S. 149-190, dort S. 151-160].

[10] Aristoteles, *Über die Seele*, I, I, 402 b 3-7.

[11] Vgl. *L'Institution imaginaire de la société*, Paris 1975, Kapitel VI, bes. S. 372-405 [dt.: *Gesellschaft als imaginäre Institution*, Frankfurt am Main 1984, S. 457-497].

[12] Kurz für: Mengen- und Identitätslogik. Vgl. „La logique des magmas et la question de l'autonomie", in: *Domaines de l'homme*, a.a.O., S. 386-418 [dt.: „Die Logik der Magmen und die Frage der Autonomie", in: *Das imaginäre Element...*, a.a.O., S. 111-148].

[13] Vgl. *L'Instituion imaginaire...*, a.a.O., S. 415-431 [dt.: *Gesellschaft...*, S. 509-528].

[14] Der Begriff *Schichtung* darf natürlich nicht im Sinne einer geordneten und gleichmäßigen Sedimentierung verstanden werden. Der Gedanke an diese unbeschreibliche Art des Nebeneinanders verschiedener psychischer Prozesse hat mich dazu veranlasst, eine Logik anderen Typs zu konzipieren, die Logik der *Magmen*. Vgl. den in Anm. 12 genannten Text. Freud spricht von *Breccien-* bzw. *Brecciagestein* („Breccie" definiert der *Duden* als „Sedimentgestein aus kantigen, durch ein Bindemittel verkitteten Gesteinstrümmern"): G.W., II-III, S. 422 = S.E. 5, S. 419 (*Die Traumdeutung*, Kap. VI, Abschn. F, „Rechnen und Reden im Traum"). Vgl. auch G.W. XI, S. 184 = S.E. 15, S. 181-182 (*Vorlesungen zur Einführung in die Psychoanalyse*, Kap. XI: „Die Traumarbeit"). Ebenfalls in Kap. VI der *Traumdeutung* (Abschn. G: „Die intellektuellen Leistungen im Traum") spricht Freud vom Traum als *Konglomerat* (G.W. II-III, S. 451 = S.E. 5, S. 449). – Nebenbei bemerkt sind die Verweise im *Register der Gleichnisse, Metaphern und Vergleiche* innerhalb des *Gesamtregisters* (G.W. XVIII, S. 911) fehlerhaft und sollten gemäß den obigen Angaben korrigiert bzw. vervollständigt werden.

[15] Nichts würde sich am Sinn meiner Aussage ändern, wenn man in diesem Satz *sich bilden* durch *sich entfalten* oder *sich entwickeln* ersetzen würde, um denen einen Gefallen zu tun, die an angeborene Instanzen oder Ansätze zu solchen glauben (Freud bisweilen als Erster).

[16] Vgl. den in Anm. 12 zitierten Text über die Magmen.

[17] Über Sublimierung im Allgemeinen, vgl. *L'Institution imaginaire...*, Kap. VI, S. 420-430 [dt.: *Gesellschaft...*, S. 515-528]. Ich komme später darauf zurück.

[18] Honoré de Balzac, *Das Mädchen mit den Goldaugen* [in: ders., *Geschichte der Dreizehn, Glanz und Elend der Kurtisanen (1) und andere Werke. Die Menschliche Komödie VI*, München 1998, S. 328-414, dort S. 330f.]. Ich sage „Vorwand", doch könnte man mit dem gleichen Recht vermuten, dass es für Balzac die Individuen sind, die zu Vorwänden der Beschreibung und Analyse dieser Galaxien aus Orten, Zeiten, Zuständen, Leidenschaften, Bestrebungen, „Karrieren" werden,

die den lebendigen Leib der *Gesellschaft* bilden. Doch letztlich kann man weder im einen noch im anderen Sinne von Vorwand sprechen. Das Wunder Balzac besteht in der Balance zwischen dem Zum-Vorschein-Kommen der Gesellschaft in den Individuen und der Verfertigung von Individuen durch die Gesellschaft.

19) „Denn Vernunft ... ist nichts anderes als Rechnen". Vgl. Thomas Hobbes, *Leviathan oder Stoff, Form und Gewalt eines bürgerlichen und kirchlichen Staates*. Herausgegeben und eingeleitet von Iring Fetscher, übersetzt von Walter Euchner, Neuwied/Berlin 1966. S. 32 [AdH].

20) „Connaître c'est computer". Vgl. Edgar Morin, *La Connaissance de la connaissance. La Méthode* 3, Paris 1986 [AdH].

21) Eine Verwechslung sollte hier vermieden werden. Freud spricht ständig von *unbewusstem Denkvorgang, ubw. Denkprozess, ubw. Denkakt**. Gleichzeitig schreibt er, wie wir wissen, in Bezug auf die Traumarbeit, mittels derer die „Traumgedanken" zum „Trauminhalt" werden, sie „denkt, rechnet, urteilt überhaupt nicht, sondern sie beschränkt sich darauf umzuformen" (*Die Traumdeutung*, G.W. II/III, S. 511). Diese Arbeit besteht in (führt zu) Verschiebungen und Verdichtungen (von psychischen Intensitäten und Teilen von Traumgedanken), die der Rücksicht auf Darstellbarkeit unterliegen und zu dieser Darstellbarkeit führen. An anderer Stelle und viel später (in *Das Unbewusste*, 1915, G.W. X, S. 285-286) kommt er auf Verschiebung und Verdichtung zurück, um ihre Rolle als wesentliche Charakteristika der Primärvorgänge zu unterstreichen. Tatsächlich „denkt" die Traumarbeit nicht – wenn „denken" *ausschließlich* mengen- und identitätslogisch definiert ist. Die Traumarbeit erzeugt vorwiegend *Bilder*, sie verbildlicht, vergegenwärtigt (unter den bekannten Auflagen und mit den ihr zur Verfügung stehenden Mitteln). Können wir Freud dennoch darin zustimmen, dass sie nicht „denkt, rechnet, urteilt", sondern sich „darauf beschränkt umzuformen"? Kann man umformen, ohne „zu denken, zu rechen, zu urteilen"? Formt die Traumarbeit irgend etwas in irgend etwas anderes um? Enthält nicht die „Umkehrung psychischer Intensitäten", die für Freud das Wesentliche der Verschiebung ist, wie diese Beschreibung selbst verdeutlicht, die Spur und das Ergebnis einer Berechnung? In der Traumarbeit findet eine *Verbildlichung* statt, die zweifellos *„das Wesentliche am Traum**" ist (*Traumdeutung*, S. 510-511, Anm. 2) – mit anderen Worten, sie ist die schöpferische Arbeit der Imagination, die *Darstellung* dessen (als sichtbar und hörbar), was an sich weder sichtbar noch hörbar ist. Doch in dieser Traumarbeit, wie in jeglicher Imaginationstätigkeit, ist stets auch das Mengen- und Identitätslogische vorhanden, ist überall dicht. Genauso wenig wie man eine Fuge schreiben könnte, ohne zu rechnen, genauso wenig kann man ohne elementare logische Operationen, ohne ein gewisses *reckoning*, ver-

dichten und verschieben. Die Verwechslung, oder das Manko, resultiert aus einem ungenauen Begriff des „Denkens". Dieses Thema würde sicher eine viel ausführlichere Behandlung erfordern, für die hier jedoch kein Platz ist. Siehe gleichwohl meinen oben zitierten Text über „Die Logik der Magmen".

22) Vgl. den in Anm. 6 zitierten Text „La *polis* grecque...".

23) Über die Psychoanalyse als sublimierte Tätigkeit , vgl. „Epilegomènes...", a.a.O., S. 58-64 und vor allem „La psychanalyse: projet et élucidation", ebd., S. 102-122 [dt.: „Epilegomena...", a.a.O., S. 51-57, „Die Psychoanalyse als Projekt und Aufklärung", ebd., S. 87-104].

24) „Die Sublimierung [ist] der Prozeß, durch den die Psyche genötigt wird, ihre ‚privaten' Besetzungsobjekte (einschließlich des ‚Bildes', das sie von sich selbst hat) aufzugeben, durch solche Objekte zu ersetzen, die in und dank einer gesellschaftlichen Institution bestehen und Geltung haben – und aus diesen die ‚Ursachen', ‚Mittel' und ‚Träger' ihrer Lust zu machen" [*Gesellschaft...*, a.a.O., S. 517].

25) Und im Gegensatz zu den vorpsychoanalytischen Überzeugungen Freuds, als er noch die Ansichten [John] Hughlings Jacksons [(1835-1911), engl. Neurologe] teilte. Vgl. die *Editor's Note* zur Übersetzung von *Das Unbewusste* (S.E. 14, S. 163) und vor allem den Auszug aus seiner Abhandlung über Aphasie von 1891, ebd., S. 206-208.

26) Der Begriff „Verursachung" ist hier ein krasser sprachlicher Missgriff. Jedenfalls gibt es keine streng „kausale" Verkettung von Vorstellungen und kann sie nicht geben. Vgl. „Epilégomènes...", a.a.O., und *L'Institution imaginaire...*, Kap. VI, S. 372-377, 378-381, 382-384, 396-397, 406-407, 431-442 [dt.: *Gesellschaft...*, S. S. 457-463, 464-467, 469-471, 486-487, 497-499, 528-543].

27) Zur Kritik an den Kritiken der „reinen Metapher", vgl. „Épilegomènes...", a.a.O, S. 54-57 (dt.: „Epilegomena...", *Durchs Labyrinth*, a.a.O., S. 49-51].

28) Jedenfalls ist ein direktes Einwirken der Vorstellung auf die psychische Energie in letzter Instanz unumgänglich, will man der Gefahr eines unendlichen Regresses entgehen.

29) Zu den hier nur kurz angerissenen Punkten, vgl. vor allem „Institution de la société et religion", in *Domaines de l'homme*, a.a.O., S. 364-384 [dt.: „Institution der Gesellschaft und Religion", in *Das imaginäre Element...*, a.a.O., S. 87-109].

30) Vgl. *L'Instituion imaginaire...*, Kap. II, S. 138-151 und zuletzt „La logique des magmas...", a.a.O., S. 410-418 [dt.: *Gesellschaft...*, a.a.O., S. 172-188, „Die Logik der Magmen...", a.a.O, S. 136-144].

31) Anspielung auf die Hypostasierung des „Wunsches" bei Gilles Deleuze und Félix Guattari (*Anti-Ödipus. Kapitalismus und Schizophrenie 1*, Frankfurt am Main 1974) und die Rede vom „Subjekt des Unbewussten" bei Lacan (s.o.) [AdH].

[32] Vgl. Sigmund Freud, „Eine Schwierigkeit der Psychoanalyse" (1917), *Gesammelte Werke XII*, Frankfurt am Main 1999, S. 3-12, hier: S. 8ff. Der Text erörtert die drei Kränkungen des menschlichen Narzissmus durch die Wissenschaft, deren hier von Castoriadis angesprochene dritte „psychologischer Natur ist" (S. 8) und von der psychoanalytischen Behauptung herrührt, dass *„das Ich nicht Herr sei in seinem eigenen Haus"* (S. 11, Hervorhebung im Original) [AdH].

[33] Dass diese Energie größtenteils der Besetzung von Selbstbildern des Ich, des „Ich-Ideals" oder anderer Objekte der Sublimierung dient; dass sie also eine zusätzliche „narzisstische" oder pseudo-"objekthafte" Bestimmung hat, alle diese Fälle stehen mit den Aussagen dieses Textes in vollkommenem Einklang.

[34] *Siebenter Brief*, 341 c-d. [Vgl. „Briefe", in Platon, *Sämtliche Werke III*, Heidelberg 1982, S. 695-775, hier: S. 742. (Dort ist, in der Übersetzung von Wilhelm Wiegand, von einem „Licht" die Rede, das, von einem Feuerfunken angezündet, „sich dann selbst weiter seine Bahn" bricht.)] In Bezug auf den „reinen Kantianismus", vgl. „Épilegomènes...", a.a.O., S. 5862 [dt.: „Epilegomena...", a.a.O., S. 51-55].

[35] Sicherlich kann es diese Grenzen auch *überschreiten*. Aber diese Überschreitung selbst wird nicht problematisiert, insofern bleibt sie Bestätigung der bestehenden Gesetze. Ansonsten kann ich die fraglos weitreichenden und wichtigen Beziehungen zwischen individueller Überschreitung und politischem Protest hier nicht erörtern. „Beziehungen" ist selbstverständlich nicht gleichbedeutend mit „Identität". Die Apologeten der Überschreitung (verstanden als politische „Subversion") sind nicht besser als die Psychoanalytiker (es gibt sie leider), die versuchen, politischen Protest auf individuelles Fehlverhalten zu reduzieren. Diese Haltung unterscheidet sich nicht wesentlich von der Kriminalisierung der Revolte, die jedes Strafgesetzbuch vorsieht, das sich selbst ernst nimmt.

Register

Gesamtverzeichnis Verlag Edition AV

Anarchie ♦ Theorie ♦ Pädagogik ♦ Literatur ♦ Lyrik ♦ Theater ♦ Geschichte

Gwendolyn von Ambesser ♦ Die Ratten betreten das sinkende Schiff ♦ Das absurde Leben des jüdischen Schauspielers Leo Reuss ♦ 978-3-936049-47-3 ♦ 18,00 €

Gwendolyn von Ambesser ♦Schaubudenzauber ♦ Geschichten und Geschichte eines legendären Kabaretts ♦ 978-3-936949-68-8 ♦ Preis 18,00 €

Gwendolyn von Ambesser ♦Schauspieler fasst man nicht an! ♦ Eine Axel von Ambesser Biographie ♦ 978-3-86841-045-7 ♦ Preis 19,90 €

Allan Antliff ♦ Anarchie und Kunst ♦ Von der Pariser Kommune bis zum Fall der Berliner Mauer ♦ ISBN 978-3-86841-052-5 ♦ 18,00 €

Yair Auron ♦ Der Schmerz des Wissens ♦ Die Holocaust- und Genozid-Problematik im Unterricht ♦ ISBN 978-3-936049-55-8 ♦ 18,00 €

Autorinnenkollektiv ♦ Das Frauenkommunebuch ♦Alltag zwischen Partriarchat und Utopie ♦ ISBN 978-3-86841-227-3 ♦ 24,50€

AutorInnenkollektiv ♦ Pueblo en Armas ♦ Bürgerkrieg und Revolution in Spanien (1936 - 1939) ♦ ISBN 978-3-86841-055-6 ♦ 10,00 €

Alexander Berkman ♦ Der bolschewistische Mythos. Tagebuch aus der russischen Revolution 1920 – 1922. ♦ ISBN 978-3-936049-31-2 ♦ 17,00 €

Franz Barwich ♦ Das ist Syndikalismus ♦ Die Arbeiterbörsen des Syndikalismus ♦ ISBN 978-3-936049-38-1 ♦ 11,00 €

Ermenegildo Bidese ♦ Die Struktur der Freiheit ♦ Chomskys libertäre Theorie und ihre anthropologische Fundierung ♦ ISBN 978-3-9806407-3-2 ♦ 4,00 €

Bilkis Brahe ♦ Tragödien sind albern ♦ Frida Kahlo (1907-1954) eine mexikanische Malerin ♦ ISBN 978-3-936049-80-0 ♦ 16,00 €

Ralf Burnicki ♦ Anarchismus & Konsens. Gegen Repräsentation und Mehrheitsprinzip: Strukturen einer nichthierarchischen Demokratie ♦ ISBN 978-3-936049-08-4 ♦ 16,00 €

Ralf Burnicki ♦ Die Straßenreiniger von Teheran ♦ Lyrik ♦ ISBN 978-3-936049-41-1 ♦ 9,80 €

Ralf Burnicki ♦ Zahnweiß ♦ Kaufhaus-Poetry ♦ ISBN 978-3-936049-78-7 ♦ 9,80 €

Michael Bootz ♦ Besser wird nischt ♦ Neue Wertschöpfungsgeschichten ♦ Satiren ♦ ISBN 978-3-936049-63-3 ♦ 12,50 €

CNT ♦ Ein Volk in Waffen (un pueblo en armas) ♦ Soziale Revolution in Spanien ♦ 1936 - 1939 DVD ♦12,00 €

Cornelius Castoriadis ♦ Autonomie oder Barbarei ♦ Ausgewählte Schriften, Band 1 ♦ ISBN 978-3-936049-67-1 ♦ 17,00 €

Cornelius Castoriadis ♦ Vom Sozialismus zur autonomen Gesellschaft ♦Über den Inhalt des Sozialismus ♦ Ausgewählte Schriften ♦ Band 2.1. ♦ ISBN 978-3-936049-88-6 ♦ 17,00 €

Cornelius Castoriadis ♦ Vom Sozialismus zur autonomen Gesellschaft ♦ Gesellschaftskritik und Politik nach Marx ♦ Ausgewählte Schriften ♦ Band 2.2. ♦ ISBN 978-3-86841-002-0 ♦ 17,00 €

Cornelius Castoriadis ♦ Das imaginäre Element und die menschliche Schöpung ♦ Ausgewählte Schriften ♦ Band 3. ♦ ISBN 978-3-86841-035-8 ♦ 17,00 €

Katja Cronauer ♦ Kommunizieren, organisieren und mobilisieren über E-Mail Listen ♦ Handbuch für AktivistInnen ♦ ISBN 978-3-86841-010-5 ♦ 11,80 €

Roman Danyluk ♦ Freiheit und Gerechtigkeit ♦ Die Geschichte der Ukraine aus libertärer Sicht ♦ ISBN 978-3-86841-029-7 ♦ 11,00 €

Roman Danyluk ♦ Befreiung und soziale Emanzipation ♦ Rätebewegung, Arbeiterautonomie und Syndikalismus ♦ ISBN 978-3-86841-065-5 ♦ 18,00 €

Hans Jürgen Degen ♦ Die Wiederkehr der Anarchisten ♦ Anarchistische Versuche 1945-1970 ♦ ISBN 978-3-86841-015-0 ♦ 24,50 €

Hans Jürgen Degen ♦ „... den rostigen Tod einer Maschine." ♦ Vom Unfug des Staates ♦ Streitschrift ♦ ISBN 978-3-86841-049-5 ♦ 14,00 €

Hans Jürgen Degen ♦ „Das Paradies ist offen." ♦ Über das Elend des Individums ♦ Streitschrift ♦ ISBN 978-3-86841-048-5 ♦ 10,00 €

Hans Jürgen Degen ♦ „... aller Laster Anfang." ♦ Über Über die Freiheit ♦ Streitschrift ♦ ISBN 978-3-86841-061-7 ♦ 14,00 €

Hans Jürgen Degen ♦ Kapitalismus in der Insolvenz♦ Über Kapitalismus ♦ Streitschrift ♦ ISBN 978-3-86841-071-6-7 ♦ 14,00 €

Pierre Dietz ♦ Briefe aus der Deportation ♦ Französischer Widerstand und der Weg nach Auschwitz ♦ ISBN 978-3-86841-042-6 ♦ 16,00 €

Jane Doe ♦ Die andere Farm der Tiere ♦ Roman ♦ ISBN 978-3-936049-94-7 ♦ 16,00 €

Helge Döhring ♦ Syndikalismus im „Ländle" ♦ Die Freie Arbeiter-Union Deutschlands (FAUD) in Würtemberg 1918 – 1933) ♦ ISBN 978-3-936049-59-6 ♦ 16,00 €

Helge Döhring ♦ Damit in Bayern Frühling werde! ♦ Die syndikalistischer Arbeiterbewegung in Südbayern von 1914 bis 1933 ♦ ISBN 978-3-936049-84-8 ♦ 17,00 €

Helge Döhring & Martin Veith ♦ Eine Revolution für die Anarchie ♦ Zur Geschichte des Anarcho-Syndikalistischen Jugend & **Aus den Trümmern empor ♦** Anarcho-Syndikalismus in Württemberg ♦ ISBN 978-3-86841-005-1 ♦ 22,00 €

Helge Döhring (Hg.) ♦ Generalstreik ♦ Streiktheorien und -diskussionen innerhalb der deutschen Sozialdemokratie vor 1914 ♦ ISBN 978-3-86841-019-8 ♦ 14,00 €

Helge Döhring ♦ Schwarze Scharen ♦ Die anarcho-syndikalistische Arbeiterwehr (1929 - 1933) ♦ ISBN 978-3-86841-054-9 ♦ 14,90 €

Helge Döhring ♦ Mutige Kämpfergestalten ♦ Syndikalismus in Schlesien 1918 - 1930 ♦ ISBN 978-3-86841-064-8 ♦ 12,00 €

Sam Dolgoff ♦ Anarchistische Fragmente ♦ Memoiren eines amerikanischen Anarchosyndikalisten ♦ ISBN 978-3-86841-501 ♦ 16,00 €

Wolfgang Eckhardt ♦ Von der Dresdner Mairevolte zur Ersten Internationalen ♦ Untersuchungen zu Leben und Werk Michail Bakunin ♦ ISBN 978-3-936049-53-4 ♦ 14,00 €

Magnus Engenhorst ♦ **Kriege nach Rezept** ♦ Geheimdienste und die NATO ♦ISBN 978-3-936049-06-0 ♦ 8,90 €

FAU ♦ **Die ersten 30 Jahre** ♦ 1977 - 2007 ♦ ISBN 978-3-86841-004-4 ♦ 14,50 €

Sébastien Faure ♦ **Die Anarchistische Synthese und andere Texte** ♦Herausgegeben, bearbeitet und mit Annotionen versehen von Jochen Knoblauch ♦ ISBN 978-3-936049-85-5 ♦ 10,00 €

FAU-Mat ♦ **Gender und Arbeit** ♦Geschlechterverhältnis im Kapitalismus ♦ ISBN 978-3-936049-73-2 ♦ 7,00 €

FAU-Bremen ♦ **Die CNT als Vortrupp des internationalen Anarcho-Syndikalismus** ♦ Die Spanische Revolution 1936 – Nachbetrachtung und Biographien ♦ 978-3-936049-69-5 ♦ 14,00 €

Francisco Ferrer ♦ **Die Moderne Schule** ♦ Herausgegeben und kommentiert von Ulrich Klemm ♦ ISBN 978-3-936049-21-3 ♦ 17,50 €

Louis Gill♦ **George Orwell** ♦ Vom Spanischen Bürgerkrieg zu 1984 ♦ ISBN 978-3-86841-066-2 ♦ 16,00 €

William Godwin ♦ **Caleb Williams oder Die Dinge wie sie sind** ♦ Historischer Roman (Libertäre Bibliothek 1) ♦ ISBN 978-3-936049-86-2 ♦ 19,00 €

Moritz Grasenack (Hrsg.) ♦ **Die libertäre Psychotherapie von Friedrich Liebling** ♦ Eine Einführung in seine Großgruppentherapie anhand wortgetreuer Abschriften von Therapiesitzungen ♦ Mit Original-Tondokument und Video auf CD-ROM ♦ISBN 978-3-936049-51-0 ♦ 24,90 €

Marijana Gršak, Ulrike Reimann &Kathrin Franke ♦ **Frauen und Frauenorganisationen im Widerstand** ♦ In Kroatien, Bosnien und Serbien ♦ ISBN 978-3-936049-57-2 ♦ 17,00 €

Stefan Gurtner ♦ **Die Straßenkinder von Tres Soles** ♦Von zerstörten Kindheiten, Selbstorganisation und einem Theater der Unterdrückten in Bolivien ♦ inkl. einer DVD ♦ 978-3-936049-79-4 ♦ 18,00 €

Stefan Gurtner ♦ **Das grüne Weizenkorn** ♦ Eine Parabel aus Bolivien ♦ Jugendbuch ♦ ISBN 978-3-936049-40-4 ♦ 11,80 €

Stefan Gurtner ♦ **Die Abenteuer des Soldaten Milchgesicht** ♦ Historischer Roman ♦ ISBN 978-3-936049-62-6 ♦ 14,00 €

Stefan Gurtner ♦ **Der verkaufte Fluss** ♦ Freilichtspiel ♦ ISBN 978-3-86841-018-1 ♦ 11,80 €

Stefan Gurtner ♦ **Guttentag** ♦ Das Leben des jüdischen Verlegers Werner Guttentag zwischen Deutschland und Bolivien ♦ ISBN 978-3-86841-069-3 ♦ 24,50 €

Michael Halfbrodt ♦ **entscheiden & tun. drinnen & draußen**. ♦ Lyrik ♦ ISBN 978-3-936049-10-7 ♦ 9,80 €

Frank Harris ♦ **Die Bombe** ♦ Roman ♦ ISBN 978-3-86841-053-2 ♦ 14,00 €

Gorden Hill ♦ **Fünf Jahrhundertte indigener Widerstand** ♦ Roman ♦ ISBN 978-3-86841-011-2 ♦ 9,80 €

Mathieu Houle-Courcelles ♦ **Auf den Spuren des Anarchismus in Quebec (1860-1960)** ♦ ISBN 978-3-86841-051-8 ♦ 16,00 €

Maria Regina Jünemann ♦ **Die Anarchistin** ♦ Historischer Roman ♦ ISBN 978-3-936049-92-3 ♦ 14,00 €

Fred Kautz ♦ **Weh der Lüge! Sie befreiet nicht...!** ♦ Der Umgang mit der NS-Vergangenheit im ‚Stadtlexikon Darmstadt' ♦ Ein deutsches Beispiel ♦ ISBN 978-3-936049-95-4 ♦ 16,00 €

Fred Kautz ♦ **Die Holocaust-Forschung im Sperrfeuer der Flakhelfer** ♦ Vom befangenen Blick deutscher Historiker aus der Kriegsgeneration ♦ ISBN 978-3-936049-09-1 ♦ 14,00 €

Fred Kautz ♦ **Im Glashaus der Zeitgeschichte** ♦ Von der Suche der Deutschen nach einer passenden Vergangenheit ♦ ISBN 978-3-936049-34-3 ♦ 12,50 €

Philippe Kellermann ♦ **Marxistische Geschichtslosigkeit** ♦ Von Verdrängung, Unwissenheit und denunziation: Die (Nicht-)Rezeption des Anarchismus im zeitgenössischen Marxismus ♦ ISBN 978-3-86841-060-0 ♦ 19,50 €

David Kessel ♦ **Außenseitergedichte** ♦ Lyrik ♦ ISBN 978-3-936049-77-0 ♦ 9,80 €

Michaela Kilian ♦ **Keine Freiheit ohne Gleichheit** ♦ Louise Michel (1930 - 1905), Anarchistin, Schriftstellerin, Ethnologien, libertäre Pädagogin ♦ 978-3-936049-93-0 ♦ 17,00 €

Michaela Kilian ♦ **Entlarvte Illusionen** ♦ Marian Iwanowna Zwetajewa (1892 - 1941) ♦ 978-3-86841-044-0 ♦ 19,50 €

Ulrich Klemm ♦ **Bildung ohne Zwang** ♦ Texte zur Geschichte der anarchistischen Pädagogik ♦ 978-3-86841-037-2 ♦ 16,00 €

Ulrich Klemm ♦ **Mythos Schule** ♦ Warum Bildung entschult und entstaatlicht werden muss ♦ Eine Streitschrift ♦ 978-3-86841-003-7 ♦ 11,80 €

Ulrich Klemm ♦ **Anarchisten als Pädagogen** ♦ Profile libertärer Pädagogik ♦ ISBN 978-3-936049-05-3 ♦ 9,00 €

Ulrich Klemm ♦ **Freiheit & Anarchie** ♦ Eine Einführung in den Anarchismus ♦ ISBN 978-3-936049-49-7 ♦ 9,80 €

Rachel Kochawi ♦ **Die Blut-Braut** ♦ Eine politische Liebesgeschichte ♦ Roman ♦ ISBN 978-3-936049-89-3 ♦ 16,00 €

Rachel Kochawi ♦ **Nakajima** ♦ Eine Erzählung ♦ inkl. DVD „Das 23. Jahr" ♦ ISBN 978-3-86841-007-5 ♦ 16,00 €

Rachel Kochawi ♦ **Das Brot der Armut** ♦ Die Geschichte eines versteckten jüdischen Kindes ♦ ISBN 978-3-86841-034+1 ♦ 18,00 €

Norbert „Knofo" Kröcher ♦ ... warum mir die Linke ♦ Knieschüsse oder Die Kritik als Waffe ♦ ISBN 978-3-86841-080-8 ♦ 12,00 €

Gustav Landauer ♦ **Internationalismus** ♦ Ausgewählte Schriften ♦ Band 1 Herausgegeben von Siegbert Wolf ♦ ISBN 978-3-936049-89-3 ♦ 18,00 €

Gustav Landauer ♦ **Anarchismus** ♦ Ausgewählte Schriften ♦ Band 2 ♦ ISBN 978-3-86841-012-9 ♦ 18,00 €

Gustav Landauer ♦ **Antipolitik** ♦ Ausgewählte Schriften ♦ Band 3.1 ♦ ISBN 978-3-86841-31-0 ♦ 18,00 €

Gustav Landauer ♦ **Antipolitik** ♦ Ausgewählte Schriften ♦ Band 3.2 ♦ ISBN 978-3-86841-36-5 ♦ 18,00 €

Gustav Landauer ♦ **Nation, Krieg und Revolution** ♦ Ausgewählte Schriften ♦ Band 4 ♦ ISBN 978-3-86841-046-4 ♦ 18,00 €

Gustav Landauer ♦ **Philosophie und Judentum** ♦ Ausgewählte Schriften ♦ Band 5 ♦ ISBN 978-3-86841-068-6 ♦ 22,00 €

Gustav Landauer ♦ **Skepsis und Mysitk** ♦ Ausgewählte Schriften ♦ Band 7 ♦ ISBN 978-3-86841-059-4 ♦ 18,00 €

Markus Liske ♦ **Deutschland. Ein Hundetraum** ♦ Satire ♦ ISBN 978-3-936049-25-1 ♦ 16,00 €

Markus Liske ♦ **Freier Fall für freie Bürger** ♦ Eine Sozialgroteske ♦ ISBN 978-3-936049-56-5 ♦ 11,80 €

Markus Liske ♦ **Weltmeister wie wir** ♦ oder: Wie der Aufschwung nach Deutschland kam ♦ Satire ♦ ISBN 978-3-86841-008-2 ♦ 14,00 €

Albert Londres ♦ **Die Flucht aus der Hölle** ♦ ISBN 978-3-86841-038-9 ♦ 12,00

Subcomandante Marcos ♦ **Der Kalender des Widerstandes**. Zur Geschichte und Gegenwart Mexikos von unten ♦ ISBN 978-3-936049-24-4 ♦ 13,00 €

Stefan Mozza ♦ **Abschiet** ♦ Roman ♦ ISBN 978-3-936049-50-3 ♦ 16,00 €

Jürgen Mümken; Freiheit, Individualität & Subjektivität. ♦ Staat und Subjekt in der Postmoderne aus anarchistischer Perspektive. ♦ ISBN 978-3-936049-12-1 ♦ 17,00 €

Jürgen Mümken ♦ **Anarchosyndikalismus an der Fulda.** ♦ ISBN 978-3-936049-36-7. ♦ 11,80 €

Jürgen Mümken (Hrsg.) ♦ **Anarchismus in der Postmoderne** ♦ Beiträge zur anarchistischen Theorie und Praxis ♦ ISBN 978-3-936049-37-4 ♦ 11,80 € ♦

Jürgen Mümken ♦ **Kapitalismus und Wohnen** ♦ Ein Beitrag zu Geschichte der Wohnungspolitik im Spiegel kapitalistischer Entwicklungspolitik und sozialer Kämpfe ♦ ISBN 978-3-936049-64-0 ♦ 22,00 €

Jürgen Mümken ♦ **Die Ordnung des Raumes** ♦ Foucault, Bio-Macht und die Transformation des Raumes in der Moderne ♦ ISBN 978-3-86841-070-9 ♦ 16,00 €

Wolfgang Nacken ♦ **auf'm Flur** ♦ Roman ♦ ISBN 978-3-936049-28-2 ♦ 11,80 €

Rudolf Naef ♦ **Russische Revolution und Bolschewismus 1917/18 in anarchistischer Sicht** ♦ Aus vielen Originalquellen ♦ ISBN 978-3-936049-54-1 ♦ 14,00 €

Stefan Paulus ♦ **Zur Kritik von Kapital und Staat in der kapitalistischen Globalisierung** ♦ ISBN 978-3-936049-16-9 ♦ 11,00 €

Abel Paz & die Spanische Revolution ♦ Bernd Drücke, Luz Kerkeling, Martin Baxmeyer (Hg.) ♦ Interviews und Vorschläge ♦ 978-3-936049-33-6 ♦ 11,00 €

Abel Paz ♦ **Feigenkakteen und Skorpione** ♦ Eine Biographie (1921 - 1936) ♦ 978-3-936049-87-9 ♦ 14,00 €

Abel Paz ♦ **Anarchist mit Don Quichottes Idealen** ♦ Innenansichten aus der Spanischen Revolution ♦ Eine Biographie (1926 - 1939) ♦ 978-3-936049-97-8 ♦ 16,00 €

Abel Paz ♦ **Im Nebel der Niederlage** ♦ Vertreibung und Flucht ♦ Eine Biographie (1939 - 1942) ♦ 978-3-86841-016-7 ♦ 16,00 €

Abel Paz ♦ **Am Fuß der Mauer** ♦ Widerstand und Gefängnis ♦ Eine Biographie (1942 - 1954) ♦ 978-3-86841-033-4 ♦ 19,50 €

Alfons Paquet ♦ **Kamerad Fleming** ♦ Ein Roman über die Ferrer-Unruhen ♦ ISBN 978-3-936049-32-9 ♦ 17,00 €

Dietrich Peters ♦ Der spanische Anarcho-Syndikalismus ♦ Abriss einer revolutionären Bewegung ♦ ISBN 978-3-936049-04-6 ♦ 8,80 €

Benjamin Péret ♦ Von diesem Brot esse ich nicht ♦ Sehr böse Gedichte ♦ ISBN 978-3-936049-20-6 ♦ 9,00 €

Oliver Piecha ♦ Roaring Frankfurt ♦ Ein kleines Panorama der Frankfurter Vergnügungsindustrie in der Weimarer Republik ♦ ISBN 978-3-936049-48-0 ♦ 17,00 €

Pierre J. Proudhon ♦ Die Bekenntnisse eines Revolutionärs. ♦ ISBN 978-3-9806407-4-9 ♦ 12,45 €

Jean-Bernard Pouy ♦ Mord im Paradis der Nackten ♦ Krimi ♦ ISBN 978-3-86841-017-4 ♦ 16,00 €

Michel Ragon ♦ Das Gedächtnis der Besiegten ♦ Roman ♦ ISBN 978-3-936049-66-4 ♦ 24,80 €

Michel Ragon ♦ Georges & Louise ♦ Der Vendeer und die Anarchistin ♦ Roman ♦ ISBN 978-3-86841-001-3 ♦ 16,00 €

Manja Präkels ♦ Tresenlieder ♦ Gedichte ♦ ISBN 978-3-936049-23-7 ♦ 10,80 €

Heinz Ratz ♦ Der Mann der stehen blieb ♦ 30 monströse Geschichten ♦ ISBN 978- 3-936049-45-9 ♦ 18,00 €

Heinz Ratz ♦ Tourgeschichten ♦ ISBN 978-3-936049-74-9 ♦ 16,00 €

Heinz Ratz ♦ ...um da zu sein für Deine Widerstände ♦ Ein lyrisches Trotz-, Trost-, Liebes- und Beziehungskarusell ♦ 978-3-86841-028-0 ♦ 12,00 €

Heinz Ratz ♦ Die Rabenstadt ♦ Ein Poem ♦ ISBN 978-3-936049-27-5 ♦ 11,80 €

Heinz Ratz ♦ Apokalyptische Lieder ♦ Gedichte ♦ ISBN 978-3-936049-22-0 ♦ 11,00 €

Heinz Ratz ♦ Hitlers letzte Rede ♦ Satire ♦ ISBN 978-3-936049-17-6 ♦ 9,00 €

Ela Rojas ♦ Einer dieser chilenischen Tage ♦ Roman ♦ ISBN 978-3-86841-032-7 ♦ 14,00 €

Han Ryner ♦ Nelti ♦ Roman ♦ ISBN 978-3-86841-006-8 ♦ 14,00 €

Birgit Schmidt ♦ Das höchste Ehrgeizideal war, für die Freiheit gehängt zu werden ♦ Russische Revolutionärinnen ♦ ISBN 978-3-86841-013-6 ♦ 11,80 €

Birgit Schmidt ♦ Andere Wege: Zwischen Surrealismus, Avantgarde und Rebellion ♦ Künstlerinnen und Wissenschaftlerinnen in Mexiko ♦ ISBN 978-3-86841-041-9 ♦ 11,80 €

Birgit Schmidt ♦ Wer war Ruth Oesterreich? ♦ Auf den Spuren einer vergessenen Sozialistin ♦ ISBN 978-3-86841-058-7 ♦ 11,80 €

Birgit Seemann ♦ Mit den Besiegten ♦ Hedwig Lachmann (1865-1918), Deutsch-jüdische Schriftstellerin und Antimilitaristin ♦ ISBN 978-3-86841-073-0 ♦ 16,00 €

Massoud Shirbarghan ♦ Die Nacht der Heuschrecken ♦ Roman aus Afghanistan ♦ ISBN 978-3-936049-30-5 ♦ 11,80 €

Syfo ♦ Forschung & Bewegung ♦ Magazin Syndikalismusforschung 1♦ ISBN 978-3-86841-057-0 ♦ 10,00 €

Nivi Shinar-Zamir ♦ ABC der Demokratie ♦ Demokratie-Erziehung für Kinder vom Kindergarten bis zur 6. Klasse ♦ 978-3-936049-61-9 ♦ 29,80 €

Augustin Souchy ♦ Bei den Landarbeitern von Aragon ♦ Der freiheitliche Kommunismus in den befreiten Gebieten ♦ ISBN 978-3-86841-067-9 ♦ 11,00 €

Sulamith Sparre ♦ Eine Frau jenseits des Schweigens ♦ Die Komponistin Fanny Mendelssohn- Hensel ♦ ISBN 978-3-936049-60-2 ♦ 12,00 €

Sulamith Sparre ♦ Denken hat kein Geschlecht ♦ Mary Wollstonecraft (1759 – 1797), Menschenrechtlerin ♦ ISBN 978-3-93604-70-1 ♦ 17,00 €

Sulamith Sparre ♦ Rahel Levin Varnhagen ♦ Saloniére, Aufklärerin, Selbstdenkerin, romantische Individualistin, Jüdin ♦ ISBN 978-3-93604-76-3 ♦ 16,00 €

Sulamith Sparre ♦ Das Herz eines Caesar im Busen einer Frau ♦ Artemisia Gentileschi (1593-1654), Malerin ♦ ISBN 978-3-86841-000-6 ♦ 16,00 €

Sulamith Sparre ♦ Aber Göttlich und Außerordentlich reimt sich ♦ Bettine von Arnim (1785 - 1859), Muse, Schriftstellerin, politische Publizistin ♦ ISBN 978-3-86841-009-9 ♦ 17,00 €

Sulamith Sparre ♦ Man sagt ich sei ein Egoist. Ich bin eine Kämpeferin ♦ Dame Ethel Mary Smyth (1858-1944), Komponistin, Dirigentin, Schriftstellerin, Suffragette ♦ ISBN 978-3-86841-038-9 ♦ 17,00 €

Sulamith Sparre ♦ Hier bin ich, die Wegweiserin ♦ Flora Tristan (1803-1844), Sozialistin, Feministin, Schriftstellerin ♦ ISBN 978-3-86841-074-7 ♦ 19,50 €

Oliver Steinke ♦ Das Auge des Meerkönigs ♦ Historischer Roman ♦ ISBN 978-3-936049-29-9 ♦ 14,00 €

Oliver Steinke ♦ Der Verrat von Mile End ♦ Historischer Roman ♦ ISBN 978-3-936049-18-3 ♦ 14,00 €

Oliver Steinke ♦ Füchse der Ramblas ♦ Historischer Roman ♦ ISBN 978-3-936049-46-6 ♦ 14,00 €

Katalin Stang ♦ Freiheit und Selbstbestimmung als behindertenpädagogische Maxime ♦ ISBN 978-3-9806407-5-6 ♦ 8,40 €

Leo Tolstoi ♦ Libertäre Volksbildung ♦ Herausgegeben und kommentiert von Ulrich Klemm ♦ ISBN 978-3-936049-35-0 ♦ 14,00 €

Rubén Trejo ♦ Magonismus ♦ Utopie und Praxis in der Mexikanischen Revolution 1910 – 1913 ♦ ISBN 978-3-936049-65-7 ♦ 17,00 €

Kurt Wafner ♦ Ausgeschert aus Reih' und Glied ♦ Mein Leben als Bücherfreund und Anarchist ♦ Autobiographie ♦ ISBN 978-3-9806407-8-7 ♦ 14,90 €

Kurt Wafner ♦ Ich bin Klabund. Macht Gebrauch davon! ♦ Biographie ♦ ISBN 978-3-936049-19-0 ♦ 10,80 €

Boff Whalley ♦ Anmerkungen* ♦ zu Chumbawamba und mehr ♦ ISBN 9787-3-86841-021-1 ♦ 18,00 €

Lily Zográfou ♦ Beruf: Porni [Hure] ♦ Kurzgeschichten ♦ ISBN 9787-3-936049-71-0 ♦ 16,00 €

Lily Zográfou ♦ Deine Frau, die Schlampe ♦ Roman ♦ ISBN 9787-3-936049-83-1 ♦ 16,00 €

Lily Zográfou ♦ Ein Aschenputtel mit fünfzig ♦ Roman ♦ ISBN 9787-3-86841-014-3 ♦ 14,00 €

Immer aktuell unter: www.edition-av.de